Die Franzosen in Berlin
1806-1808

Die Franzosen in Berlin

1806 – 1808

BERLIN STORY VERLAG

IMPRESSUM

Die Deutsche Bibliothek-CIP Einheitsaufnahme

Die Franzosen in Berlin
Herausgeber: Wicland Giebel
Das Werk einschließlich aller seiner Teile ist urheberrechtlich
geschützt. Jede Verwertung außerhalb der engen Grenzen des
Urheberrechtsgesetzes ist ohne Zustimmung des Verlages unzu-
lässig und strafbar. Das gilt insbesondere für Vervielfältigungen,
Übersetzungen, Mikroverfilmung und die Einspeicherung und
Verarbeitung in elektronischen Systemen.
ISBN 10:   3-929829-41-X
ISBN 13: 978-3-929829-41-9

© Berlin Story Buchhandlung & Verlag, 2006
Unter den Linden 40, 10117 Berlin
Tel: (030) 20 45 38 42
Fax: (030) 20 45 38 41
www.BerlinStory.de
E-Mail: Service@BerlinStory.de
Gestaltungsentwurf: Till Kaposty-Bliss
Umschlag und Satz: Norman Bösch

WWW.FRANZOSEN-IN-BERLIN.DE

INHALTSVERZEICHNIS

6

Verhaftet, weil Agenten bewußt falsch übersetzten
Ein Kollaborateur wird höhnend verfolgt
Ein Lorbeerkranz: Die Franzosen gehen, das Freikorps Schill kommt
Der französische Generalstab über die Lage in Berlin

VORWORT

Trostlos, hoffnungslos, ins Elend gestoßen

Am 27. Oktober 1806 verließ Napoleon gegen 15 Uhr Schloß
Charlottenburg, zog am späten Nachmittag durch das Brandenburger Tor in die Stadt ein und ritt zum Schloß. Die preußische
Armee hatte in der Doppelschlacht von Jena und Auerstedt in
Thüringen eine schwere Niederlage erlitten. Das preußische Heer,
siegreich unter Friedrich dem Großen, hatte sich nicht weiterent-
wickelt. Napoleons Truppen dagegen waren modern, flexibel,
und sie fühlten sich dem Gegner moralisch überlegen. Napoleon
führte keinen Kabinettkrieg, bei dem abends die Flöte herausge-
holt und mit der Kapelle konzertiert wurde, seine Feldzüge waren
von rücksichtsloser Härte. Vom zweiten bis achten Dezember 1806
wurde die Quadriga vom Brandenburger Tor geholt. Das Ausmaß
der amtlichen (quittierten) und privaten Kunstdiebstähle war erheblich. Berlin wurde geplündert. Die Lage der Stadt erschien den
180.000 Einwohnern trostlos und hoffnungslos. Der König und die
Königin waren mit Kindern, Familie und Hofstatt längst gen Memel geflüchtet. In diesem Buch geht es darum, was sich genau in
Berlin abgespielt hat, solange die Franzosen die Stadt besetzt
hielten.

Fünf Bücher in diesem Verlag zu diesem Thema

In diesem Verlag erschienen bereits drei Bücher, die sich mit dieser Zeit beschäftigen. In den Erinnerungen der Oberhofmeisterin Sophie Marie Gräfin von Voss »Neunundsechzig Jahre am Preußischen Hofe« berichtet sie, wie Königin Luise im Dezember 1805 ihr achtes Kind bekam, wie die Königin ihrem Gemahl ins Feld folgte und schließlich Richtung Königsberg und weiter nach Memel floh. Beim Gespräch zwischen Königin Luise und Napoleon war Gräfin von Voß in unmittelbarer Nähe: »Er ist auffallend häßlich, ein dickes, aufgedunsenes, braunes Gesicht, dabei ist er korpulent, klein und ganz ohne Figur, seine großen runden Augen rollen unheimlich umher, der Ausdruck seiner Züge ist Härte, er sieht aus wie die Inkarnation des Erfolgs.« (S. 239).

Walter Schimmel Falkenau erzählt im Band »Kommen und Gehen Unter den Linden« (S. 104), wie am 18. Oktober 1806 überall in Berlin rote Handzettel verteilt wurden »Der König hat eine Bataille verloren. Jetzt ist Ruhe die erste Bürgerpflicht. Schulenburg.« Schulenburg war der Gouverneur, er residierte in der Behrenstraße. Am Tag danach floh er, wurde von empörten Berlinern vor dem Brandenburger Tor aufgehalten, ausgeschimpft und beschwor mit Tränen in den Augen: »Ich lasse ja meine Kinder hier!«.

Am ausführlichsten jedoch schildert Johann Christian Gädicke im »Lexicon Berlin 1806« die Situation Berlins ganz genau vor der französischen Okkupation. Herausgeber Michael Bienert veröffentlichte das Buch nach 200 Jahren erstmals wieder. Es gibt keine andere Quelle, welche die Lage Berlins zu dieser Zeit auch nur annährend ähnlich präzise schildert. Jedes Detail der Versorgung kommt vor, wie die Fußboten-Post ganz genau funktioniert, wie viele Hebammen, Gärtner und Schneider es gibt und was deren genaue Aufgaben sind. Herausgeber Bienert beschreibt ebenfalls, wie es unter »Napoleon in Berlin« war und was die Berliner von ihrem König hielten, nämlich »Unser Dämel sitzt in Memel«.

Buch Nummer vier halten Sie gerade in der Hand. Parallel erscheint ein Farbbildband mit dem Titel »Napoleon in Berlin«, unser Buch Nummer fünf zu dieser Zeit. Dr. Frank Bauer, Historiker aus Potsdam und Experte für die napoleonische Zeit sowie für die antinapoleonischen Befreiungskriege, trägt darin alles zusammen, was es über die Zeit zu sehen gibt und kommentiert ausführlich, siehe Anzeige am Ende dieses Buchs. Wir werden uns später um den »Aufstand gegen Napoleon« kümmern.

Was erwartet Sie in diesem Buch?

Der erste Hauptteil besteht aus einem ausführlichen Bericht, den Hermann Granier im Hohenzollernjahrbuch 1905 veröffentlicht hat. Die Hohenzollernjahrbücher gelten bis heute als eine der solidesten geschichtlichen Quellen. Mehr dazu hinten in »Die Hohenzollern-Jahrbücher«. Auch die beiden nächsten Beiträge über die Flucht der Königskinder nach Memel aus der Feder von Friedrich Wilhelm (IV.) als Kind sowie das kurze Kriegstagebuch von Louis-Ferdinand stammen aus diesem Hohenzollern-Jahrbuch. Louis-Ferdinand fiel am 10. Oktober 1806. Sein Tod löste Entsetzen in Berlin aus. Sein Sarkophag steht im Berliner Dom. Die 27 Berichte über die Jahre von Ende 1806 bis 1808 stammen aus einer umfangreichen Veröffentlichung über das »Berliner Leben« aus dem Jahr 1954 (Rütten & Loening), in der Ruth Köhler und Wolfgang Richter die hervorragend gesammelten historischen Quellen leider aus SED-Sicht kommentieren mußten. Der »planmäßige Aufbau des Sozialismus« war ja in der DDR gerade auf der zweiten Parteikonferenz beschlossen worden. Das reine Quellenmaterial wollten wir unbedingt zur Verfügung stellen.

Nach unserem Wissen ist der handschriftliche Bericht von Kammerdiener Tamanti noch nie veröffentlicht worden. Tamanti begleitete Napoleon durch Potsdam. Er war dazu von Friedrich-Wilhelm III. angewiesen worden, dem Gatten von Königin Luise, dessen Kammerherr Tamanti im (Stadt-) Schloß in Potsdam war. Wir erfahren wie aus keiner anderen Schilderung, was Napoleon Tag für Tag, Stunde für Stunde unternahm und wie er sich zu seinen Leuten und zu den Deutschen verhielt. Wie Napoleon sich feiern ließ, wie er als sein eigener Marketingstratege fungierte, beschreibt der Beitrag von Helmut Caspar über Münzen und Medaillen.

Wieland Giebel

Der König hat eine Bataille verlohren. Jetzt ist Ruhe die erste Bürgerpflicht. Ich fordere die Einwohner Berlins dazu auf. Der König und seine Brüder leben!

Berlin, den 17. October 1806.

Graf v. d. Schulenburg.

1806 – 1808
DIE FRANZOSEN IN BERLIN

von Herman Granier

D er König hat eine Bataille verlohren. Jetzt ist Ruhe die erste Bürgerpflicht. Ich fordere die Einwohner Berlins dazu auf. Der König und seine Brüder leben!« Mit diesem Maueranschlage verkündete der stellvertretende Gouverneur von Berlin, der General der Kavallerie und Staatsminister Graf Friedrich-Wilhelm von der Schulenburg-Kehnert, am 17. Oktober 1806 die Niederlage des preußischen Heeres bei Jena und Auerstädt vom 14. Oktober (s. S. 74). Bereits am 16. Oktober war Schulenburg durch ein Schreiben des Kabinettsministers Grafen Haugwitz vom 13. auf die bevorstehende Entscheidung vorbereitet worden; in der Nacht zum 17. brachte ihm der »vom Champ de Bataille« bei Auerstädt abgesandte Rittmeister von Dorville, der Adjutant des Generalfeldmarschalls von Möllendorff, des bisherigen Gouverneurs von Berlin, die Trauerkunde von der verlorenen Schlacht. In dem am Morgen des 17. Oktobers auf Schulenburgs Veranlassung zusammenberufenen »Großen Staatsrath«, dessen Vorsitz der Staatsminister Freiherr von der Reck führte, da Schulenburg, den der König auch hiermit betraut, seines Gesundheitszustandes halber um Dispensation »von der Führung des Praesidii« gebeten hatte, wurde die Fortschaffung der Kassen und die Abreise der königlichen Familie, auch die sofortige Organisation der Bürgermiliz beschlossen, und »gutgefunden, den Officianten das Gehalt pro December zur Verminderung der Cassenbestände zum Voraus zu bezahlen«.

^ *Friedrich-Wilhelm Graf von der Schulenburg-Kehnert*
Farbiger Kupferstich von Sintzenich in Berlin nach Kehrer

Eine Verteidigung der Hauptstadt faßte Schulenburg nicht ins
Auge, wenn auch noch tags zuvor, am 16. Oktober, der Staatsrat
in seinem Protokolle erklärt hatte, das Gouvernement »ist entschlossen zur Gegenwehr, so lange sie zweckmäßig und möglich
ist«. Denn eben diese Voraussetzungen trafen in keinem Falle zu:
die noch vorhandene Befestigung der Stadt hatte nur noch für
Steuerzwecke Wert, und an Truppen standen dem Gouverneur
nur sechs »dritte« Bataillone, die sich zumeist aus Invaliden und

Rekruten zusammensetzten, und einige Kavallerie- und Artillerie-Depots zur Verfügung, die sicherlich nicht ausreichten, eine Stadt von 157 000 Einwohnern – außer der über 25 000 Seelen umfassenden Militärbevölkerung – auch nur gegen einen Handstreich zu sichern. Zwar sollen sich Freiwillige als Stadtverteidiger

Schulenburg angeboten haben; aber wie wenig kriegerisch war doch die Bevölkerung im Grunde: noch unmittelbar zuvor hatten die Häupter der Stadt gegen die notwendigen Kriegsübungen der Garnison Beschwerde eingelegt (s. S. 77). Um so mehr wäre es darauf angekommen, die in Berlin, namentlich im Zeughause, lagernden sehr erheblichen militärischen Vorräte dem Feinde zu entziehen und wenigstens zu deren Fortschaffung die vorhandenen Truppenkräfte zu verwenden, wozu bereits Ende September die Anstalten »im Falle eines unglücklichen Krieges-Ereignisses« auf des Königs Befehl von Schulenburg mit dem Ober-Kriegs-Kollegium erwogen worden waren. Aber auch dazu fand Schulenburg jetzt nicht den Entschluß: ja noch mehr, er lehnte die erbetenen Hilfskräfte für die Verladung der Ausrüstungstücke und Waffen auf Wagen und Kähne direkt ab, nur bedacht, die Truppen selbst vor Kriegsgefangenschaft zu bewahren. Bereits am Nachmittage des 19. Oktobers verließ er mit der ganzen Garnison die Hauptstadt, wo, wie er dem Könige schrieb, die Ankunft der Feinde »täglich, ja stündlich« zu erwarten sei.

Diese kopflose Haltung der obersten Autorität erschütterte die Einwohner Berlins aufs tiefste. Nicht gerade siegesgewiß, aber doch vertrauensvoll und nicht ohne patriotische Regungen zu tatkräftigem Eintreten für die Bedürfnisse der Armee hatten die Bürger den Kriegsausbruch aufgenommen, und gerade in den letzten Tagen, nach der erschütternden Kunde von dem Heldentode des volkstümlichen Prinzen Louis-Ferdinand im Treffen von Saalfeld am 10. Oktober, waren durch mehrfache Gerüchte die Siegeshoffnungen genährt worden. Die Aufführung der »Jungfrau von Orleans« im Nationaltheater am 13. Oktober erweckte bei jedem Verse »der irgend eine feindliche Idee vor die Seele rief« im Publikum den größten Enthusiasmus; noch am 16. Oktober abends feierte der Leibarzt der Königin, Christian-Wilhelm Hufeland, mit dem Philosophen Johann-Gottlieb Fichte vereint »ein frohes Siegesmahl«, und im Hause des Grafen Dönhoff jubelten die kleinen Prinzessinnen Charlotte und Friederike, Tochter und Nichte des Königs, über die Siegesnachrichten. Nun riß Schulenburgs Proklamation das kommende Unheil ohne Rückhalt vor aller Augen, und das zu symbolischer Bedeutung gewordene Wort Ruhe ist die

^ *Eindruck der Niederlage von Jena und Auerstädt in Berlin*

erste Bürgerpflicht erschütterte auch feste Herzen: »mit diesem
Trost ward das verzweifelnde Berlin von seinen Autoritäten verlassen, und das Wort »Ruhe« fiel sonderbar in die krampfartige
Gährung des Augenblicks«. Denn, wie es Fichte späterhin mit bitterer Ironie klarlegte: das heißt, seid ganz neutral, verrammelt
eure Fenster, sorgt für einen guten Vorrath weißen Brotes, frischen Fleisches und stärkender Getränke, mit denen ihr, nach
dem Ausgange des Kampfes dem Sieger, welcher von beiden es
sei, euch empfehlen und seine Gewogenheit gewinnen könnt:
»Vorurtheile aus barbarischen Zeiten, von göttlicher Einsetzung
der Könige, Heiligkeit des Eides, Nationalehre, sind nichts für den,
der klar geworden ist über die so einfachen Sätze: daß das Leben
das Erste, die Güter das Zweite, und der Staat erst das Dritte«.

Anschaulich schildert ein am 19. Oktober geschriebener Brief
eines höheren Staatsbeamten (s. S. 85) die wechselvollen Stimmungen vor und nach der Unglücksbotschaft : »Zu Tausenden versammeln sich die Menschen von früh an bis spät Abends vor dem
Hause des Gouverneurs (Behrenstr. 41), vor dem Schlosse und vor
dem Palaste des Königs, kurz, wo sie etwas Neues zu erfahren glau-

^ *Prinzessin Ferdinand von Preußen (Anna-Elisabeth) mit ihrem Sohne Prinz August. Gestochen von Sintzenich nach v. d. Borch*

ben, besonders auch vor der Post. Leute, die sich nicht kennen, reden einander an und fragen nach Neuigkeiten aus dem Felde; steht man mit einem oder zwei Bekannten auf der Straße und spricht, so ist man bald von 50 umringt, die an der Unterhaltung über die einzig interessanten Begebenheiten des Tages Theil nehmen wollen.« Und nach Schulenburgs Anschlag: »Aus den Straßen und überall, wohin man kam, raunte man sich die schrecklichen Worte in die Ohren, daß Alles verloren sei. Überall begegnete man bleichen Gesichtern und thränenden Augen ... Aengstliche Leute reisen fort nach Stettin und Küstrin, oder schicken wenigstens ihre Frauen und Kinder fort ... Gott errette unser Vaterland!«

^ *Franz-Ludwig Fürst von Hatzfeld*
Nach der im ehemaligen Hohenzollern-Museum befindlichen
Photographie eines Oelgemäldes

Bei der Kunde von Schulenburgs bevorstehender Abreise entschloß sich die Berliner Bürgerschaft, dem Fürsten Franz-Ludwig Hatzfeld, Schulenburgs Schwiegersohne, die Uebernahme der Leitung der Verwaltungsgeschäfte anzutragen. Fürst Hatzfeld, erst in Kur-Mainzischen Diensten, war preußischer Generalleutnant a. D., und befand sich auf der Durchreise von seinen im Großherzogtum Berg gelegenen Gütern nach Schlesien, wo ihm die Herrschaft Trachenberg zugefallen war, in Berlin. Nach einigem Zögern, von vornherein sich seiner Doppelstellung als Untertan Murats, des Großherzogs von Berg, und des Königs von Preußen bewußt und dadurch, aus rein materiellen Gründen, in seiner

Entschlußkraft gelähmt, nahm Hatzfeld die Stellung als »Civil-Gouverneur« der Hauptstadt an; seine Wahl wurde dann vom Könige aus Küstrin am 21. Oktober »vollkommen gebilligt«, in der Ueberzeugung »daß derselbe zu dem Wohle der Stadt Alles beitragen wird, was die Umstände irgend gestatten«.

Noch am Abende des 17. Oktobers kam die Königin Luise in Berlin an: »eine Masse Volks hatte sich vor dem Palais zusammengedrängt. Theils um sie zu sehen, theils um Etwas zu erfahren, hatten sie sich mit Eßwaaren, wie um die Nacht da zuzubringen, auf dem Platze gelagert. Es war schon dunkel, die Königin ließ heraussagen: »Sie zerflösse in Thränen, aber nicht des Schmerzes, nur der Rührung über diese Anhänglichkeit – doch bäte sie um Ruhe«. Am nächsten Morgen früh 6 Uhr ließ die Königin ihren Leibarzt rufen; »ich fand sie«, so berichtet Hufeland, »mit verweinten Augen, aufgelösten Haaren, in voller Verzweiflung. Sie kam mir mit den Worten entgegen: ,Alles ist verloren. Ich muß fliehen mit meinen Kindern'«.

Von der königlichen Familie blieben in Berlin zurück der Großoheim des Königs, der 76jährige Prinz Ferdinand mit seiner Gemahlin Anna-Elisabeth, geborenen Prinzessin von Brandenburg-Schwedt, die Eltern des Prinzen Louis-Ferdinand, ferner die Großtante des Königs, die 72jährige Prinzessin Wilhelmine, Witwe des Prinzen Heinrich, geborene Prinzessin von Hessen-Kassel, und die beiden Schwestern des Königs, die Kurprinzessin Auguste von Hessen-Kassel und die Prinzessin Wilhelmine von Oranien-Fulda. Panikartig aber war der Aufbruch einer großen Zahl wohlhabender Familien, die dem Beispiele der oberen Behörden folgen zu müssen glaubten: »Wie schildere ich Dir nun«, schreibt die Gräfin Schwerin ihrem im Felde stehenden Gatten, »die allgemeine Verzweiflung um uns her, das Treiben und Einpacken der Fliehenden, die grenzenlose Verwirrung, die bei Großen und Kleinen herrschte. Keiner wußte, ob er fliehen, ob er bleiben müsse – dürfe – könne. Es herrschte überall eine merkwürdige Unkenntniß über alle Kriegsverhältnisse, was eigentlich zu hoffen und zu fürchten, und besonders, was zu thun, was hier Pflicht sei. Zu einer Wahl bot der Augenblick keine Zeit, und so muß Ueberraschung die Hauptschuld von alle dem tragen, was Unziemliches und Unwürdiges geschah. Der Eindruck der Kopflosigkeit war vorherrschend.« Und die kopflose Angst verstieg sich zu noch schlimmeren Ausbrüchen: »Es war, als müsse Alles, was noch Preußisch an uns scheinen konnte, bis auf die Erinnerung vertilgt werden. Alles, was einem Adler glich, ward abgenommen; sogar die Briefträger rissen ihre messingenen Schilder vom Arm. Auf der Kunstausstellung, die der Ausbruch des Krieges unterbrochen hatte, wurden die Büsten des Königs und Kaiser Alexanders, so gut es in der Eil gehen wollte, versteckt – eine Statue Alexanders soll wunderlich genug über einen Schirm, der sie verstecken sollte, mit dem Kopf hinübergeblickt haben – und der Vorschlag soll laut geworden sein, noch schnell einige Zeichnungen Napoleons anzufertigen.« (s. S. 85)

Vom Staatsministerium hielten die vier Justizminister, der Großkanzler von Goldbeck, die Chefs der geistlichen Departements von Massow und von Thulemeier, und der Chef des Hoheits-Departements Freiherr von der Reck, ihr Verbleiben in der Hauptstadt für geboten: »um ihre Functionen so lange fortzusetzen als es der besorglich anrückende Feind gestatte«. Auch die Minister Graf Reden, Chef des Bergwerks- und Hütten-Departements, und Ferdinand-Ludwig-Friedrich von Ungarn, als einziger »dirigirender« Minister, dem die Provinzen westlich der Elbe unterstellt waren, verblieben in Berlin. Ungern übertrug der König die besondere Fürsorge für die Stadt Berlin, namentlich wegen der Zufuhren; auf seine Anregung bildete der Magistrat bereits am 19. Oktober Bureaus für die Geschäfte mit dem Feinde.

Es ist nicht anders: von vornherein waren die Gedanken und Ueberlegungen dieser »Autoritäten« nicht auf Gegenmaßregeln gegen den feindlichen Einbruch gerichtet, sondern lediglich darauf, durch entgegenkommende Schritte und vorbereitende Einrichtungen der als unentrinnbar erkannten feindlichen Einlagerung von ihrer Schärfe zu nehmen soviel nur immer möglich. Mit Bewußtsein unterließen diese hohen Beamten für den Staat zu handeln und ihm zu retten, was ihres Amtes war, um der Stadt, d. h. ihrer und der ihrigen Person, nichts Nachteiliges heraufzubeschwören; mit Bewußtsein legten sie der Tatkraft untergeordneter pflichtgetreuer Männer Hindernisse in den Weg.

Ja, der an die Spitze der Stadtverwaltung berufene Fürst Hatzfeld verirrte sich in seiner unendlich schlaffen, von ausgesprochener Sorge um seine Güter, sein Leben, diktierten Schwachheit so weit, den direkten Befehl seines Königs zu ignorieren. Am 22. Oktober gegen Mittag kam der Major von Pirch, vom Könige aus Küstrin abgesandt, nach Berlin, um neben anderen Aufträgen dem Fürsten Hatzfeld die mündliche Order des Königs zu bringen, die im Zeughause lagernden 40 000 »neuen Gewehre mit den langen Bajonetts« sofort abzusenden, um sie wenigstens vor dem Feinde zu retten. Da erklärte der Fürst dem Major – Hatzfeld schreibt es selber – »ohne wiederholten, ausdrücklichen schriftlichen Befehl Sr. Majestät diesen Auftrag zu vollziehen« sich nicht entschließen zu können, da der Stadt dadurch »ein unabsehbares Unglück bevorstände« – »prétexte aux cœurs lâches et aux ambitieux vulgaires« urteilt ein Franzose über solche Ausflüchte.

Auf dieser Basis von Charakterlosigkeit und Pflichtverletzung bewegten sich auch die öffentlichen Schritte des Civilgouverneurs; Hatzfelds erster Erlaß empfahl den Berlinern: »ruhige Fassung ist dermalen unser Loos, unsere Aussichten müssen sich nicht über dasjenige entfernen, was in unsern Mauern vorgeht: dieses ist nur unser einziges höheres Interesse, mit welchem wir uns allein beschäftigen müssen«. Auf Hatzfelds Betreiben eilten Deputierte der Stadt Berlin dem Feinde entgegen, um Schonung für die Stadt zu erbitten, eine Handlungsweise, die ebenso der Würde wie des Zweckes entbehrte einem doch nicht barbarischen Feinde gegenüber. Es war wirklich eine Ironie des Schicksals, daß gerade diesen um sein und der Stadt Heil so ängstlich besorgten Civilgouverneur, der, trotz seiner Generalscharge, aller militärischen, kriegerischen Aspiration so bar wie möglich war, daß gerade diesen Fürsten Hatzfeld der Zornesstrahl des Eroberers traf, dem er einen Augenblick zu Opfer zu fallen schien: ein ganz allgemein gehaltener Bericht des Fürsten vom 24. Oktober morgens, also verfaßt zu einer Zeit, wo die französische Okkupation Berlins noch nicht eingetreten war, an den beim Könige weilenden Major von dem Knesebeck gerichtet, über den Anmarsch des Feindes und die für die Verproviantierung der Stadt Berlin nötige Erhaltung der Havelbrücken, wurde aufgefangen und von Murat dem

22

Kaiser Napoleon übersandt, der sofort Hatzfelds Verhaftung und Aburteilung durch ein Kriegsgericht »comme trâitre et espion« befahl. Durch die Bitten der Fürstin Hatzfeld, der Tochter Schulenburgs, gerührt, hat dann Napoleon das corpus delicti, den Brief des Fürsten, ihr eingehändigt, um so dem Kriegsgerichte die Substanz der Anklage zu entziehen. Daß hier, wie behauptet worden ist, ein abgekartetes Spiel zwischen Napoleon und Hatzfeld, um dessen Patriotismus herauszustreichen, sich abgespielt habe, ist doch wohl nicht wahrscheinlich; die Hauptbeteilig-

^ *Marschall Davout,*
Oelgemälde von Gautherot

ten mindestens, der Fürst und die Fürstin, waren von dem Ernste der Lage tief durchdrungen. Wohl aber ist anzunehmen, daß Napoleon, nachdem der Zweck des heilsamen Schreckens erreicht, von der Unhaltbarkeit der Anschuldigung des Verrates bald überzeugt, die doch gebotene Freilassung des Fürsten effektvoll und dramatisch in Scene zu setzen wußte, wie das ebenso seinen Neigungen wie auch der Situation entsprach, die für den Eroberer ein gewinnendes Relief von menschlicher Güte wünschenswert machte. Hatzfeld war dann ein enragierter Franzosenfreund.

Zwar nicht so beflügelt, wie die Angst des Berliner Gouverneurs sich ausgemalt, aber in unaufhaltsamen Fortschreiten näherten sich die französischen Heeresmassen dem Herzen der preußischen Monarchie, voran das III. Korps der Großen Armee unter dem Marschall Louis-Nicolas Davout, dem Sieger von Auerstädt, dessen Vorposten am 21. Oktober als ersten Ort der Kurmark Treuenbrietzen besetzten. Napoleon selbst traf von Wittenberg aus am 24. Oktober vormittags 11 Uhr in dem von dem Marschall Jean Lannes (V. Korps) besetzten Potsdam ein und nahm dort im Stadtschlosse in den vom Zaren Alexander fast auf den Tag das Jahr zuvor bewohnten Zimmern Quartier: das 17. Bulletin unterließ nicht auf dies Zusammentreffen der Daten hinzuweisen.

Am Abende des 23. Oktobers waren die ersten französischen Truppen vor den Toren Berlins angelangt, zwei Divisionen des Korps Davout lagerten bei Tempelhof. Die Verpflegung dieser Truppenmasse fiel bereits der Stadt Berlin zu, und an dem Halleschen und dem Kottbuser Tore, die Davout besetzte, sahen die Berliner zuerst die französischen Soldaten, die nun auf so lange hinaus ihre Gäste werden sollten. Am 24. Oktober vormittags 10 Uhr kamen die ersten Franzosen wirklich nach Berlin hinein, etwa 200 reitende Jäger und Husaren, als Eskorte des Generals Hulin, der, zum Kommandanten von Berlin bestellt, in einem vierspännigen Wagen zum Rathause fuhr, wo ihm Fürst Hatzfeld (s. S. 85) den Magistrat vorstellte. Lebendig schildert ein Augenzeuge den Eindruck, den diese ersten Franzosen dem schon damals soldatisch kritischen Auge des Berliners boten: »Ein Reiter kam ganz allein angetrabt; noch will ich ihn malen, den Chaffeur, mit seinem Tschako, grünem Kollett, grüner Hose, auf einem braunen mageren Pferde; er hatte keine Waffe in der Hand, gemütlich hielt er mit der rechten die kleine tönerne Tabakspfeife, gewaltig dampfend – für mich das Entsetzlichste, denn Tabakrauchen auf der Straße hatte ich immer für Unmögliches gehalten – ein langer Säbel hing an der linken Seite bis beinahe auf das Pflaster, während auf der rechten ein Carabiner steckte, das jugendlich magere, sonnenverbrannte Gesicht, mit einem feinen, schwarzen Schnurrbart verziert.«

Am 24. Oktober zog Davout sein ganzes Korps in ein Lager bei Tempelhof zusammen; an Zuschauern aus Berlin fehlte es diesem Lager nicht, die Strauchhütten bewundernd, zu denen die Hasenhaide das Material liefern mußte, das sich übrigens auch mancher Berliner bei dieser günstigen Gelegenheit nicht entgehen ließ: »des Zuströmens war gar kein Ende, und ganze Massen drängten sich noch am späten Abend im Thore ein und auswärts«.

Am nächsten Tage, dem 25. Oktober, führte Davout sein Korps, wie ihm als Belohnung für seine schöne Haltung bei Auerstädt ver-

^ *J. St. G. Büsching. Polizeidirektor und Stadtpräsident von Berlin 1806*
Lithographie von Oldermann nach F. Krüger

heißen war, als das erste in die Hauptstadt hinein. Am Halleschen Tore empfing den Marschall der Magistrat mit dem Fürsten Hatzfeld und dem Polizeidirektor und Stadtpräsidenten Johann-Stephan-Gottfried Büsching, die ihm die Schlüssel der Stadt überreichen wollten. Doch Davout, ein tüchtiger, aber barscher Soldat, wies sie an, dem Kaiser die Schlüssel zu überbringen, und beantwortete die Anrede kurz dahin, die Stadt möge, ohne die Anhänglichkeit zu verleugnen, die Untertanen ihrem Oberherrn schuldig sind, gegen das französische Heer sich unterwürfig und biedergesinnt bezeigen. Sehr vorteilhaft war auch der äußere Eindruck dieser Truppen auf die an soldatischen Prunk gewöhnten Berliner nicht: »Soldaten ohne Tritt sich zum Thore eindrängend, in unordentlichem Anzug, die Hüte kreuz und quer aufgesetzt, auf denen ihre Zierde, der Löffel, selten fehlte.« »Der erste französische Infanterist,« so erzählt obiger Augenzeuge, »trat ein, ich habe ihn oft im Leben abgezeichnet, es war ein langer, hagerer Mann, mit blassem Gesichte, das wildes, schwarzes Haar bedeckte, der erste Gegenstand unseres Erstaunens, die wir an wohlgepuderte, egale Locken und steife Zöpfe bei Soldaten gewöhnt waren. Noch mehr erstaunten wir ob seines Anzuges, ein fahler, kurzer Mantel bedeckte den Leib, den Kopf ein kleiner verwitterter Hut, mehr roth als schwarz, und von unbeschreiblicher Form. Die Beinkleider waren von schmutziger Leinewand, stark zerrissen, die Füße nackt, mit zerrissenen Schuhen bekleidet. Er blickte aber mit großen schwarzen Augen wie ein König auf die Hunderte, die ihn höchst neugierig anstarrten.« Mehr imponierten die Sappeurs, »hohe Männer, durch große Bärenmützen mit rothen Federbüschen noch vergrößert, mit braunem Gesicht, langen, schwarzen Bärten, die bis auf den Magen reichten und grell gegen ein langes, schneeweißes Schurzfell abstachen, blinkende Aexte auf der Schulter, Gewehre auf den Rücken geschnallt«.

Davout führte sein Korps ohne Aufenthalt durch Berlin hindurch nach Friedrichsfelde, östlich der Stadt, aber nicht ohne in Berlin auf alle Kassen und alles Kriegsmaterial Beschlag zu legen. Am gleichen Tage rückte das VII. Korps unter Marschall Pierre-François-Charles Augereau, der im Schlosse Bellevue Quartier nahm, in Berlin ein, um hier bis zum 29. Oktober zu verbleiben. Dazu kamen noch zahlreiche vereinzelte Soldaten und Nachzügler, die unter anderem in den Straßen ein schwunghaftes Verkaufsgeschäft von Beutestücken, Kleidern, Waren, auch Pferden, begannen und besonders bei der Eintauschung von Silbergeld gegen Gold den Wechslern zu gutem Verdienste verhalfen.

Der General Pierre-Augustin Hulin, »Commandant (bald Colonel) les Grenadiers à pied de la Garde Impériale et Commandant la place de Berlin«, dessen Namen von der Hinrichtung des Herzogs von Enghien her eine schreckhafte Berühmtheit umwob, »ein langer, baumstarker, schon bejahrter Mann, von höchst kriegerischem, imposanten Aussehen«, zeigte sich leutselig, milde und freundlich;

er bestimmte Schutzwachen für die öffentlichen Gebäude und gab von vornherein dem Magistrate die Zuversicht, daß die Zeiten von 1760 (s. S. 86) nicht wiederkehren würden. Aber freilich, die Länge sollte die Last tragen! Sein Quartier schlug Hulin Unter den Linden Nr. 7 auf, im Palais der Herzogin Dorothea von Kurland.

Noch am 25. Oktober überbrachte eine Deputation der Stadt Berlin, unter Hatzfeld und Büsching, dem Kaiser Napoleon die Schlüssel der Stadt nach Potsdam, ihn um Milde und Schonung bittend.

^ *General Hulin, Marmorbüste von David d'Angers*

Auch Napoleon gab in dieser Audienz, zu der sich noch fünf Deputierte der kurmärkischen Kreise eingefunden, die Zusicherung, daß Ordnung gehalten werden solle, ließ aber seinem Grolle gegen die Königin und den Adel, die den Krieg veranlaßt hätten, in bittern und kränkenden Ausdrücken die Zügel schießen. Bald nach dieser Audienz fand der berühmte Besuch Napoleons am Sarge Friedrichs des Großen in der Potsdamer Garnisonkirche statt, die er ihrer als Trophäen aufgehängten Fahnen beraubte; sonst gab er noch seiner Verehrung für den Helden den sonderbaren Ausdruck, daß er Friedrichs Degen, Schärpe und Schwarzen Adlerorden hinwegnahm, um sie dem Invalidenhause zu Paris zu überweisen: »Die alten Soldaten der Armee von Hannover (im Siebenjährigen Kriege) werden mit frommer Achtung alles aufnehmen, was einem der ersten Feldherren der Geschichte gehört« – die einzige Bestimmung, die den Raub beschönigen könnte, urteilt ein Franzose.

Am 26. Oktober verlegte Napoleon sein Hauptquartier nach dem Schlosse zu Charlottenburg, wo er die Briefschaften der Königin Luise beschlagnahmte, wie sein 19. Bulletin vom 27. Oktober verkündete.

^ *Napoleon besucht am 25. Oktober 1806 das Grab Friedrichs des Großen in Potsdam. Kupferstich von Jügel nach Dähling.*

In Berlin befahl Hulin den Bürgern die Ablieferung der Waffen bei strenger Strafe; dem Magistrate wurde es noch lange nachgetragen, daß er diese Verfügung selbständig »bei Todesstrafe« einschärfte, was dann Hulin gewiß nicht ohne Genugtuung redressierte. Von der Bürgerschaft blieben aber 600 Mann bewaffnet, als Bürgergarde zum polizeilichen Schutze der Stadt; waren doch in der herrschenden Verwirrung eine Anzahl schwerer Verbrecher aus dem Stadtvogteigefängnisse entkommen, gegen die an diesem 26. Oktober ein »Steckbrief« erlassen wurde, in französischer und in deutscher Sprache, wie fortan alle öffentlichen Verordnungen und Bekanntmachungen.

Am 27. Oktober, einem Montage, nachmittags 3 Uhr ritt Napoleon vom Charlottenburger Schlosse durch den Tiergarten zum Brandenburger Tore, um seinen feierlichen Einzug in Berlin zu halten. Es war »das schönste Wetter von der Welt«, »der schönste Herbsttag, der je erschienen«, und nichts fehlte an Entfaltung militärischen Glanzes, um Beteiligten und Zuschauern ein präch-

^ Einzug Napoleons in Berlin am 27. Oktober 1806
Gestochen von F. Jügel nach L. Wolf

tiges Schauspiel zu gewähren. Vom Großen Stern im Tiergarten
an bis zum Brandenburger Tore bildeten die Kürassier-Divisio-
nen Nansouty und Hautpoul – zwei Karabinier- und acht Küras-
sier-Regimenter – in ihren malerischen Uniformen Spalier. »Der
unabsehliche Raum von dem Brandenburger Thor bis zum Schlosse auf beiden Seiten der Linden mit allen Waffengattungen angefüllt, mit tausendfachem Wiederstrahle der Gewehre, Adler, Helme, Kürasse durchblitzt, vom stolzen Siegesmarsch der Trompe-
ten, Trommeln und Janitscharen-Musik durchbraust, gab allerdings ein höchst imposantes Schauspiel.« Die Mameluken der
Leibwache in ihrer türkischen Tracht eröffneten den Zug, dann
schritten die Grenadiere und Jäger der Garde zu Fuß daher »deren Anstand heroisch, keineswegs militärisch stutzerhaft wirkt, in
blendender, geschmackvoller Pracht« – nun kam der Kaiser in der
einfachen grünen Uniform seiner Gardejäger, auf einem kleinen
arabischen Schimmel, »sein Antlitz, dessen Profil ganz römisch
antik ist, in milder Haltung, die den Triumphator mehr idealisirt,

29

^ *Gardetruppe Napoleons:*
Maréchal des logis des
Mamelucs. *Kupferstich
der Gebr. Henschel*

wie die berechnete Repräsentation«; hinter ihm seine Marschälle und Großwürdenträger, dann die Grenadiere und Jäger der Garde zu Pferd. Am Brandenburger Tore hatten sich auf Hulins Befehl der Magistrat und die Behörden, auch die Berliner Schützengilde, in Uniform versammelt, Unter den Linden war das Publikum zusammengeströmt, keineswegs besonders zahlreich, schon aus dem Grunde, weil über den Einzug in der großen Stadt vorher wenig bekannt geworden war – so standen z. B. am Königlichen Palais »die neugierigen Zuschauer in sehr geringer Zahl«. Das von Hulin befohlene Glockengeläute – diese lügübre Mönchssprache, diese Leichentöne, nicht Kanonendonner, Napoleons eignes Sprachorgan« – ertönte nun freilich, als der Kaiser am Tore die in Potsdam zurückgewiesenen Schlüssel der Stadt in Empfang genommen hatte; der Begrüßungsruf »Es lebe der Kaiser«, den Hulin gleichfalls angeordnet und durch bezahlte Personen ausführen ließ, fand aber nur sehr geringen Anklang in der Bevölkerung (s. S. 86) – wenn es auch vorgekommen sein mag, daß, wohl angesteckt von dem durch Furcht diktierten dringenden Bitten des Fürsten Hatzfeld, auch einige Bürger die Zuschauer »um Gotteswillen« ermahnt haben, laut Vivat zu schreien: »sonst sind wir verloren«. Und gar das Wehen mit Tüchern aus den Fenstern seitens der Frauen, das Hulin gewünscht, unterblieb ganz: wohl aber trockneten die Zuschauerinnen ihre patriotischen Tränen.

^ *Kaiser Napoleon I. zu Pferde mit Gefolge. Kupferstich von Daniel Berger in Berlin nach einer Zeichnung von Study.*

Napoleon ritt die Linden entlang, »nach allen Seiten sich lebhaft umsehend«, zum Königlichen Schlosse, wo ihn der vorausgeeilte Großmarschall Michel Duroc – »ein schöner, noch ziemlich junger Mann, eher klein als groß, von angenehmer und feiner Gesichtsbildung, dunkeln Augen und Haaren« – in die für ihn ausgewählten, nach dem Lustgarten zu gelegenen Kammern Friedrich-Wilhelms ll. geleitete. Hier stellte ihm Duroc den Magistrat und die Staatsminister, sowie die Präsidenten der Kriegs- und Domänenkammer, Karl-Friedrich-Leopold von Gerlach, und des Kammergerichtes, Friedrich -Leopold von Kircheisen, vor. Der Kaiser ermahnte sie, auf Ruhe und Ordnung zu halten, und sagte ihnen Schutz und Sicherheit zu. Zugleich traf er seine Anordnungen für eine neu einzurichtende Stadtverwaltung, da er nur mit Bürgern, nicht aber mit Behörden der bisherigen Regierung zu tun haben wolle: die vom Magistrate zu bestimmenden 2 000 wohlhabendsten Bürger sollten aus ihrer Mitte 60 wählen als General-Verwaltungsbehörde, und diese wieder sieben präsentieren als »comité administratif« an Stelle des Magistrats. Auch befahl der Kaiser die Bildung einer Bürgergarde von 1 200 begüterten und angesehenen Bürgern »in Uniform« als Stadtpolizei.

Für den Abend hatte Hulin die Illumination der Stadt angeordnet, und wenn auch nur in den dem Schlosse nächsten Straßen sich die Bürger diesem Zwange fügten, so war doch der Anblick »hoch imponirend«, und »der durchaus heitere Himmel, an welchem der Vollmond hehr und majestätisch stand, verlieh der Scene einen magischen Schimmer, der zur innigsten Wehmuth stimmte«. Es war wohl der lebhafteste Tag, den Berlin bisher erlebt hatte: zwei feindliche Armeekorps, zwei Kavallerie-Divisionen, dazu noch mancherlei einzelne Truppenkörper und, nicht als die anspruchlosesten Gäste, an 1 500 Beamte der Großen Armee hatte sie aufnehmen müssen. Der Lustgarten vor dem Schlosse war ein großes Biwak: »Der ganze Mittelraum des bis dahin sorgsam geschonten Rasens und selbst der Straßenplatz nach dem Schlosse hin war bedeckt mit unzähligen hellflammenden Wachtfeuern, um welche her die Kaiserliche Garde in tausend Gruppen munterer Fröhlichkeit und Geschäftigkeit sich bewegte. Die mächtigen Feuer beleuchteten taghell die prächtigsten, schönsten Leute, die blanksten Waffen und Kriegsgeräthe, die reichsten, bunten Uniformen, in deren sich tausendfältig wiederholendem Roth, Blau und Weiß die volle Macht der französischen Nationalfarben die Augen traf. Einen großen Eindruck gewährte der Ueberblick des Ganzen, und wenn man das Einzelne untersuchte, denn man konnte frei hindurchgehen und jede Neugier befriedigen, so mehrte sich nur die Bewunderung; jeder Soldat schien an Ausstattung, Benehmen, Wohlbehagen und Gewicht ein Officier, jeder ein Gebieter, ein Held. Sie sangen, tanzten und schmausten bis tief in die Nacht, dazwischen rückten kleine Abtheilungen, in strengster, kriegerischer Haltung, zum Dienst aus und ein. Es war ein einziger Anblick.«

Nicht überall ging es so harmlos lustig zu, wenn auch Exzesse zu den Ausnahmen gehörten. Schlimm aber war der Einbruch französischer Soldaten in die Kirchen, besonders in die ehrwürdige Garnisonkirche: hier waren die 104 Fahnen und Standarten, Trophäen aus dem zweiten Schlesischen Kriege, von dem Küster verborgen worden – so gut, daß sie leider bis heute noch nicht wieder aufgetaucht sind – und beim Suchen danach erbrachen die Franzosen auch die Särge, rissen das Ziegelpflaster auf und zerschlugen Kanzel und Gestühl (s. S. 86); zum Heumagazin, dann zum Weindepot wurde das Gotteshaus herabgewürdigt. Auch in der Neustädtischen Kirche wurde übel gehaust, und in der Friedrichwerderschen Kirche, die damals von der deutschen und der französischen reformierten Gemeinde gemeinsam benutzt wurde, der heutigen »Werderschen Kirche«, entgingen die Bänke den Biwakfeuern nur durch das Eingreifen des würdigen Ober-Konsistorialrates Johann-Peter Erman; anfangs verspottet, wußte Erman den Kriegern klar zu machen, daß ihnen die Bänke zum Schlafen so gut dienen könnten, wie den Andächtigen zum Sitzen: »le bon vieux papa a raison«, meinten sie und ließen die Bänke unversehrt.

Ueberhaupt war es wesentlich die Art, wie den fremden Gästen entgegengetreten wurde, die den Berlinern die Einquartierungslast mehr oder weniger erträglich machte. Wirkliche Erpressungen und Roheiten fanden bei den französischen Autoritäten, in wohlverstandenem Interesse der Disziplin sowohl, wie auch um die Stadt möglich lange leistungsfähig zu erhalten, scharfe Ahndung. So wies Hulin unter anderem durch Tagesbefehl bei strenger Strafe die Einquartierten an, mit ihrem Wirte »die gewöhnliche Mahlzeit, welche dieser nach seinem Stande und Vermögen halten kann, zu theilen und unter keinerlei Vorwand mehr zu verlangen«. Brot, Fleisch und Wein sollten übrigens die Einquartierten aus den öffentlichen Magazinen empfangen und ihren Wirten überliefern, und Verkauf oder Vergeudung dieser Nahrungsmittel wurde wiederholt streng verboten. An sich höflich, war der Franzose Vorstellungen nicht unzugänglich, und namentlich den Frauen war der Umgang mit den »aimables vainqueurs«

33

^ *Karikatur auf die Besetzung Berlins durch die Franzosen 1806*
Gleichzeitiger Kupferstich

leicht, auch in allen Ehren. An Artigkeit übertrafen die fremden
Gäste die einheimische Männerwelt, und »was echt war, hat sich
auch als solches bewährt, und wird in Wahrheit deshalb von den
fremden Männern um so höher geachtet; denn für wirkliche Tugend, die weder kalt noch spröde ist, haben sie Tact und Respect«.
Diese französische Wohlerzogenheit gewann späterhin ein besonders vorteilhaftes Relief durch die plumpe Begehrlichkeit deutscher Rheinbundtruppen, deren gelegentliche Einquartierung
loszuwerden die Berliner doppelt froh waren: »denn diese haben
sich vorzugsweise viele Excesse zu Schulden kommen lassen«.
Die Franzosen selbst waren voll Lobes über die Schönheit der
Stadt Berlin und über die Aufnahme, die sie hier gefunden; unter
dem sanften Reize der Erinnerung lyrischer Intermezzi schreibt
wohl ein General von den Berlinerinnen, die er als Capitaine kennen gelernt: »ces dames ont assez bonne opinion de leurs char-
mes pour ne pas chercher à en augmenter le prix par une longue
résistance«. Wie das Fräulein von der Quarbitz in Willibald Alexis

»Isegrimm« dem Colonel, so konnte auch in Berlin manche Lotte der angeborenen Feinheit der Sieger auf die Länge nicht widerstehen und folgte wohl ihrem schwarzbärtigen Tambourmajor auch weiterhin ins Feld.

Dennoch aber lastete die ganz unerwartet lange Dauer der Einquartierung sehr schwer auf der Stadt, namentlich auf den Hausbesitzern, die am unmittelbarsten betroffen wurden. Das Haus des Grafen Dönhoff, in der Wilhelmstraße, hat nacheinander nicht weniger als 20 französische Generale mit ihren zum Teil sehr zahlreichen Suiten aufgenommen: 30 000 Taler mußte der Besitzer in anderthalb Jahren aufwenden, um allen Anforderungen der Kriegszeit gerecht zu werden. Der Minister Graf Reden, in der Leipziger Straße 15, hatte einmal einen General, einen Obersten, zwei Adjutanten, 14 Mann und 41 Pferde zugleich zu beherbergen. Im Hause Friedrich Nicolai's in der Brüderstraße waren zeitweise 22 Mann und 12 Pferde gleichzeitig einquartiert, und ein ganzer Ochse wurde einmal geschlachtet, um wenigstens für einige Zeit Vorrat zu haben; hier ist es auch vorgekommen, daß ein Mittagessen, das einer der französischen Generale nicht gut genug fand, aus den Fenstern in den Hof geworfen wurde, und die Beschwerde des würdigen Hausherrn über solches Betragen nahm den Charakter einer anstößigen Zänkerei. Gar manche der einquartierten Generale traf das Spottwort mit Recht, daß sie »nicht wie jene spanischen Ritter, Cervantischer Schilderung zufolge, die Gasthäuser für Schlösser und Paläste, sondern diese im Gegentheil bey uns im Ernst für recht wolfeile Gasthäuser halten«. Und wie naiv solche private Requisitionen vorgenommen wurden, wie sehr sich die Geschädigten daran gewöhnt hatten, zeigt der ganz beiläufige Bericht der Gräfin Sophie Schwerin: der General Jarry habe sich zu seiner Ausrüstung vor dem Aufbruche zum Polnischen Feldzuge unter anderem Weinkörbe für seinen Packwagen anfertigen lassen und sie mit je 50 Flaschen aus dem gräflich Dönhoffschen Keller gefüllt. Die leichte Ironie in diesem Berichte der Gräfin trifft augenscheinlich nur den sich hierin zeigenden Sybaritismus des Generals, die »Requisition« an sich scheint ihr so selbstverständlich, daß sie hierüber kein Wort verliert. Die harte Notwendigkeit, Gäste zu sein in den eigenen Häusern, mußte von den Berlinern wohl oder übel mit Gleichmut hingenommen werden.

Genoß das Privateigentum der Bürger des Schutzes wenigstens gegen offene Plünderung, so ward das Eigentum des Staates und sogar das persönliche des Königs skrupellos für gute Beute erklärt; und zwar nicht nur alles, auch im weitesten Sinne als Kriegsbedürfnis anzusprechende, sondern unterschiedslos alles, was gefiel, galt für erlaubt hinwegzuführen. Nicht ohne Ironie können wir die auch heute noch immer wieder frisch hervorbrechenden Klagen der Franzosen über die angebliche Plünderung des Schlosses von St. Cloud durch die Preußen anno 1870 vernehmen, wenn wir uns den damaligen Raubzug gegen alles öffentliche Eigentum vergegenwärtigen. Wie Napoleon selbst sehr harmlos die Reliquien des Großen Königs als gute Beute mitgehen hieß, so hatte der seinem Gefolge zugeteilte Generalinspekteur der Museen Dominique Denon – »ein kleiner schwärzlicher Mann, im schlichten, blauen Oberrocke« – die amtliche Aufgabe, neben den Entwürfen für Denkmünzen »nach Maßgabe der Ereignisse«, überall in Schlössern und Sammlungen das festzustellen, was würdig wäre, in dem als Universal-Kunstsammlung gedachten Musée Napoléon zu Paris aufgestellt zu werden. Auch die besonderen Schutzes versicherte Akademie der Wissenschaften erlitt durch den Raub von Kupferplatten für Landkarten und von Kunstmedaillen einen Schaden von ca. 98 000 Talern. (s. S. 87)

Aber auch über diese amtlichen Eingriffe hinaus trugen einzelne französische Generale kein Bedenken, sich »Andenken« aus den königlichen Schlössern mitzunehmen, wie z. B. Dominique-Joseph Vandamme aus dem Neuen Palais zu Potsdam; auch Marschall Alexandre Berthier, der Major-General ein Mann von »kleiner gedrängter Figur, mit strengem, fast mürrischem Gesicht, dessen ganzer Kopf etwas Antikes, Bronzeartiges hatte«, führte aus dem von ihm bewohnten Palais des Königs in Berlin – das später auf ausdrückliche Order Duroc's von aller Bequartierung frei blieb – ein Bild der Königin Luise hinweg, das er erst wieder zurückgab, als der König den Wunsch wenigstens nach einer Kopie ausgesprochen hatte. Besonders in die Augen fallend war die Herabnahme der von Johann-Gottfried Schadow modellierten Viktoria vom

Brandenburger Tore, in der Napoleon ein Siegeszeichen für den Revolutionskrieg argwöhnte: er schenkte sie seinen Garden und ließ sie, nicht ohne Schädigung in Stücke zerlegt, nach Paris schaffen, ohne daß sie dort zu neuer Ausstellung kam. »Aber der Stachel, an welchem das Ganze befestiget war, blieb zurück, und weckte von seiner Höhe herab die Gemüther zu neuer Thatkraft.« Die Viktoria »hatte ihre Bedeutung für uns verloren, aber als Symbol unsrer Schmach war ihr Hinwegführen in die Gefangenschaft ein bitterer Hohn, der dem Vaterlande gesprochen wurde. Und wer unter uns hat in den langen sieben Jahren der Unterjochung die eiserne Spitze, die den Siegeswagen trug, leer über das schöne Thor hinausragen sehen, ohne die Kränkung von Neuem bitter zu empfinden«. Von dem »Alten im Bart«, dem Turn-Vater Friedrich-Ludwig Jahn, wird der kräftige Zug erzählt, wie er mit seiner Turnjugend zur Stadt hinauszieht und wiederum der schmerz- und zornerfüllte Blick auf dem Brandenburger Tor die Viktoria vergebens sucht, daß er den nächsten Buben fragt: »was denkt ihr euch dabei?« und dem Stockenden mit derber Ohrfeige die ernste Antwort einprägt: »daß ihr sie wieder holen sollt!«

Des Kaisers persönliche Verpflegung in Berlin erfolgte auf Anordnung des Königs durch das Königliche Hofmarschallamt, das hierfür die Summe von 67 000 Talern aufnehmen mußte, wogegen ihm Duroc vor Napoleons Abreise von Berlin, am 24. November 1806, 11 684 Taler als Entschädigung überwies. Am 28. Oktober wurden dem Kaiser die Berliner Behörden vorgestellt, und hierbei war es, daß der 71jährige Erman, »ein frommer, praktischer, gelehrter Mann«, den abfälligen Aus-

^ *J. P. Erman, Gezeichnet und gestochen von M. S. Löwe 1806*

37

lassungen Napoleons über die Königin Luise mutig entgegentrat. Wie dieser wohlbeglaubigte Vorfall im einzelnen verlaufen ist, läßt sich nicht feststellen; Erman selbst erzählte später – er starb am 11. August 1814 – er habe den Kaiser im Eifer des Gespräches am Arme gefaßt: »et je l'ai tenu, ce bras, qui nous a tant de mal! ah, je n' aurais pas dû le lâcher!« Die Königin hat beim Ordensfeste des Jahres 1810 Erman mit den Worten angesprochen: »Ich kann mir die Genugthuung nicht versagen, mit dem Ritter auf sein Wohl anzustoßen, der, als alles schwieg, den Muth hatte, seine letzte Lanze für die Ehre seiner Königin zu brechen.«

Am gleichen Tage, dem 28. Oktober, besuchte Napoleon das prinzlich Ferdinandsche Paar, bei dem er einen sehr günstigen Eindruck hinterließ, und die Prinzessin Heinrich, mit fast demonstrativer Höflichkeit diesen Gliedern des königlichen Hauses gegenüber, die er unbeteiligt an dem Kriegsausbruche wußte (s. S. 87); dann fiel nach Napoleons Rückkehr von der Revue über das Korps des Marschalls Davout, den er zum Herzog von Auerstädt erhob, die Affäre Hatzfeld vor.

Während der bis zum 25. November dauernden Anwesenheit Napoleons, die stetig schönes Herbstwetter begünstigte, stand Berlin hauptsächlich unter dem Eindrucke immer neuer militärischer Schaustellungen. Neben einer Reihe kleinerer Truppenkörper marschierten das VI. Korps des Marschalls Michel Ney und das IV. Korps des Marschalls Soult, dieses mit der Beute von Lübeck –»2/3-Thalerstücke im Tornister, bei deren Einwechseln in Gold die Wechsler ansehnlich verdienten« – durch Berlin und wurden vom Kaiser besichtigt, und fast täglich hielt Napoleon über seine Garden im Lustgarten Parade ab. »Er selbst stand in der Ecke des Platzes bei der Schloßapotheke und ließ einzelne Abtheilungen vorbeimarschiren oder ging durch die Reihen. Die beiden Seiten des Platzes gegen die Schloßfreiheit und den Lustgarten hin, wo die Zuschauer stehen konnten, waren durch Gensdarmen abgesperrt. Der Zudrang war nie sehr groß. Als eines Tages die Parade beinahe beendigt war, drängte sich eine Frau aus den Reihen der Zuschauer zwischen zwei Gensdarmen durch, und lief, ein Papier in der erhobenen Hand haltend, gerade auf den Kaiser zu. Die Gensdarmen eilten ihr nach, allein sie hatte

^ *Parade der französischen Garde vor Napoleon I. im Lustgarten zu Berlin 1806. Kupferstich von F. Jügel*

einen ziemlichen Vorsprung. Der Kaiser stand ganz ruhig, bis sie herankam, und ihm zu Füßen fiel, dann erst winkte er mit der Hand den Gensdarmen zur Rückkehr. Es zeigte sich der überlegene Verstand des Kaisers: hätte er früher gewinkt, so würde die Bittstellerin zurückgescheucht worden sein.« (s. S. 87)

Bei einer dieser Paraden, am 30. Oktober, trafen die am 27. Oktober nach einer mißlungenen Attacke auf sehr starke Uebermacht bei Wichmannsdorf, nordöstlich von Templin, gefangenen Offiziere des Berliner Kürassier-Regiments Gensdarmes, die das 22. Bulletin wegen ihres angeblichen Degenschleifens vor dem Hause des französischen Gesandten, Unter den Linden Nr. 18, im Januar 1806, mit bitterem Hohne getroffen, am Lustgarten ein, noch zu Pferde, aber in traurigem Zustande, fast stumpf vor Mattigkeit und Entbehrungen. Nach langem Warten wies sie der Kaiser »à Spandau«, und nun ging der unselige Zug die Linden herunter, an ihren Quartieren vorüber: »Es war grade ein Monat seit ihrem glänzenden Auszuge aus der Stadt vergangen, die sie nun so wiedersehen sollten«. Einige Stimmen riefen: »Doktor Luther läßt grüßen«, anspielend auf die sommerliche Schlittenfahrt der übermütigen Offiziere durch die Straßen Berlins in Kostümen aus Zacharias Werners Schauspiel »Luther oder die Weihe der Kraft«. »Andere riefen in brutalem Hohne, sie hätten die französischen Sappeurs an ihren langen Bärten wohl für Juden angesehen und wären aus Angst, ihre Schulden endlich bezahlen zu müssen, vor ihnen umgewendet, ein Witz, der noch in einem langen Gedichte mit dämonischer Schadenfreude ausgearbeitet erschien«. Wohl ging in Berlin vordem die Klage, daß der Bürger in den Straßen und Gesellschaften vor den Insulten der jungen Gensdarmen-Offiziere nicht sicher sei; doch war diese laute Schadenfreude, noch dazu vor Augen des Feindes, gewiß unwürdig: »wenn selbst einige dieser Offiziere ehedem den Bürger durch Anmaaßung kränkten, so mußte jetzt doch davon die Rede nicht sein. Dem Patrioten ziemt allein, dergleichen Auftritte mit Wehmuth anzu-blicken«.

Die Haltung der französischen Truppen im Dienst fand auch bei den wärmsten Patrioten widerwillige Bewunderung; so schreibt die Gräfin Schwerin: »Die meisten Generale wohnten in unserer Nähe – neben uns an, ins Haus der Gräfin Arnim, wurden alle Nachmittage die Adler zurückgebracht – die Wilhelmstraße ent-lang reiheten sich dann diese weltberühmten Grenadiers de la Garde, und aus unsern Fenstern starrte ich in das wogende Meer der feuerrothen Federbüsche hinab und hörte das widerwärtige, heulende französische Commando die langen Reihen hinaus und hinunter verhallen. Nachlässig auf ihre Gewehre gelehnt, will-kürlich Kopf und Augen wendend, war es als thäten sie Alles aus eignen Antrieb und aus freiem, freudigen Willen. Ich kann das Schauderhafte dieses Anblicks nicht beschreiben; er nahm uns die letzte Hoffnung auf mögliche Rettung, – denn in jeder freien, gemächlichen Bewegung, in jeder stolzen Stellung sah man die 15jährigen Sieger und die ersten Truppen der Welt.«

Sonntags gab der Militär-Gottesdienst in der Hedwigskirche ein neues, buntes Bild: »Wer schaulustig war, begab sich bei guter

Zeit in diese Kirche und nahm seine Stellung ein. Bald wurde die Stille durch lauten Trommelschall unterbrochen, der Kirchner öffnete die Hauptthüren, und herein rückte, die bärtigen Sappeurs voran, hinter ihnen der Regimentstambour vor seinen Trommelschlägern, eine Compagnie Grenadiere; die Tambours schlugen Marsch, bis sie vor dem Altare waren, wo sie Stellung nahmen, das Musik-Corps stieg die Treppen hinauf und besetzte das Orgel-Chor, die Grenadiere bildeten eine Chaine im Hauptgange und ließen die Generale durch, welche mit Honneurs und Trommelwirbel begrüßt wurden und ihre Sitze neben dem Hochaltare einnahmen. Das Militair behielt den Kopf bedeckt; wenn die Stellen in der Messe kamen, wo gekniet werden muß, fielen die Soldaten auf die Knie, hielten mit einer Hand das Gewehr und legten die andre salutirend an den Kopf. Als Beigabe ward häufig getrommelt und musicirt, und endlich die Kirche mit großem Lärmen verlassen.«

Die von Napoleon angeordnete neue Stadtverwaltung war bald in Wirksamkeit getreten; aus den am 30. Oktober in der Petrikirche abgehaltenen Wahlen waren in das Comité administratif der Sieben gewählt worden: der Buchhändler de la Garde, der Teppichfabrikant Thomas-Heinrich Hotho, die Maurermeister Karl-Friedrich Zelter und Friedrich-Ludwig Meyer, die Kaufleute Nitze, Wibeau und Beringuier. Unter diesen ragten hervor de la Garde, als »Repräsentant«, der »bei geläufigst französischer Sprache das altfranzösische Wesen ebenso mit kluger Gewandheit wie mit feinem Schliff und unverletzend einströmenden Witz an- und durchschaulich ausprägte«; und Zelter, der nicht sowohl als Baumeister, wie als Tonkünstler und Gründer und Leiter der Singakademie berühmte Freund Goethes, mit seiner riesenmäßigen Figur und Löwenstimme, dem starkknochigen Kopfe mit tiefgefurchter Stirn, dessen »schlichtes, besonnenes Wesen, seine ruhige, feste Haltung mitten in diesem Wirbel von Bedrängnissen und Nöthen wahrhaft erbaulich« wirkten. Wie nun dieses Komitees Tätigkeit nach außen hin sich fast nur in immer neuen materiellen Anforderungen an die Mitbürger geltend machen konnte, so nahm es eine Stellung ein, die es jedenfalls von Beliebtheit entfernte; bei unbefangener Würdigung der großen Schwierigkeiten, von denen diese »kaiserlich Französischen, königlich Italienischen Heptarchen der ci-devant Residenz-Stadt Berlin«, wie sie Zelter Goethe gegenüber bezeichnet, umdrängt waren, wird ihre Tätigkeit anerkannt werden müssen. Ebenso stellen sich die Vorwürfe gegen die Berliner Französische Kolonie, von der ja drei Mitglieder im Komitee saßen, wegen allzu entgegenkommenden Verhaltens gegen ihre ursprünglichen Landsleute bei schärferem Zusehen als nicht stichhaltig heraus: die Sprachkenntniß brachte sie freilich den Fremden äußerlich näher, aber meist zum Vortheile ihrer Mitbürger, und innerlich blieben sie so gute Preußen wie zuvor, wenn auch Napoleon den Refugiés erklärte, daß sie »ihre Ansprüche auf ihr altes Vaterland nicht verwürkt hätten«. Ueber de la Garde und Hotho urteilen die Staatsminister in einem Berichte an den König vom 8. Januar 1810: sie »haben sich als Mitglieder des Comités der Stadt Berlin durch hohe Rechtlichkeit, Thätigkeit und gutes Benehmen sehr ausgezeichnet. Der letztere hat mit Gefahr Preußisches Staats-Eigenthum in seinen Magazinen verheimlicht«.

Im wesentlichen war es Aufgabe des Komitees, die Betreibungen des französischen Gouvernements von den Einwohnern der Stadt zu erheben und abzuliefern, und es blieb dabei der ehemaligen, der jetzigen und der zukünftigen Oberbehörde gleich verantwortlich. Wie den Mitgliedern bei diesem über Jahr und Tag andauernden Geschäfte zumute war, dem gibt Zelter einmal an Goethe drastischen Ausdruck: »Manchmal möchte man lieber dem Teufel angehören und Pech und Schwefel treffen, als dieses Thranleben führen, das aller Geduld Hohn spricht«.

Am 3. November verfügte Napoleon die Einteilung der eroberten preußischen Lande in vier Departements unter dem General-Gouverneur Divisionsgeneral Jacques-Guillaume Clarke, dem späteren Herzog von Feltre, der 1805 Gouverneur von Wien, 1806 bis jetzt Gouverneur von Erfurt gewesen war. Das Departement Berlin wurde wieder in vier Provinzen zerlegt, Ukermark, Prignitz, Altmark und Mittelmark; Clarke wurde zugleich Gouverneur der Mittelmark, war also auch der unmittelbare Leiter der Geschicke Berlins. Clarke, »dessen stattliche Gestalt und würdige Haltung, und seine feine und anmuthige Benehmungsweise nothwendig Zutrauen und Sicherheit einflößten«, hat in Berlin im ganzen ein gutes Andenken hinterlassen durch Humanität und Rechtlichkeit: »ein sehr milder Mann, der das Wohl seiner Soldaten mit dem Interesse der Einwohner klug und großmüthig zu verbinden sucht«. An tatsächlichen, materiellen Erleichterungen freilich hätte der Gouverneur auch bei bestem Willen nichts erreichen können, denn die Ausnutzung, oder richtiger Ausbeutung der eroberten Lande lag in der Hand des General-Intendanten Pierre-Antoine-Bruno Daru, den seine Härte bei Ausführung der harten Befehle seines kaiserlichen Herrn als »zweiten Alba« erscheinen ließ. Daru, »ein kleiner, untersetzter Mann von rabenschwarzen Haaren und Augen und der frischesten Gesichtsfarbe, der raschen Schritts und feurig schroffen Blickes dahineilte«, ging »wie eine abgeschossene Kanonenkugel lediglich auf sein Ziel los«, ohne dabei als Uebersetzer des Horaz – auf welche litterarische Leistung er so stolz war und die auch den äußeren Grund zu seiner Wahl als Ehrenmitglied der Königlich Preußischen Akademie der Wissenschaften bot – etwa Horazische Urbanität bemerkbar werden zu lassen; das Horazische Diktum: »didicisse fideliter artes, emollit mores nec sinit esse feros« machte er wenigstens nicht wahr. Auch den Franzosen war seine Härte zur sprichwörtlichen Redensart geworden, um einen erzgefühllosen Mann mit einem Worte zu bezeichnen: il est comme Daru, c'est à la Daru. Daru selbst sagte einmal von sich zu dem Oberkonsistorialrate Erman, der ihm mit derselben Freimütigkeit, die er dem Kaiser gegenüber

^ *Generalintendant Daru*
Oelgemälde von Gros

^ »*Hans Deutsch unter den Händen der Aerzte oder die große
französische Curmethode*«
*In koloriertem Holzschnitt hergestellte bei F. Campe in
Nürnberg erschienene Karikatur*

bewährt, Vorstellungen machte: »Je sais qu'on ne dit pas beaucoup de bien de moi; mais – je fais mon métier«. Und nicht viel
anders, oft noch brutaler, zeigten sich seine Unterbeamten, diese
Staatsvampire, gierig und unersättlich, die Napoleon, wie Sveton
von Vespasian erzählt, als trockene Schwämme in die Provinzen
zu schicken schien, um sie auszupressen, wenn sie sich vollgeso-
gen; wie denn überhaupt sich sagen läßt, daß die französische
Zivil-Administration, wohl »in nichts von der Verwaltung eines
türkischen Paschas, in Absicht auf Habsucht und Unersättlich-
keit« verschieden, weit härter auf dem eroberten Lande lastete,
als die Militärmacht: »Das bischen Plündern und Mißhandeln
hätte man abgeschüttelt wie ein Unwetter. Doch das übelste der
Uebel war das System, das die Fremden mitbrachten, und auf die
Verhältnisse, die sie vorfanden, impften. Ihre Kommissäre, Rece-
veure und Direkteure litten weder Axtschläge auf die noch gefüll-

44

ten Kisten, nein, sie stellten Schildwachen davor, noch begünstigten sie die Plünderer, sie trieben sie wohl mit Klingenhieben fort, und zwangen sie, was sie aus den Speichern auf die Gasse geworfen, selbst zurückzutragen. Denn was sie retteten, retteten sie für sich, die Besitzer wurden ihre Verwalter. Das war der feuchte Nebelregen, der in alle Poren des Landes drang, das Spinnengewebe der französischen Beamten mit höflichen Redensarten und lächelnden Mienen, aber mit Argusaugen und den Klauen des Luchses. Sie drangen bis ins Herzblut und hatten sich eingewühlt und gefressen, wie die Maden in alle Theile des Leibes. Nicht an einem Aderlaß sollte das Opfer verbluten, nein, sie pflegten und hätschelten es, damit es wieder Kräfte bekäme, und dann zapften sie langsam und sicher Tropfen um Tropfen ab. Das war der Schrekken der Schrecken, weil man es nicht sah und doch in jeder Fiber fühlte, das systematische Aussaugungssystem, das von der Hauptstadt auslief, bis es mit seinen Schlingen und Fasern das letzte Haus des letzten Dorfes umspannt hielt.« (s. S. 87)

Jene Verfügung Napoleons vom 3. November, die der Stadtverwaltung ihre neue Gestalt gab, bestimmte zugleich die Eidesleistung aller Beamten auf die neue Autorität, wohl die stärkste Zumutung, die einem besiegten Volke gestellt worden, und deren Ausführung überhaupt nur erklärlich ist durch die gänzlich gesunkenen Begriffe, die vom Verhältnisse der Landeseinwohner zum Staate damals in Preußen zur Gewohnheit geworden waren. Die Eidesformel verpflichtete zur pünktlichen Erfüllung der für den Dienst der französischen Armee befohlenen Maßnahmen und »de n'entretenir aucune correspondance avec ses ennemis« – so daß der Beamte also seinen König als »Feind« anzusehen hatte. Die Verpflichtung zur unbedingten Fürsorge für die französische Armee schien selbst den sonst nur zu gefügigen Justizministern in Berlin bedenklich; aber ihr Vorschlag, hier die Worte »dans les bornes de notre emploi« in die Formel einzuschieben, wurde von dem zum Intendanten von Berlin ernannten Diplomaten Louis-Pierre-Edouard Bignon abgelehnt, und sie ließen sich denn auch mit der nichtssagenden Bemerkung abfinden: »daß diese Stelle die Justizbeamten nicht treffe«. Ernstere Bedenken fand der

Minister Graf Friedrich-Wilhelm von Reden, und es bedurfte der Vorstellung Bignons, daß bei der mit der Verweigerung des Eides verbundenen Amtsentsetzung Redens sein Bergwerks-Departement direkt unter französische Verwaltung käme, die unbedenklich den Baum mit der Wurzel abhauen werde, während sie sich sonst mit den Früchten werde genug sein lassen. Dies schlug bei Reden durch, und solche Ueberlegung hat wohl auch bei manchem der übrigen Verwaltungsbeamten gewirkt. Die »traurige Ceremonie« fand dann in Berlin im Schlosse am 9. November 1806 statt, unter Entfaltung feierlichen Prunkes, wie es die beteiligten Staatsminister später dem Könige meldeten:

»Die Eidesleistung ist auf dem Schlosse in dem Saal geschehen, welcher zu den Zimmern der verwittweten Königin Majestät gehöret. In dem Saal war ein kleiner Thron von 6 Stuffen errichtet worden, welcher theils mit rothem Sammt, theils mit rothem Tuch ausgeschlagen war.

Auf der dritten Stuffe standen einige Lehnstühle, worauf der General und Gouverneur Clarke, General und Commandant Hulin, und noch einige Französische Beamten sich setzten.

In einem Halbcirkel um den Thron standen einige Wachen mit aufgepflanztem Bajonette, von einem Officier mit gezogenem Säbel commandirt; in dem Vorderzimmer, wodurch man zum Saal gelangte, war ebenfalls eine Wache von einer Thür zur andern, desgleichen auf dem Corridor eine starke Grenadier-Wache hingestellt. Zur rechten Seite des Throns waren mehrere mit rothem Tuch beschlagene Bänke, und in der vordersten Reihe einige Lehnstühle für die Staatsminister und Präsidenten; die Bänke wurden von den Mitgliedern der Collegien eingenommen.«

Nachdem Bignon den Eid, in deutscher Sprache, den höchsten Beamten einzeln, den anderen kollegienweise durch ihre Vorsteher abgenommen hatte (s. S. 87), mußten alle das Protokoll unterschreiben, der bitterste Kelch der Kränkung, der jedem ehrliebenden Preußen wohl das Herz erschütterte. Ueber das Maß der Verschuldung bei der Eidesleistung spricht sich ein Immediat-Bericht der Staatsminister vom 8. Januar 1810, nach Darlegung des Tatbestandes, wie folgt aus: »Hieraus ziehen wir den Schluß, daß die Minister allein der Vorwurf in seiner gantzen

Strenge trift, sich bei dieser wichtigen Handlung übereilet und die höhern Pflichten, die ihnen der höhere Stand-Punkt, auf den Ew. Königlichen Majestät Vertrauen dieselben gestellt hatte, auflegte, vergessen zu haben. Allen nach- und untergeordneten Officianten kommt die Entschuldigung zu Statten, daß sie, ohne Zeit zur Ueberlegung, dem Beispiele und Befehle ihrer Chefs gefolgt sind. Die Minister [Goldbeck, von der Reck, Massow, Thulemeier, Angern und Reden] sind entlassen und wir wagen es daher, Ew. Königlichen Majestät allerunterthänigst anheim zu stellen, die Schwäche der übrigen durch die Uebereilung ihrer Vorgesezten irre geleiteten Staats-Diener der Vergessenheit zu übergeben.« So blieb denn die Verwaltung und die Justiz überall in Funktion und arbeitete für die Fremden im alten Geleise weiter – ein Zustand, der eben auch nur auf einer Auffassung der Staatsgesinnung basieren konnte, die sich von dem Friedericianischen politischen Selbstbewußtsein so weit wie möglich entfernte, auf jener Passivität dem Staate gegenüber, die wohl gute Untertanen aber nicht gute Bürger trug, und die das geflügelte Wort des Grafen Schulenburg, Ruhe ist die erste Bürgerpflicht, dem Urheber gewiß sehr unbewußt, mit schlagender Prägnanz kennzeichnete.

Unter französischer Oberleitung, der »Administration générale des finances«, der neben Daru der Chef der Finanzen Estève, als »Trésorier général de la couronne, administrateur général des Finances et des domaines des pays conquis« vorstand, und die für alle Zweige der Verwaltung, für Brenn- und Bauholz, Salz, Lotterie, Bergwerke, Post, Akzise und Zoll, Forsten, Stempel und Spiel-

^ *Kammerpräsident, später Oberbürgermeister, Karl-Friedrich-Leopold v. Gerlach Gestochen von Bollinger nach J. H. Schröder*

47

karten, Domänen, Land- und Grundsteuer, eigene Reglements nacheinander erließ, fungierten bei den einzelnen Ressorts französische Kontrollbeamte, selbstverständlich nur zum Vorteile ihrer Administration. Die Festigkeit des verdienstvollen Kammerpräsidenten von Gerlach, des späteren ersten »Ober-Bürgermeisters« von Berlin, der sich unter anderem dem Ansinnen, die königlichen Domänen für die Kriegskontributionen zu verpfänden, wirksam widersetzte, war eine rühmliche Ausnahme unter so mancher allzu willfährigen Schwäche. Die Gesamtheit der administrativen Maßnahmen war derart, daß sie, nach Bignons Worte, »die Rückkehr des Königs fast problematisch gemacht hätten«.

Zu vergessen ist hierbei freilich nicht, daß in dem damaligen Preußen der Franzmann doch noch keineswegs als »Erbfeind« angesehen wurde; im Gegenteil, die gerade in dem gebildeten Bürgertume weitverbreitete Sympathie für die Anfänge der französischen Revolution hatte hier einen starken Niederschlag gefunden, und für Napoleon selbst, »den größten Republikaner und Kosmopoliten«, war auch jetzt noch eine von Bewunderung zur Verehrung gleitende Strömung vorhanden. Zu diesen mehr weltbürgerlichen Kreisen trat dann die freilich nur beschränkte »französische Parthei«, die für Preußen das Heil darin erblickte, wenn es politisch in Frankreichs Bahnen einlenke (s. S. 88). Hatte der Philosoph Georg-Wilhelm-Friedrich Hegel in Jena am Vorabende des 14. Oktobers in dem die Stadt durchreitenden Schlachtenkaiser »die Weltseele« auf einem Punkte konzentriert zu schauen geglaubt, so wurde jetzt der Historiker Johannes von Müller in Berlin in einer Unterredung mit Napoleon »durch sein Genie und seine unbefangene Güte erobert«; in seiner zum Friedrichstage im Januar 1807 in französischer Sprache in der Akademie der Wissenschaften zu Berlin gelesenen Abhandlung »Ueber den Ruhm Friedrichs« stellte er dann Napoleon als den von Gott berufenen Nachfolger der Größe Friedrichs des Großen dar – »eine Leichenrede auf den preußischen Staat«.

Unterlagen so führende Geister dem Nimbus des Siegers, so kann es nicht wundernehmen, daß schwächere Herzen fielen. Einem auch in den Berliner Zeitungen veröffentlichten Aufrufe an die preußischen Polen, folgte die »Bekanntmachung« des in französischen Diensten stehenden Prinzen Karl von Isenburg-Birstein, – es war dies derselbe Prinz Isenburg, der seines hohen Adels deutscher Nation so wenig eingedenk gewesen, daß er sich persönlich aus der Königlichen Kunstkammer durch offenen Raub bereichert hatte – der preußische Offiziere und Soldaten aufforderte, in ein von ihm zu errichtendes französisches Regiment einzutreten, und ihnen dabei »den Schutz und die väterliche Sorge des angebeteten Helden, der Seine Krieger wie Seine Kinder liebt«, nämlich Napoleons, zusicherte (s. S. 88). Wirklich fanden sich einige wenige Offiziere, die ehrvergessen diesem Aufrufe folgten, und auch an Mannschaften fehlte es nicht, wohl zumeist angelockt durch das Handgeld. Was aber brachten solche Offiziere zu ihrer Entschuldigung vor? »Da Bekannte ihnen ihre Unzufriedenheit nicht verbargen, gaben sie zur Antwort: »es entsteht doch eine Universalmonarchie«. Nicht anders hatten ja die Festungskommandanten gemeint, daß die Niederlage der Armee den Untergang des Staatswesens bedinge, Unterwerfung also geboten sei. Ein in der Vossischen Zeitung vom 9. Dezember 1806 gedrucktes »Schreiben eines Preußischen Officiers an einen Preußischen Major in Berlin«, aus Leipzig datiert, forderte zum Eintritte in das Isenburgsche Regiment mit den Worten auf: »Wohl uns! Der Unüberwindliche, Napoleon der Große, hat für den ächten Krieger, der durch die Unfälle der Preußischen Armee in Gefangenschaft gerathen ist, eine Laufbahn der Ehre eröffnet. Was die Bosheit und Dummheit gegen diesen Schritt einzuwenden hat, verachtet der vernünftige Mann. Kaiser Napoleon hat den ersten Krieg mit Preußen so meisterhaft und glücklich geführt, daß ein Zweiter nicht denkbar ist.«

Einen realeren militärischen Nutzen als diese und ähnliche Werbungen bot den Franzosen die von Napoleon am 3. November verordnete Errichtung der Berliner Bürgergarde. Durch ihre Sprach- und Ortskenntnis gewährte diese Organisation, zu der bereits Fürst Hatzfeld und Hulin den Anfang gemacht hatten, gewiß einen besseren polizeilichen Schutz für die Stadt, als dies fremde Truppen vermocht hätten. Zugleich aber ersparte diese Bürgergarde, unter ihrem Obersten, dem Bijoutier Paul-Andre Jordan, bis auf 1 900 Mann in 21 Kompanien angewachsen, zu-

^ *Die Berliner Nationalgarde 1807 im Opernhause zu Berlin versammelt. Kupferstich von Jügel nach H. Dähling*

verlässig und dem neuen Regimente unterwürfig wie sie war, den Franzosen eine ständige Garnison in Berlin, während hier bis Ende November 1806 Tag für Tag nie unter 12 000, oft bis über 30 000 Mann durchmarschierender Truppen verpflegt werden mußten; auch noch im Winter 1807/1808 stieg die Zahl der »in hiesiger Residenz einlogirten Personen von der französischen Armee« oft auf über 10 000 Köpfe. Die Uniform der Bürgergarde war »blau und roth, nicht ohne Geschmack; das Tuch war fein, der Säbel artig gearbeitet«; auf Wache – 13 Stadtwachen waren zu beziehen – gings »nett montirt und befiedert, in Reih und Glied, mit Trommel und militärischer Musik, trotz einer!« Dabei bot diese Einrichtung doch auch eitelen und unlauteren Elementen Gelegenheit sich hervorzudrängen und, zum gerechten Zorne patriotischer Bürger, den Fremden mehr Dienste zu leisten, als erforderlich gewesen wäre. Auf den Bureaus des französischen Gouvernements und der Kommandantur fungierten junge Leute als »Stadt-Adjutanten«, auch als »Adjudans lntreprêts« als Mittelspersonen für die der fremden Sprache unkundigen Bürger. Auch ein berittenes Schützenkorps hatte Hulin aus Bürgern eingerichtet, 17 Offiziere und 166 Mann stark, und ihm ein »Reglèment pour le Corps des Arquebusiers« gegeben. Dieser Formation, die als »höchst übermütig gegen alle Stände, vorzüglich gegen die National-(Bürger-)Garde, durch die Art ihres Dienstes zum Theil sehr verdorben« charakterisiert wird, gehörten wohl die jungen Leute an, deren Treiben die kräftigen Worte geißeln: »Die lüderlichen Ladenschwengel, die sich als eine sogenannte Ehrengarde für die fremden Dränger, aber als eine recht eigentliche Schandwacht zu Roß, auch grün uniformirt und mit goldnen Klunkern behängt hatten, die galoppirten neben den Kutschenschlägen der Pariser Hutmacherinnen her, die ein französischer Herr General oder Marschall als maitresse en titre unter irgend einem nom de guerre mit sich herumschleppte. Schande und Vergessenheit über solch erbärmliches Lumpenpack!« (s. S. 90) Solchen »Verhältnissen« der Franzosen gegenüber war der auch damals nicht ganz ruhende Berliner Witz nicht müßig; als Bignon, dem eine Madame Chevalier eng befreundet war, ohne daß er sie gerade heiraten konnte, die Ritterwürde erlangte, hieß es: »da Madame Chevalier nicht hat Madame Bignon werden können, so ist Monsieur Bignon, Monsieur Chevalier geworden.« Die Franzosen fanden doch nötig, in einem eigenen Artikel des Tilsiter Friedens, neben den ehemaligen preußischen Polen, auch der Berliner Bürgergarde vollen Schutz gegen Haftbarmachung irgend welcher Art für ihre Dienstausübung auszuwirken, worauf denn der König den Oberst Jordan gegen üble Auslegung dieser Fürsprache des Feindes seiner Zufriedenheit versicherte. Jordan selbst wurde von den Staatsministern im Januar 1810 einer Auszeichnung für würdig befunden, weil er »sich mit Aufopferung, Anstand und Treue diesem Dienste gewidmet hat«. (s. S. 90)

Der Tilsiter Frieden, vom 9. Juli 1807, brachte dem in Stücke gerissenen Preußen die Segnungen des Friedens nicht. Berlin blieb nach wie vor unter der Fremdherrschaft; nur die leitenden Personen wechselten: für den zum Kriegsminister berufenen Clarke übernahm der Marschall Claude-Perrin Victor, bald Her-

^ *Marschall Victor (Herzog*
  von Belluno)
  Oelgemälde von Gros

^ *Divisionsgeneral St. Hilaire*
  Gipsbüste von Bridan

zog von Belluno, das Gouvernement, für den zum Kommandanten von Paris bestellten Hulin der Divisionsgeneral St. Hilaire, »ein hübscher Mann mit geistreicher Miene«, die Kommandantur in Berlin. Clarke wie Hulin erhielten in den Berliner Zeitungen Danksagungen von fatalem Schwulste, und auch der König dankte ihnen durch anerkennende Schreiben für ihre Amtsführung; die Verleihung des Schwarzen Adlerordens war ihm aber doch zuviel; er lehnte diesen Vorschlag ab mit der eigenhändigen Randbemerkung: »En partant d'un principe pareil, chaque Gouverneur, Commandant etc. pourroit former une telle prétention«. Auch Victor und St. Hilaire zeigten sich persönlich human, aber »das System« blieb, und wurde tatsächlich immer ärger: »Pestis atrox saevit, morbi contagia crescunt« zitiert ein Bericht an den König im Februar 1808, und Zelter schreibt an Goethe im November 1808: »Die ersten 8 Monate (bis zum Tilsiter Frieden) würden sich haben vergessen lassen; seit diesem Frieden aber hat unsere

Stadt den Krieg gefühlt.« Die Kontributionsforderung Napoleons, an sich unerschwinglich, wurde durch ihre ungewisse Fassung, zu der sich der preußische Unterhändler Graf Kalckreuth hatte verleiten lassen, zu einer unabsehbaren Last, an deren Abwälzung die Franzosen die Räumung des Landes zu knüpfen vorgaben. Es ward jetzt in Preußen nicht anders, als wie es Friedrich Schiller beim Antritte des Neuen Jahrhunderts gesungen hatte:

> »Gold muß ihnen jede Landschaft wägen,
> Und, wie Brennus in der rohen Zeit,
> Legt der Franke seinen ehrnen Degen
> In die Waage der Gerechtigkeit.«

Den quälenden Zuständen, wie sie hiernach auch für Berlin eintraten, konnte die nach dem Friedensschlusse in der Hauptstadt eingerichtete höchste preußische Verwaltungsbehörde, die Immediat-Kommission zur Vollziehung des Tilsiter Friedens, nicht abhelfen, trotzdem an ihre Spitze ein Mann von Geist und Charakter trat, der Geheime Ober-Finanzrat, dann Geheimer Staatsrat, Johann-August Sack, der sich schon bisher in der vom Comité administratif geführten Verwaltung durch Tatkraft und Geschäftskunde ausgezeichnet hatte. Aber die Gesamtlage des Staates blieb eine so gebundene, daß Sack's unermüdliches, tapferes Streben, einen wenigstens einigermaßen erträglichen Grad preußischer Selbstbestimmung zu bewahren, des für eine Wirkung notwendigen Rückhaltes an der eigenen Staatsregierung entbehrte. Sack selbst mußte bereits im Mai 1808 auf Daru's Ver-

^ *Geheimer Staatsrat Johann-August Sack*
Gezeichnet und gestochen von Buchhorn

langen weichen, und ebenso verließ der geistig nicht gerade hervorragende, aber wohlgesinnte und biedere Büsching, der nach Gerlach später Oberbürgermeister von Berlin ward, etwa gleichzeitig auf der Fremden Treiben seinen Posten als Polizeidirektor, den dann ein französischer Commissaire, Teulon, einnahm. Die direkte Veranlassung hierzu gaben Bäckerei-Aufläufe, hervorgerufen durch zu geringes Backen der zur Lieferung eines bestimmten Quantums Brot für einen Groschen durch französische Verordnung angehaltenen Bäcker wegen Kornteuerung, die aber französischerseits »wider ihr eigenes besseres Wissen, den Wirkungen des Englischen Goldes« zugeschrieben wurden. Für Sack's Beseitigung aber gab den letzten Anstoß sein Widerstand gegen die Errichtung eines französischen Lagers auf der Höhe von Westend bei Charlottenburg für 25 000 Mann, die von der Provinz in natura verpflegt werden sollten, was bei den vorangegangenen Aussaugungen unerträglich erschien. Als dann statt des erst geforderten einen, drei getrennte Lager doch errichtet wurden, mußte eine besondere »Lagersteuer« erhoben werden, um sie unterhalten zu können.

Denn nicht gering war die Notlage, die allmählich alle Kreise der Bevölkerung ergriff. Für die öffentlichen Leistungen wurden die Berliner Hausbesitzer in drei, die Mieter in vier Klassen eingeteilt, um nach ihrem Grundvermögen oder nach ihrem Mietzinse prozentual herangezogen zu werden; zur Ablieferung von barem Gelde und Tresorscheinen auf dem Rathause gegen 5% Stadt-Schuldverschreibungen forderten wiederholte Bekanntmachungen auf. Den Beamten und Pensionärs wurden ihre Gebührnisse trotz der amtlichen französischen Zusicherungen nur sehr unregelmäßig und unvollständig ausgezahlt: so kam es, daß »die Officianten, deren viele in ihren inneren Verhältnissen ein grauses Mitleid erregen, froh sind, wenn sie ihr Leben erhalten können. Wir übertreiben, so berichtet Sack dem Könige im November 1807, die Sache nicht, wenn wir behaupten, daß viele solcher armen Leute, welche nun in einem ganzen Jahre nichts erhielten, ihre Mobilien und ihr letztes Bette verkauft haben, und einige vor Hunger und Kummer umgekommen sind«. Dazu kam das Sinken des Kurses der Scheidemünze auf Zweidrittel des

^ *Diplom-Formular für die Mitgliedschaft der Berliner*
Nationalgarde 1807
Gezeichnet und gestochen vom Gardisten Wachsmann

Nennwertes und die immer wachsende Teuerung: ein Pfund Butter galt einen Taler, ein Ei zwei Groschen; einem Hauptbegehr
der Franzosen, dem Kaffee, wußten die Quartiergeber wohl oder
übel durch Surrogate abzuhelfen: dies Getränk wurde den Gästen
»allmälig immer mehr versetzt, und mit der Zeit fanden sie sich
in den Berliner Geschmack«. Auch einen »Einquartierungswein«
lernten die Hausfrauen von den Materialwarenhändlern sich bereiten zu lassen: »von den Käufern mit lächelnder Miene bei den
Verkäufern gefordert, von diesen mit einer noch lächelnderen
verabreicht«. Nur die doch beschränkte Zahl der meist jüdischen
Lieferanten und Kornhändler, sowie die für Militärbedürfnisse
arbeitenden Fabrikanten und die wenigen Luxusgeschäfte »gewannen viel und mehr als sonst«. Im übrigen erlitten auch alle
wohlhabenden Familien ein allmähliches Herunterkommen, ein
stilles Untergraben des erworbenen Wohlstandes. Bis zur dienen-
den Klasse mußten die städtischen Abgaben ausgedehnt werden:

männliche Domestiquen wurden monatlich mit 8 Groschen, weibliche mit 4 Groschen, die Brauerknechte aber mit 1 Taler monatlich besteuert. Zahlreich waren die gewerbetreibenden Hausbesitzer, die aus Mangel jeden Verdienstes ihr Haus verließen; ihre Hausschlüssel gaben sie auf dem Rathause ab und wanderten aus. Friedrich Nicolai hat nicht weniger als neun solcher fast wertloser Häuser übernehmen müssen. Sehr litten die Handwerker und die Arbeiter durch Beschäftigungslosigkeit; am schlimmsten aber war es mit den überaus zahlreichen Familien der gefallenen oder gefangenen Soldaten bestellt: »sie, dem Elend und Laster Preis gegeben, lagerten sich in starrer Kälte auf den Brücken und an den Straßenecken, und – ohne Nahrung und Kleidung – erschütterten sie mit ihren Klagen die Lüfte, zerrissen mit ihrem Jammergeschrei das Herz der Vorübergehenden«. So groß aber die Not war, so glänzend bewährte sich auch unter den allerseits bedrängten Verhältnissen die Wohltätigkeit der Berliner, einer der wenigen tröstlichen Züge in dieser niederdrückenden Zeit. Die öffentlichen Armenanstalten waren den gesteigerten Ansprüchen um so weniger gewachsen, als auch ihnen die staatlichen Zuschüsse von den Franzosen, die doch alle Kassen im Besitze hatten, widerrechtlich nur ganz unvollständig zuflossen. Um die direkt Hungernden zu speisen bildeten sich Suppenanstalten, die mehr als 6 000 Portionen Rumfordischer Suppe täglich verteilten. Gegen die Bettelei richtete der in Berlin lebende schlesische Freiherr Hans-Ernst von Kottwitz eine Armen-Beschäftigungsanstalt ein, wo neben der Nahrung auch noch ein kleiner Verdienst durch Spinnen erzielt werden konnte. Für die Soldatenwaisen gründete der verabschiedete Stabskapitän vom Feldartillerie-Korps Karl von Neander eine Verpflegungsanstalt, die als »Friedrichsstift« noch heute Segen stiftet. Ihm folgte eine ähnliche Anstalt für Knaben »moralisch toter Eltern«, hauptsächlich von dem Propste von St. Petri zu Berlin Gottfried-August-Ludwig Hanstein ins Leben gerufen; auch dieses »Luisenstift« blüht noch heute. Bei der Verleihung ihres Namens für diese Anstalt schrieb die Königin Luise an Hanstein die rührenden und erhebenden Worte: »Der Krieg, der so viel unvermeidliches Uebel über die Nazion brachte, deren Landesmutter zu sein mein Stolz ist, hat auch manche schöne Frucht zur Reife gebracht und für so vieles Gute den Saamen ausgestreut. Vereinigen wir uns, ihn mit Sorgfalt zu pflegen, so dürfen wir hoffen, den Verlust an Macht durch Gewinn an Tugend reichlich zu ersetzen.« Die Veröffentlichung dieses Briefes erregte in Berlin »einen allgemeinen Enthusiasmus und den Eifer, sich gegenseitig im Ausharren und Dulden zu übertreffen«.

Aber auch der demoralisierende Einfluß der Fremdherrschaft machte sich begreiflicherweise in mancherlei unerfreulichen Erscheinungen geltend. Das Angebertum blühte, bis in den Schoß der Familien hinein drangen die Späher, »man war nur sicher, wenn man sein geistiges Wesen in sich verschloß, denn auch die Wände hatten zuweilen Ohren, und auch in den geschlossenen Zirkeln der Freunde hatte eine freie Meinung ihr verstümmeltes Echo«. Wieviele die öffentliche Aufforderung zum Verrate königlichen Eigentumes gegen eine Belohnung mit dem vierten Teile des Wertes verderbt haben mag, läßt sich nicht ermitteln; die deshalb angestellten Untersuchungen ergaben kein greifbares Resultat. Sie hatte, vorahnend, der Dichter getroffen, wenn er sang:

»Unrühmlich, unbeweint im Tod
Vermodern in vergeßnen Höhlen
Die Bürger schlimmer Art, in deren feigen Seelen
Nur niedrer Eigennutz gebot.

Die Schändlichen! Das Vaterland,
Das ihnen, was sie hatten, Leben,
Ruh', Ehr' und Ueberfluß und sichre Luft gegeben,
Bat hülflos mit erhobner Hand.

Sie aber wichen scheu zurück,
Und nutzten den erzürnten Himmel
Zu hässlichem Gewinn, und dachten im Getümmel
Nur sich und ihres Hauses Glück.« (s. S. 93)

In der Hauptsache bedurften die findigen Franzosen solcher einheimischer Helfer nicht, und in den ausgeleerten militärischen

Etablissements richten sie ihre eigenen Werkstätten ein: »Unser Zeughaus«, so berichtet Sack, »gleicht fortdauernd am Abend den Schmiedeessen der Cyklopen mit dem Unterschiede, daß diese, wie leider! bey uns nicht der Fall ist! sich gewiß zu ihren Arbeiten nur ihnen eigentümlich zugehöriger und wohlerworbener Sachen bedient haben werden.« Daß sich im Feuer der Kriegsnot mancher aus den von Geburt vornehmen Kreisen nicht als Gold bewährte, muß als ausgemacht gelten. Doch werden in einer sehr kritischen »Karakteristik der Berliner«, die ein nicht genannter und nicht mehr festzustellender, aber sehr wohl unterrichteter Beobachter im Jahre 1808 dem Könige vorlegte, eine nicht unerhebliche Zahl patriotischer Männer namentlich aufgeführt, deren Verdienste die Nachprüfung, so weit sie heute möglich ist, als stichhaltig erweist, ebenso wie bei der Kehrseite, den als schlechte Patrioten gekennzeichneten, die Ergebnisse der Forschung mit dem Urteile des Anonymus übereinstimmen. (s. S. 93) Der König hat denn auch diese »Karakteristik« für wertvoll genug gehalten, sie in seinem »Nachlasse« aufzubewahren. Aktenmäßig läßt sich das patriotische Verdienst einer einfachen Berliner Bürgersfrau feststellen, der Gastwirtin Witwe Voigt, an der Köpeniker Brücke, die zahlreiche Ranzionirte, aus der Kriegsgefangenschaft entkommene Soldaten, verpflegt und ausgerüstet nach Kolberg spediert hat. Der König verlieh ihr, im September 1809, die Goldene Huldigungs-Medaille; aber auch hier zeigte sich die noch immer kläglich gebundene Lage des Staates: die Veröffentlichung der ihr dankenden, aufs vorsichtigste gefaßten Kabinettsorder erregte im Kabinette ernstliche Sorge vor politischer Kompromittierung.

Ueber die geselligen Beziehungen der guten Berliner Gesellschaft zu den Franzosen spricht sich die Gräfin Sophie Schwerin so aus:

»Die gesellschaftlichen Verhältnisse während der sogenannten Franzosenzeit waren so null und nichtig, daß nur die Gerüchte, die sie veranlaßten, sie irgend einer Erwähnung wert machen. Ob die französischen Officiere in den Berliner Cirkeln aufgenommen waren, beantwortet sich hinreichend damit, daß es überhaupt keine Cirkel gab, – man müßte denn die Kränzchen der alten Damen dahin rechnen wollen, die freilich so bescheidener und nüchterner

^ *Ranzionierte, d. h. der französischen Gefangenschaft ent-
wichene, preußische Soldaten*

Art waren, daß sie auch in dieser trübsten Zeit ihr Bestehen haben
konnten. In diesen nun war der Anblick eines Mannes von jeher
eine so seltene und erfreuliche Erscheinung, daß man es den Theil-
nehmerinnen wohl kaum verdenken kann, den für etwas langwei-
lig anerkannten Kreis durch die Einführung einer besonders lie-
benswürdigen, sogenannten Einquartierung zu beleben; doch sind
auch diese Fälle zu zählen. Unter den zur ersten Gesellschaft gehö-
renden Häusern war nur das des Fürsten Hatzfeld überhaupt geöffnet, – und daß es dies auch für Franzosen war, lag wohl unvermeidlich in den persönlichen Verhältnissen des Wirts. In wie geringer
Zahl indeß auch hier französische Officiere eingeführt sein konnten, geht aus den schnellen Durchmärschen der Truppen und der so
sehr geringen Anzahl derer, die Berlin während des Krieges in
Preußen besetzt hielt, hervor... Wie dem aber auch sei, diese Gesellschaften, in denen es wenigstens möglich war, Franzosen zu
begegnen, wurden von sehr wenigen Personen besucht, und von
jungen Damen weiß ich von meinen Bekannten nur drei oder vier
zu nennen, von denen zwei noch sogar Ausländerinnen waren. –

Wie selten das Vergehen war, beweist, daß es diesen wenigen noch heute nicht so recht gründlich verziehen und vergessen ist und einen sehr bitteren Einfluß auf ihre ganze nachherige Existenz in der Berliner Gesellschaft hatte.«

Das »offene Haus« des Fürsten Hatzfeld wird auch sonst hervorgehoben, und dabei bemerkt, daß »nur Borsdorfer Aepfel als Verpflegung« dort gereicht worden seien.

Sicher ist, daß von den öffentlichen Bällen, die von den Franzosen öfters im Nationaltheater veranstaltet wurden, sich alle besseren Schichten fernhielten, sehr entgegen den Wünschen des Gouverneurs: »Sergeanten und Corporals haben sich mit ihren bonnes amies eingefunden; aber kein einziges Frauenzimmer aus gutem Hause. Ja selbst im Schauspielhause fanden in der ersten Zeit die Familien Bedenken, sich mit ihren Töchtern der Beschauung dieses höchst lebendigen jungen Militärs preiszugeben.« Mit unverhohlener Schadenfreude berichtet Sack einmal, einen solchen Ball hätten »375 junge französische Officiers und Employés, und einige 20 hiesige öffentliche Mädchen mit ihrer Gegenwart verherrlicht. Auch ein als Mädchen verkleideter Judenjunge von 14 Jahren war auf dem Balle und spielte seine Rolle so täuschend, daß er stets ein ganzes Heer französischer Anbeter um sich versammlet sahe«. Aber Sack muß, im März 1808, doch auch folgendes berichten: »Als eine Curiosität mag es dann oder als ein Sittenbeyspiel hier auch stehen, daß eine in den Sechszigern befangene (sic!) sehr reiche Wittwe hierselbst mit einem jungen Franzosen von einigen zwanzig Jahren einen gerichtlichen Ehe-Kontrakt gemacht, und aus übergroßer Liebe ihren einzigen Sohn bis auf das Pflichttheil enterbt hat. Ueberhaupt enthalten unsere Zeitungen, seit Kurzem, öfters Verlobungs-Anzeigen zwischen hiesigen Landestöchtern und Franzosen, welches denn allerdings wiederum beweiset, daß es nicht gut sey, wenn ein Franzose sich lange an einem Orte, und noch dazu müßig aufhalte«. Für diesen Schlußsatz bot dann auch das französische Lager bei Charlottenburg (s. S. 97), Napoleonsburg genannt, einen eindringlichen Beweis. Eine Besucherin »dieses Sammelplatzes junger, rüstiger Männer« schildert ihre Eindrücke dort in moralischer Hinsicht wie folgt: »Die parties honteuses von Berlin sind

bei dieser Gelegenheit so stark, ich möchte sagen, so schamlos beleuchtet worden, daß es den züchtigen Sinn der Besseren anekeln muß. Indeß – es geschieht nichts Neues unter der Sonne! Ging nicht schon die schöne Judith mit ihrer Magd geschmückt mit Haarzöpfen und geschminkt in des Holofernes Lager? Wenngleich unsre Judithchen nicht so patriotische Zwecke wie jene alttestamentarische Dame hatten, so sind sie dem französischen Krieger gewiß nicht minder tödtlich geworden, wenngleich es ihnen nicht gradezu den Kopf kostete«. Von zarteren Banden aus der Zeit dieses Krieges im Frieden weiß ein anderer Beobachter zu berichten: »Bei dem langen Aufenthalte hatten die Franzosen viele zärtliche Verbindungen angeknüpft, und durch Zusage ewiger Treue manches weibliche Herz erobert, das bisher dem gewöhnlichen Drängen der Feinde siegreich widerstanden. Außerdem fand manches interessante Verhältniß zwischen Damen gebildeten Standes und den Franzosen, welche feine Sitten hatten, Statt, wobei man jedoch weit entfernt von unzarten Verbindungen denken (sic!) darf. Im Allgemeinen aber hatten diese Feinde (von Victors Korps)

61

beim schönen Geschlecht den meisten Eindruck gemacht und hinterließen Trauer verschiedener Art, solcher, die sich schnell verwischte, anderer, die länger nachhallte, und endlich solcher trostloser, welche zuviel gewährt hatte, und sich jetzt getäuscht sahe«.

Schwer lastete auf den Berlinern auch der Mangel an zuverlässigen Nachrichten über die Tagesereignisse von außen. Die hauptstädtischen Zeitungen standen ganz unter französischer Zensur, und es wäre unbillig, ihnen unpatriotische Haltung vorzuwerfen, da jede den Fremden unliebsame Regung strengster Ahndung gewiß war. Das Schicksal des am 26. August 1806 erschossenen Nürnberger Buchhändlers Palm stand doch noch vor aller Augen, und wessen auch das an sich humane französische Gouvernement in Berlin fähig war, bewies die jedes Rechtsvorwandes bare Erschießung zweier völlig unschuldiger Bürger in dem märkischen Städtchen Kyritz am 8. April 1807, wo angebliche Schillsche Reiter, in Wahrheit Freibeuter, einen französischen Lieferanten geplündert hatten, einen Berliner Juden, der die Kyritzer bei Clarke des Einverständnisses mit diesen Räubern fälschlich bezichtigte. Auch nach geschlossenem Frieden waren plötzliche Verhaftungen litterarisch tätiger Männer in Berlin wie anderswo durchaus nichts seltenes (s. S. 97). Dieser Zwangslage trug auch die preußische Staatsregierung Rechnung durch Entschuldigung der Zeitungen für ihre Haltung: »indem wohl jeder Augenzeuge weiß, wie sehr auch sie in dem damals von fast allen oberen Behörden und Autoritäten abandonnierten und seiner eigenen Verwirrung überlassenen Ort der Willkühr und dem Zwange der feindlichen Befehlshaber Preis gegeben waren«. Aber hart war es, daß dem offiziösen französischen Organ, »Der Telegraph«, redigiert von dem Juden Alexander Daveson, alias Lange, die Führung zufiel, und in den anderen Zeitungen, »unter dem Stempel des Preußischen Adlers, oft dieselben Schmähungen gegen König und Staat zu lesen waren, die schon aus dem Munde des Feindes so bitter waren. Es sind Jahre vergangen, ohne daß ein Wort in anderem Sinne geschrieben unser Auge erreicht hätte«. Wohl hatte die Oberhofmeisterin Gräfin Voß Grund zu ihrer Klage: die nach Memel zum Könige gelangenden Zeitungen gäben »Stoff genug, sich krank zu ärgern«. Sack's Berichte bringen die stehende Bemerkung unter der Rubrik »Oeffentliche Meinung«: »Den Beweis der französischen Opinion glauben wir am besten durch Beylegung des Telegraphen führen zu können«. Um so höher ist es anzuerkennen, wenn sich trotzdem unter der lähmenden Decke aller dieser Verhältnisse allmählich zwar, aber doch immer mehr und mehr das Staatsgefühl wieder regte. Unter dem den Vortrag unmittelbar hemmenden und aufdringlich mahnenden Trommelschalle vorbeiziehender französischer Truppen hielt im Akademiegebäude Unter den Linden der Philosoph Johann-Gottlieb Fichte an den Sonntagen vom Dezember 1807

^ *Johann Gottlieb Fichte,
Vorlesung haltend*

bis zum März 1808 seine »Reden an die Deutsche Nation«, zur Wiederherstellung des Volksgeistes durch die Erziehung zum Nationalgefühl: »nicht die Gewalt der Arme, noch die Tüchtigkeit der Waffen, sondern die Kraft des Gemüthes ist es, welche Siege erkämpft« (s. S. 97). Und in der Dreifaltigkeitskirche predigte Friedrich Schleiermacher der sich immer dichter um ihn scharenden Gemeinde die Notwendigkeit christlicher Ergebung in das verhängte Leiden, aber auch die Notwendigkeit des Mutes und der Erhebung. Auch die, oft gedruckten, Predigten der Pröpste von Berlin und Kölln, Hanstein und Ribbeck, und die französischen Predigten Ermann's atmeten patriotische Gesinnung.

Die Fortdauer der Besetzung Berlins durch französische Truppen hinderte auch den königlichen Hof an der Rückkehr in die

^ *Medaille auf die Eroberung Berlins 1806 durch Napoleon*

Hauptstadt: so verband sich der immer stärker werdende Wunsch nach Befreiung von der Fremdherrschaft mit der heißen Sehnsucht nach der Heimkehr des Königspaares. Im März 1808 berichtet Sack: »So gewinnt die Hofnung, Euer Königliche Majestät in Dero Staaten bald zurückkehren zu sehen, mit den dieselbe begleitenden Empfindungen immer mehr ein religiöses Ansehen, gleichwie jedes Fest, welches das Land dem Wiederkommen des geliebten Herrschers feyern wird, seiner eigenthümlichen Heiligkeit gemäß, den Karakter eines religiösen Festes annehmen wird«. Je stärker der Druck der Fremden patriotische Kundgebungen zurückdämmte, um so erfinderischer ward der treue Bürger, durch kleine Zeichen wenigstens seine eigentliche Gesinnung zu bekunden. Als ein altes gleichzeitig verstorbenes Ehepaar nach seiner Verordnung in grünen Särgen begraben wurde, »um damit ihre süße Hoffnung von der baldigen Rückkehr des geliebten Königs kund zu thun, so gab es ein wahres Volksfest als das Begräbniß stattfand. Das Rondel am Hallischen Thor war gedrängt voll Menschen, die des Schauspiels warteten, und als der Leichenwagen erschien, mußte dem Drängen der Menge gewillfahrt und die Umhüllung gelüftet werden, damit die grünen Särge sichtbar wurden, die Jeder mit Entzücken betrachtete«. Es galt schon etwas, wenn ein Gastwirt im Tiergarten an Königs Geburtstag 1807, dem 3. August, die Initialen F. W., die zufällig auch die seinigen waren, geschmückt an seinem Hause anbrachte mit der Unterschrift: »In der Hoffnung auf bessere Zeiten«. Der Prinzlich Heinrichsche Silber-Diener Körke wurde dem Könige zur Goldenen Medaille vorgeschlagen, weil er »während der Occupation der Stadt Berlin durch fremde Truppen ohnerachtet des damals bestehenden Verbots jedesmal den Geburtstag Ew. Königlichen Majestät durch Speisung von 50 Invaliden und Illumination feyerte, auch am 23ten December v. J. [1809, dem Einzugstage des Königspaares in Berlin] 100 Invaliden speisete«. An der Königin Geburtstag 1807, am 10. März, konnte auch das direkte Verbot des Feindes eine stille Feier nicht hindern: »Jene Illuminationen in den verborgenen Höfen und Hintergebäuden oder bei geschlossenen Fensterladen – vor denen die Franzosen noch den Schein durch die Ritzen controllirten, – diese geheimen Feste im Innern der Familie, waren Opfer der Treue, wie keine glückliche Zeit sie darbringen kann! Die Liebe für das Vaterland, für unsere Sache, für das ganze königliche Haus, für den König insbesondere, war durch die Sehnsucht der Trennung und Entbehrung, durch den feindseligen Druck der Fremden zu einem Grade gesteigert, daß man dreist behaupten kann, Alles was im Jahre 1813 geschah, wäre damals gedacht und empfunden worden«. Aber es kam doch vor, daß ein Bürgergardist wegen seiner Teilnahme an dieser Feier sich bei Hulin entschuldigen zu müssen glaubte; der beruhigte ihn in derb soldatischer Art: »Mais c'est très-bien cela, mon garçon, moi aussi j'ai bu à la santé de cette jolie femme«. Lebhafter wurden diese patriotischen Festtage im Jahre 1808 gefeiert, ohne wesentliche Störung durch die französischen Behörden. Aber die »öffentliche« Feier des Geburtstages der Königin im Nationaltheater, die mit lautem Rufen »es lebe die Königin« unter unaufhörlichem Händeklatschen begonnen und geendet hatte, gab doch dem Kommandanten St. Hilaire Veranlassung, über den Direktor August-Wilhelm Iffland und den Rendanten Christian-

^ *Prinz Ferdinand von Preußen und Gemahlin. Medaille auf die silberne Hochzeit 1805*

65

Leonhard Jacobi einen zweitägigen Hausarrest zu verhängen: »da sie das Geburtstagsfest Ihro Majestät der Königin öffentlich haben feyern lassen, ohne den französischen Behörden solches im Voraus anzuzeigen, welche sich ein Vergnügen daraus gemacht haben würden, in die huldigenden Wünsche der Einwohner Berlins für ihre Königin einzustimmen«. Wozu denn Sack in seinem Berichte an den König bemerkt: »So fein dieser Befehl auch abgefaßt seyn mag, so muß dessen Koncipient, die Portion Unverschämtheit abgerechnet, welche dazu gehört so etwas zu sagen, doch auch ein schwaches Gedächtniß haben, daß er sich des 3ten Augusts des vorigen Jahres und der Art, wie sich die Franzosen an demselben betrugen, (mehrere Berliner waren wegen patriotischer Kundgebungen nach Spandau auf Festung geschickt worden), nicht im mindesten mehr entsinnt. Unwürdig erscheint solches Betragen dem rechtlichen Mann, niederträchtig dem Mann von wahrer Ehre und geeignet, vielleicht zu andern Zeiten die Franzosen in ihrem ganzen Karakter darzustellen. Für jetzt muß man bey diesen und ähnlichen Ereignissen der alten Lebensregel folgen, sich in die Zeiten schicken und die Welt gehen lassen wie sie geht; aber zuweilen geht es auch zu arg, und man vergißt dann vielleicht im Schmerz darüber alle Klugheitsregeln, zumal wenn uns wie dem (sic!) Bileam ein Geist der das Schwerdt in der Hand hat und durch einen Esel spricht, zum Unwillen reizt«.

Auch die Franzosen feierten ihre Feste in Berlin: am 2. Dezember 1807, zu Ehren der Kaiserkrönung Napoleons und der Schlacht von Austerlitz, exerzierte der Marschall Victor 13 500 Mann auf dem Tempelhofer Felde, und nach Diner und Ball fand eine Illumination statt, die den kurmärkischen Ständen 2 000 Taler kostete; »das Oel ist allein zu 1 600 Thaler gerechnet«. Am 19. März 1808 aber, dem Geburtstage der Kaiserin Josephine, ließ Victor u. a. im Theater dasselbe Ballett wiederholen, das am 10. März die Königin Luise gefeiert hatte, nur daß jetzt die Tänzer aus Blumenkränzen statt des »L« ein »J« formieren mußten.

Endlich ward die immer wieder vergeblich erhoffte, immer dringender ersehnte Befreiung von der Fremden Oberherrschaft auch in Berlin zur Tat: »die ungemessene Dauer dieses alle Bande des Verkehrs und alle Mittel der Aushülfe auflösenden und vernichtenden Suspensivzustandes der Dinge« ging zu Ende. Die politischen Verhältnisse, der spanische Aufstand, die Verwickelungen mit Oesterreich, bestimmten Napoleon, seine Große Armee wirklich aus Preußen herauszuziehen; die Fortdauer der Okkupation war eben keine Geldfrage gewesen, sie gehörte unter die großen Kombinationen der allgemeinen Napoleonischen Politik.

In Berlin folgte Mitte August 1808 dem milden Victor für einige Wochen der Marschall Nicolas-Jean Soult als Gouverneur; Ende Oktober 1808 übernahm der Marschall Davout den Oberbefehl über sämtliche Truppen in den preußischen Provinzen, außer Schlesien. Davout gab in Berlin seiner tiefen Abneigung gegen »überspannte Köpfe und Avantüriers«, worunter er die Patrioten rechnete, wiederholt unzweideutigen Ausdruck; doch hatte der Kammerpräsident von Gerlach auch diesem Marschalle gegenüber den Mut, der ungerechten Beschuldigung gegen seine Behörde, als »Rebellen« den französischen Anordnungen vielfach entgegengearbeitet zu haben, eindringlich zu widersprechen, was denn auch Davout mit soldatischer Achtung vor solcher Kühnheit sich gefallen ließ. Immerhin fiel Berlin bis zuletzt unter den traurigen Begriff einer römischen Provinz: »est regio in quam quis cum imperio mittitur«.

Davout leitete den allmählichen Abmarsch; zuletzt blieb nur noch das 7. leichte Infanterie-Regiment mit dem Kommandanten St. Hilaire in Berlin zurück. Bei seiner Abreise, am 2. Dezember 1808, gab Davout, der also wie als der erste, so auch als der letzte französische Marschall in Berlin geweilt hat, genaue Anweisungen für die feierliche Zurückgabe der Schlüssel der Stadt Berlin an den Prinzen Ferdinand, um in der Person dieses letzten Bruders Friedrichs des Großen »dem glorreichen Andenken des großen Friedrich zu huldigen«.

Am 3. Dezember morgens ritt denn St. Hilaire mit seinem Stabe und den Chefs der französischen Verwaltung zum Palais des Prinzen Ferdinand am Wilhelmsplatze, wo das französische Regiment, sowie die Bürgergarde und das Schürzenkorps aufmarschiert waren; in seiner Ansprache an den Prinzen, um den sich die Staatsminister von Voß, der für Sack an die Spitze der Immediat-Kommission getreten war, und von der Reck, sowie der Kammerpräsident von Gerlach und der Stadtpräsident Büsching versammelt hatten, hob St. Hilaire wieder »die tiefe Anhänglichkeit an das Haus Friedrichs des Großen« hervor, die er in Berlin bemerkt habe, während der Prinz in seiner Antwort »die Rechtlichkeit und Billigkeit, die alle Schritte des Kommandanten geleitet« hätten, anerkannte. Dann zog Bürgergarde und Schützenkorps vor dem französischen General vorüber, während das französische Regiment mit klingendem Spiel aus dem Potsdamer Tore hinaus nach Potsdam marschierte. Ein Diner beim Prinzen Ferdinand mit höflichen Trinksprüchen des Prinzen und St. Hilaire's war die Schlußscene dieses letzten Aktes der Okkupation, dem »eine unermeßliche Menge der Einwohner Berlins« beigewohnt hatte, unter Freudenrufen, die gewiß nur der Befreiung von dem fremden Drucke galten, nicht durch die »Freundschaft und Eintracht« mit den französischen Truppen hervorgerufen wurden, wie das der offizielle französische Bericht meldete. Hatte doch die Bürgerschaft auch rein materiell wahrlich Ursache jetzt endlich erleichtert aufzuatmen: in der ganzen Okkupationszeit vom Oktober 1806 bis zum Dezember 1808 waren von der Stadt Berlin nicht weniger als zwölfeinhalb Millionen französischer Militärpersonen verpflegt worden, was einen Kostenaufwand von ca. acht Millionen Talern erfordert hatte. Und wie viele Leistungen hatten der Stadt außerdem noch obgelegen: so waren für Vorspann und Kriegsfuhren in der Zeit nach dem Tilsiter Frieden, vom 1. August 1807 bis zum 1. November 1808, von der Hauptstadt allein über 36 000 Pferde nebst 18 000 Knechten gestellt worden. Wohl durften die Berliner dieses erste tatsächliche Zeichen des Anbrechens besserer Zeiten freudig begrüßen. (s. S. 98)

Mit elementarer Gewalt aber brach der Jubel des Volkes los, als eine Woche später, am 10. Dezember 1808, zuerst wieder preußische Truppen in die Hauptstadt einrückten, als der Major Ferdinand von Schill erschien an der Spitze seiner Husaren, Schill, der wahrhaft volkstümliche Held, an dessen Taten in dieser Zeit der Schmach, so klein sie an sich auch waren und so wenig sie den ehernen Gang des Kriegsgeschickes zu ändern vermocht, doch das preußische Ehrgefühl sich geklammert hatte. Dem Andenken des Prinzen Louis-Ferdinand und der Erhaltung der Veste Kolberg hatten ja, klagend und jubelnd, die beiden einzigen Volkslieder gegolten, die in der langen Zeit der Fremdherrschaft auf den Straßen Berlins gesungen worden waren.

Noch am Tage der Räumung, am 3. Dezember, übernahm der würdige General Anton-Wilhelm von L'Estocq, der bei Preußisch-Eylau zuerst wieder die preußischen Waffen zu Ehren gebracht,

^ *Ferdinand von Schill 1808/09*
Radierung von K. L. Buchhorn

das Gouvernement, und der männlich schöne Sohn des Freundes Friedrichs des Großen, Major Graf Ludwig-August-Friedrich Chasot, der kurz zuvor eine unehrerbietige Aeußerung eines französischen Employés über den König in Berlin mit dem Degen gerächt hatte, die Kommandantur von Berlin, während der Bürgergarde ihre Funktionen für die öffentliche Ruhe und Sicherheit verblieben, »schon wegen des für die nächste Zukunft äußerst beschränkten Militäretats«. Mit dem Eintritte friedlicherer Zustände ließ übrigens der Diensteifer der Bürgergarde merklich nach, die Befreiungsgesuche häuften sich, und der »Generalstab« hatte Mühe genug, die für die inneren Wachen – die Schloß- und die Zeughauswache wurden jetzt wieder vom Militär bezogen – nötige Zahl von »Gardisten« beisammenzuhalten.

Hatte nun die feindliche Besetzung ein Ende gefunden, so blieb doch der »so innigst als längst ersehnte Wunsch« der Berliner nach der Heimkehr des Königspaares noch länger als ein Jahr unerfüllt: erst als die Stürme des Jahres 1809, der hoffnungs- und enttäu-

^ *Empfang des Königspaares am 23. Dezember 1809 in Weißensee.*
Kupferstich von D. Berger nach Dähling

schungsreiche Kampf Oesterreichs, sich gelegt hatten, entschloß
sich der König zum Aufbruche von Königsberg in Preußen.

Am 23. Dezember 1809, einem Sonnabende, fand der feierliche
Einzug in Berlin statt, von Weißensee her, wo der Bürgermeister
Büsching mit acht Stadtverordneten das Königspaar erwartete,
durch das Bernauer Tor, das von diesem Ereignisse den Namen
»Königs Thor« empfing, wo der Oberbürgermeister von Gerlach
König und Königin »durch eine kurze, aber sehr gediegene Anrede
bewillkommte«, nach dem Königlichen Palais, der König zu Pferde
an der Spitze seiner Truppen, die Königin in der ihr von der Stadt
Berlin dargebotenen vierspännigen Kutsche. Gewiß, es war kein
reines Freudenfest, zu schwer lastete auf Aller Seelen das erlitte-
ne Unheil, die drängenden Sorgen der Gegenwart, das Dunkel der
Zukunft: aber der von Herzen kommende, zu Herzen dringende
Willkommensruf der in den Straßen und an den Fenstern geschar-
ten Menge, aus dem so viel aufrichtige Liebe zu dem angestammten Königshause, so viel persönliche Verehrung für das im Leiden
doch am härtesten geprüfte Königspaar sich aussprach, enthielt

^ *Feierlicher Einzug Friedrich-Wilhelms III. in seine Residenz Berlin am 23. Dezember 1809.*
Gestochen von F. W. Bollinger 1811 nach L. Wolf

gleichsam auch ein Bekenntnis begangener Fehler, eine Zusage der Wiederaufrichtung. In den Tagen der Knechtschaft war wohl manchem »die Hälfte des Werthes« hinweggeschwunden, aber dann war es auch wieder um so intensiver zum Bewußtsein gekommen, was es eigentlich sei um das Vaterland; wie es der Dichter vor einem Menschenalter gesungen:

> »O! Knecht nur hat dich nicht erkannt,
> Du Adelsgöttin Vaterland!
> Die, was nur Menschheit Würde schmückt,
> Die Allem höchste Blum' entpflückt
> Zur Kron! Und kann, kann Welt sie geben,
> Selbstfrohe Würde süßer Müh
> Und Ruhm und Wonneleben,
> So, Göttin, gabst du sie!«

71

Ein trübes Bild galt es hier zu entrollen und die intensive Beschäftigung mit diesen Verhältnissen und Zeiten, wo »das Unrecht alles Schamgefühl verloren und wo man eine weiße Schminke hatte, die auch die brennendste Schamröthe versteckte«, konnte nur durch die Erkenntnis erleichtert werden, daß doch auch diese Details für ein großes historisches Problem dienen können: für die Auffassung des Verhaltens des Königs Friedrich-Wilhelms lll. in dieser ganzen Zeit des Zusammenbruches und der Wiedererhebung. Je mehr wir den Tiefstand alles Staatsgefühles erkennen, je mehr Charakterschwäche uns begegnet ist, um so mehr werden wir dem Könige Gerechtigkeit widerfahren lassen, wenn er dem Drängen auf ein vorzeitiges Losbrechen gegen den unerträglichen Druck widerstand. So sehr wir auch die reine patriotische Hingabe der Männer bewundern, die ein Ende mit Schrecken dem Schrecken ohne Ende vorziehen wollten: er, der König, hatte doch noch mehr einzusetzen als sie alle, er trug im letzten Grunde doch allein die Verantwortung für Sein und Nichtsein seines Staates und seines Hauses. Daß er nach solchen Erfahrungen, wie sie ihm die Jahre der Knechtschaft gebracht haben, auch dem Aufschwunge seines treuen Volkes nur zögernd folgte, ist menschlich begreiflich und auch politisch zu verstehen. Der Untergang der Großen Armee in Rußland, ein Gottesgericht wenn es je eines gegeben, bot erst die Möglichkeit, die neu gewachsenen, zurückgedämmten Kräfte zu entfalten, und je mehr wir heute die Schwere der Kämpfe erkennen, die auch dann noch dazu gehörten, um Napoleon niederzuzwingen, je mehr wir auch hier die Gunst des Geschickes in kriegerischen und in politischen Verwickelungen durchschauen, desto mehr werden wir der Zurückhaltung des Königs den Ruhm des Ausharrens bis zum schließlichen Siege zu geben historisch berechtigt sein.

BEMERKUNGEN
UND BEILAGEN

Die fundierte Darstellung der Berliner Franzosenzeit hat mit dem Mangel authentischer Quellen zu kämpfen. Die zahlreichen Schilderungen von Augenzeugen sind durchweg weit später verfaßt und widersprechen sich auch in wichtigeren selbstgesehenen Dingen; selbst das Milieu dieser Wahrnehmungen dürfte nicht selten durch spätere Erfahrungen verfärbt sein. Die Zeitungen usw. sind, durch den Druck der französischen Zensur, für Stimmung und Geschehnisse durchaus unbrauchbar. Urkundliches, aktenmäßiges Material aber fehlt für die Kriegszeit, von den eigentlichen Verwaltungssachen abgesehen, und erst mit der Rückkehr preußischer Regierungsbehörden nach dem Tilsiter Frieden gewinnen wir eine amtliche, und zwar ganz vortreffliche Quelle in den Berichten der Friedens-Vollziehungs-Kommission, die deren Chef, der Geheime Rat Sack, der spätere Oberpräsident der Marken und von Pommern, mit seinem vielseitig gebildeten, patriotischen Geiste erfüllte. Mit Sacks Abberufung, im Mai 1808, verliert aber auch diese Quelle ihren Gehalt.

Grundlegend bleibt immer das vierbändige Werk von Magnus-Friedrich von Bassewitz: »Die Kurmark Brandenburg« usw., Leipzig 1847-1860, dessen Verfasser die Franzosenzeit selber als Kriegsrat in Berlin miterlebte, und später als Regierungspräsident zu Potsdam und Oberpräsident der Mark Brandenburg alle Verwaltungsakten zur Verfügung hatte. Doch hat er sein inhaltreiches Werk erst im hohen Alter verfaßt, wodurch Uebersichtlichkeit und Kritik wohl gelitten haben.

Daneben ist als Stimmungsschilderung ersten Ranges das Lebensbild der Gräfin Sophie Schwerin, geborenen Gräfin Dönhoff, zu nennen, das ihre Schwester, Freifrau von Ronwerg, in Berlin ca. 1863 als Manuskript gedruckt aus deren Nachlasse herausgab. Auch hier sind die Aufzeichnungen, abgesehen von den Briefen, erheblich später nieder-geschrieben, aber unendlich echt ist doch ihre Stimmung geblieben, weil sie diktiert sind von einem wahrhaft vornehmen und freien Geiste, belebt von dem herrlichen Gemüte dieser edlen Frau, die am eigenen Herzen jener Zeiten Leid und Freude trug; ihr Gatte, 1806 Major bei den Gardes du Corps, fiel als Brigade-Kommandeur bei La Belle Alliance.

Neben einigen Hinweisen sei eine Reihe ungedruckter Aktenstücke hier mitgeteilt:

Zu Seite 13:

1. Dies ist der Wortlaut der berühmten Proklamation nach einer von Schulenburg eigenhändig gezeichneten Niederschrift.

2. Das Verhältnis des Königs zu Schulenburg kennzeichnen folgende Aktenstücke:

a. Kabinets-Ordre »An das gesamte Etats-Ministerium«. Charlottenburg 1806 Juli 31.

»S. K. M. haben den General und Staats-Minister Grafen v. d. Schulenburg zu Wiederherstellung seiner durch außerordentliche Anstrengung im Dienste des Staats geschwächten Gesundheit mit gänzlicher Dispensation von allen Geschäften einen unbestimmten Urlaub auf sein Ansuchen bewilligt.« ...

b. Kabinets-Ordre vom gleichen Tage an Schulenburg:

... »In der Art, wie Ihr Euch unterm 24. d. M. über die Annahme eines Euch angetragenen unbestimmten Urlaubs erkläret, erkenne Ich ganz den treuen und bewährten Diener. Ich bewillige Euch daher auch diesen Urlaub und daß Ihr den Chirurgen Lohmeier während desselben bey Euch behalten könnet um so lieber, als Ich wünsche und hoffe, daß Ihr durch Reisen und ländlichen Aufenthalt, wozu Ihr ihn benutzen wollet, Eure Kräfte wieder sammeln und stärken werdet. Alle Eure Vorschläge wegen interimistischer Verwaltung des Euch anvertrauten Dienstes genehmige Ich vollkommen.« ...

    c. Kabinets-Ordre an Schulenburg. Charlottenburg 1806 September 9.

»M. p. Der Ausbruch des Krieges gegen Frankreich scheint unvermeidlich. In diesen Tagen erwarte ich die Entscheidung, so daß ich auf dem Punkt stehe, zur Armee abzugehen. Auf diesen Fall rechne Ich auf Euch, daß Ihr den wegen des Krieges doppelt wichtigen Posten eines Gouverneurs von Berlin wieder[1] übernehmen werdet. Ich kann auch nur dann wegen der innern Landes-Administration vollkommen ruhig sein, wenn ich während meiner Abwesenheit einen Mann von Eurer Erfahrung und Kraft des Geistes und Willens an der Spitze des Staats-Raths zurücklasse. Ich rufe Euch daher zu diesem doppelten wichtigen Beruf zurück. Hoffentlich werdet Ihr während der genossenen kurzen Erholung Ew. Gesundheit etwas gestärkt haben. Was daran fehlen mögte, wird Ew. Eifer ersetzen. Ich weiß daß Ihr Euch selbst vergesset, sobald der Staat Eurer zu wichtigen Dienste bedarf. Wegen Eurer übrigen Dienst-Verhältnisse kann es so lange Ihr wollet bei der angeordneten interimistischen Fürsorge bleiben. Nur wegen Hannover, wo der p. v. Ingersleben jezt mit großer Kraft handeln muß, wird es nöthig sein, ihn mit der Authorität eines wirklichen Staats-Ministers[2] zu bekleiden. Ich traue ihm besonders für diesen critischen Moment alle erforderlichen Eigenschaften dazu zu, da Ihr ihn indessen genauer kennet, und ich auf Ew. Urtheil ein unbeschränktes Vertrauen setze, so wünsche ich Ew. Meinung darüber zu vernehmen, und trage Euch auf mir solche schleunig zu eroffnen.« ...

    d. Kabinets-Ordre an Schulenburg. Charlottenburg 1806 September 17.

»Ich übersende Euch als dem ältesten der zu Berlin anwesenden Staats-Minister anliegend die Instruction für das gesamte Staats-Ministerium wegen der Geschäfts-Führung in meiner Abwesenheit, mit dem Auftrage, gleich nach meiner Abreise den darin niedergesezten Staats-Rath zusammenzuberufen und demselben die Instruction zu eröffnen, indem von dem Augenblick meiner Abreise an die innere Verwaltung nach dieser Vorschrift ihren

Anfang nehmen und bis auf weitern Befehl fortgeführt werden soll. Die öffentliche Bekanntmachung muß aber so lange der Krieg nicht wirklich ausgebrochen ist, ausgesezt und alsdann erst das Publicandum wegen der an den Staats-Rath zu adressirenden Beschwerden und Bittschriften erlassen werden.«

c. Notifikations-Schreiben Schulenburgs an die Königlichen Prinzen, an den Fürsten Hohenlohe, verschiedene Generale, unter anderem auch an Blücher, Gouverneure und hohe Staats-Beamte. Berlin 1806 September 17.

»Es haben des Königs Majestät eben als ich zur Herstellung meiner Gesundheit aus meinem Gute Kehnert eingetroffen war, nur das Interims-Gouvernement der Residenz während Abwesenheit des Herrn Feldmarschalls von Möllendorff Excellenz zu übertragen geruhet. Zwar keinesweges wieder hergestellt, habe ich dennoch alle Bedenklichkeiten meines persönlichen Zustandes der Pflicht des Gehorsames gegen die Befehle des Monarchen um so mehr unterworfen, als ich bei den jetzigen Umständen, auch die letzten Lebenskräfte dem Staate darzubringen völlig bereit bin.«

Wie tief mußte nach solchen Zeichen des Vertrauens den König das völlige Versagen Schulenburgs treffen, dessen schwacher Gesundheitszustand ihn wenigstens nicht von dem Vorwurfe entlasten kann, daß er im Mai 1808 als Staatsrat in den Dienst Jerômes, des Königs von Westfalen, getreten ist, und daß der Westfälische Moniteur von ihm, dem preußischen General von der Kavallerie, verkünden konnte: »il est admis au service de S. M. avec le grade de général de division«.

3. Des Königs Nachricht über die Niederlage vom 14. Okt. 1806:

Kabinets-Ordre »An den Großen Staatsrath zu Berlin«, Magdeburg 1806 October 17.

(prs. 19./X. Morgens, überbracht durch den Leutnant v. Dittfurth, Regiments v. Quitzow[5]).

»Da meine Armee am 14ten October auf allen Punkten, wo sie mit dem Feinde engagirt gewesen, Unglük gehabt und ungeachtet der grösten Bravour vom Feinde und der ungeheuren Uebermacht desselben größtentheils [vom Könige eigenhändig statt »gänzlich« so korrigiert!] zerstreuet worden; so tritt nun der in der Instruction für den Staatsrath eventuell bestimmte Fall ein, wo für die Sicherheit von Berlin die möglichen Maaßregeln schon genommen und mit der größten Schnelligkeit und Energie zu verfolgen seyn werden. Ich verlasse Mich hierin und wegen der Sorge für meine Familie vorzüglich auf Euch den Grafen von der Schulenburg, weswegen Ich Euch auch durch den Grafen v. Haugwitz habe praeveniren lassen. Dem gantzen Staatsrath aber mache Ich bekannt, daß ich nach Cüstrin gehe, um den Mitteln zur Fortsetzung des Krieges näher zu seyn, falls die eingeleiteten Waffenstillstands- und Friedens-Unterhandlungen keinen glücklichen Erfolg haben sollten.

Magdeburg 17. October 1806. Friedrich Wilhelm.«

Eigenhändige Nachschrift des Königs:

»Die Ueberreste der Armee ziehen sich hier wieder zusammen zur Verstärkung und Vertheidigung der Vestung.«

Zu Seite 16:

1. a. Eingabe des Polizei-Direktors Büsching an das Gouvernement zu Berlin. 1806 Oktober 3.

»Das Publikum führt darüber Beschwerde, daß die Rekruten auf dem Döhnhofschen Platz im Feuern mit Patronen geübt werden.

Außer den Stöhrungen und dem Schreck, den es bei Kranken und Wöchnerinnen erregt, und daß es bei diesen üble Folgen haben kann, entsteht auch die Gefahr, daß die Pferde vor den Wagen, wenn sie während des Schießens die dortige Gegend passiren, scheu werden, und großes Unglück zu befürchten ist; Nicht zu gedenken, wenn dergleichen Fälle, wie kürtzlich eingetreten, wieder vorkommen sollten, daß ein Rekrut beim laden den Ladestock in dem Lauf hat stecken lassen, und das Gewehr losgeschossen haben würde, wenn es die Herren Officiers nicht noch bemerkt hätten.

Vorzügliche Gefahr entsteht aber für die ganze Stadt, wenn, wie heut früh, von den fremden hier durchmarschirenden Regimentern gefüllte Pulver-Wagen auf dem gedachten Platz stehen, und dennoch geschossen wird.

Ew. Excellenz und Ein Königliches Hochlöbliches Gouvernement hiesiger Residenzien benachrichtigen wir hievon mit dem gehorsamsten und ganz ergebensten Ersuchen, wegen Abstellung der vorerwähnten gefährlichen Einrichtung das Nöthige gefälligst zu verfügen.

Berlin den 3. October 1806.

Königlich Preußisches Policei-Directorium.

Büsching.

An

Ein Königliches Hochlöbliches Gouvernement

hiesiger Residenzien.«

b. Das Gouvernement an das Polizei-Direktorium zu Berlin. 1806 Oktober 6.

»Wenn das Publicum, nach dem Schreiben des Königlichen Policei-Directorii vom 3. d. M., darüber jezt Beschwerde führet, daß die Rekruten auf dem Döhnhofschen Platze im Feuern mit Patronen geübt werden, so ist es unerwartet gewesen, eine Beschwerde über Etwas zu hören, was bereits seit vielen Jahren auf allen großen Plätzen der Hauptstadt geübt worden. Die hier garnisonirenden Regimenter haben jederzeit die Rekruten auf den ihnen angewiesenen Exerzier-Plätzen und namentlich das Regiment von Arnim[4] auf dem Döhnhofschen Platz im Feuern mit Patronen, ohne bekannt gewordenen Schaden geübt und kann dies auch bey der weiten Entfernung der Thore und ohnehin bey der jezigen Jahreszeit nicht abgestellt werden. Uebrigens ist auch wohl zum Voraus anzunehmen, daß ein Offizier das Schießen auf einem mit Pulver und Munitions-Wagen befahrenen Platze von selbst bey der ohnehin näheren Bekanntschaft mit der daraus entstehenden Gefahr unterlassen wird.

Berlin, den 6. October 1806.

Köngl. Preuß. Gouvernement hiesiger Residenzien.

Schulenburg.

v.Laurens.«[5]

2. »Nachweisung von sämtlichen aus der Rohr-Cammer des hiesigen Königl. Zeughauses befindlichen Gewehren.«

Berlin, den 7. September 1803, gez. Buddee.[6]

Vom Ober-Kriegs-Kollegium an Schulenburg gesandt am 28. September 1806.

142 528 Gewehre und Karabiner.

2 694 Büchsen und gezogene Karabiner.

37 505 Pistolen.

43 387 Säbel und noch 9 313 Säbelklingen.

2 176 Espontons und Kurzgewehre.

6 940 Kürasse.

c. 400 Trommeln.

c. 6 900 Bajonetts.

Dazu noch eine Menge alter Waffen und 241 neue, alte und fremde Standarten und Fahnen.

An brauchbaren Geschützen waren nach einer Aufstellung vom 28. September 1806 vorhanden:

34 Belagerungsgeschütze.

24 Geschütze verschiedenen Kalibers.

12 Sechspfünder und 8 Dreipfünder.

3. Patriotische Anerbietungen.

a. Immediat-Eingabe der Berliner Bürgerschaft wegen einer Bürgergarde. Berlin 1806 September 19.

»Allerdurchlauchtigster pp.

Wenn Euere Königl. Majestaet getreue Unterthanen täglich neue Beweise von Allerhöchst Dero Gnade erhalten und fortwährend mit Wohlthaten beglückt werden, wie sollten sie da nicht eine jede Gelegenheit wahrnehmen, ihre Dankbarkeit, ihre unverbrüchliche Treue und Ergebenheit an den Tag zu legen? Dies sind insbesondere die Gefühle der glücklichen Bewohner Berlins, zwar wird es ihnen nie möglich sein, alle die Wohlthaten, deren sie sich so vielfältig zu erfreuen haben, gehörigst zu vergelten; doch leben sie der festen Ueberzeugung, daß Euer Königl. Majestaet auch das wenige nur, was sie vermögen, mit gnädigem Blicke annehmen, und als Beweise von ihrer Anhänglichkeit und Ergebenheit huldreichst aufzunehmen geruhen werden. Auf dem Grund dieser Ueberzeugung wagen wir es in unserm Namen und im Namen sämtlicher Bürger Berlins, die allerunterthänigste Bitte zu Ew. Königl. Majestaet Füßen zu legen:

auf den Fall, wo das hier befindliche Militair nicht ohne allzu große Anstrengung die nöthigen Wachten mehr besetzen könnte, der Bürgerschaft die inneren Wachten der Stadt allergnädigst anzuvertrauen, und solche durch sie besetzen zu lassen.

Nicht Lohn-Wächter sollen hiezu genommen werden; jeder Bürger selbst will sich diesem ehrenvollen Geschäfte mit Freuden unterziehen und mit möglichster Sorgfalt sich die Erhaltung der Sicherheit und der Ordnung angelegen sein lassen; sehr bejahrte und kranke Leute nur sollen hievon ausgeschlossen werden.

Möchten doch Ew. Königl. Majestät dieses Anerbieten als einen geringen Beweis unserer Ergebenheit und unseres heißesten Wunsches, auch unserer Seits zum Wohl des Ganzen mitwürken zu dürfen, nicht verwerfen und allergnädigst statt finden lassen.

Und erfordern es die Umstände, daß Ew. Königl. Majestaet diese Stadt und diese Gegenden auf einige Zeit verlassen müssen, so möge auch dieser unser inbrünstiger Wunsch von Gott erhöret werden, daß Allerhöchst Dero landesväterliche Absichten in Erfüllung gehen, und wir des unschätzbaren Glücks genießen mögen Ew. Königl. Majestaet bald wieder zu besitzen.

Wir ersterben in tiefster Submission

Ew. Königl. Majestaet

pp.

Die Deputirten der Bürgerschaft

Meudtner[7]. Haseloff[8]. Balan[9] Goldtammer.[10]«

Die Kabinets-Ordre »an die Deputirten der Berlinischen Bürgerschaft«, Charlottenburg 1806 September 20, nimmt dies Anerbieten »mit Wohlgefallen an,« fügt aber hinzu :

»es wird Allerhöchst Ihnen [dem Könige] lieb sein, wenn die Bürgerschaft in ihren Wachtdienst mehr militairische Ordnung zu bringen sucht, und jeder Bürger, wenn nicht besonders wichtige Hindernisse ihn abhalten, den Wachtdienst selbst verrichtet«.

b. Kabinets-Ordre »An das General-Directorium«, Naumburg an der Saale 1806 September 27.

»Aus allen Gegenden der Monarchie erhalte Ich eine Nachricht über die andere, daß Meine Unterthanen aus allen Ständen vor Eifer glühen um Meine Unternehmungen zum Schutz des Vaterlandes durch Beyträge aller Art zu unterstützen.

Lange habe Ich angestanden, ob und welchen Gebrauch Ich von diesen Anerbietungen, wovon die Anlage[11] ein Beyspiel enthält, machen könnte. Jezt aber bin ich darauf verfallen, diesem vortrefflichen Geiste der die Nation beseelt eine solche Richtung zu geben, wo der wahre Patriot seinem Eifer ein Genüge leisten und der Armee einen wesentlichen Nutzen stiften kann. Ich erinnere Mich noch von der Rhein-Campagne her, daß viele Gegenden des Landes für die Truppen aus ihren Cantons Ueberhosen[12] angeschafft haben. Warum sollte nicht die Nation bey einem jezt viel dringenderem Anlaß zur Anstrengung, für die Winter-Bekleidung des Infanteristen warme Mäntel und für die des Kavalleristen dergleichen Ueberbeinkleider aufbringen mögen. Dem Ober-Kriegs-Collegio, welches nur mit Mühe das Tuch für die Mondirungen anschaffen kann, wird es fast unmöglich solches noch zu diesen Winter-Kleidungs-Stükken anzuschaffen. Wenn dagegen die Nation die Sache über sich nähme und die Anschaffung des Tuchs so wie die Arbeit sich in dem gantzen Lande vertheilte: so ist der Zweck leichter zu erreichen, zumal wenn auf Uebereinstimmung der Farbe nicht so genau gesehen, sondern grau oder weiß, wobey noch andere wollene Zeuge als Tuch angewendet werden können, angenommen wird. Ich glaube daher der Nation und der Armee einen gleich wesentlichen Dienst zu leisten, wenn Ich erlaube, daß in den Städten und auch auf dem platten Lande Subscriptionen zu diesem Behuf eröfnet werden, wobey, zu desto größerer Genugthuung der Subscribenten in den Kanton-Districten, denselben die Zusicherung zu geben ist, daß, was sie in dieser Hinsicht thun, den Truppen ihres Cantons zu Statten kommen solle, so daß nur der Ueberschuß und was in den Cantonfreyen Orten und Districten geschieht, zur Aushülfe für die Truppen aus andern Cantons dienen soll.

Um diese mir sehr am Hertzen liegende Angelegenheit nicht nur bald in den Gang, sondern auch so schleunig als möglich zu Stande zu bringen, fordere Ich das General-Directorium überhaupt auf, deswegen eine angemessene und eindringliche Aufforderung an die gantze Nation zu erlassen, und jedem Minister insonderheit mache ich es zur Pflicht, in den ihm anvertrauten Provinzen unverzüglich die zweckmäßigsten besondern Einrichtungen zu treffen und überhaupt alles zu veranlassen, was einen baldigen glüklichen Erfolg der Sache versichern kann. Jeder begreife, daß sobald keine so erwünschte Gelegenheit sich wieder ereignen könne, seine Vaterlandsliebe auf eine so thätige und erspriesliche Weise zu bewähren, und benutze seine öffentlichen und Privat-Verhältnisse, um Meine Absicht zu befördern; so ist an einen schnellen und entsprechenden Ausgang nicht zu zweifeln. Die Nation wird sich dadurch ein unvergängliches Ehrendenkmal errichten und neue Ansprüche auf Meine immerwährende Erkenntlichkeit erwerben. Wiewohl Ich nun hiernach nicht bezweifeln darf, daß alle Minister die besten Wege zum Ziel ergreifen und besonders schon im Voraus jede Gelegenheit, sich des erforderlichen Zeuges in Ein- und Auslande, allenfalls mit Benutzung der jetzigen Leipziger Messe, zu versichern, benutzen werden, so erwarte Ich jedoch von dem was zu diesem Behufe angeordnet werden wird, eine gedrängte Anzeige und bemerke nur noch, daß der Obrist v. Schack[15] das Muster zu der Winter-Bekleidung, wie Ich sie wünsche, geben kann.

Naumburg an der Saale den 27. September 1806.«

Eigenhändiger Zusatz des Königs:

»Ich erwarte zu seiner Zeit die nähere Anzeige derjenigen Provinz oder desjenigen Distrikts der hierin zuerst etwas vollständiges geleistet und seinen Antheil zur Absendung bereit haben wird, welcher sodann auf das schleunigste zur Armee zu befördern ist.

Friedrich Wilhelm.«

Als schlagendes Beispiel der Schwerfälligkeit des Verwaltungsapparates und der Entschlußlosigkeit der Verwaltungsbeamten auch einer so entschiedenen Willensmeinung des Königs gegenüber, sei der weitere Verlauf dieser Mäntelangelegenheit kurz skizziert: Der Geheime Ober-Finanzrat Geisler entwirft am 4. Oktober 1806 ein zehn Folioseiten langes, enggeschriebenes Memoire, mit dem Entwurfe eines Publikandums von 34 Paragraphen! Dies wird dann auf eine erst vier, schließlich drei Folioseiten lange »Aufforderung« reduziert, die aber am 7. Oktober von einem sieben Folioseiten langen Erlasse an sämtliche Kriegs- und Domänen-Kammern begleitet wird.

Und die Militärbehörde, das zweite Departement des Ober-Kriegskollegiums, unter dem Oberst von Schack, will sogar den

Aufschub der Subskriptionen bis zum Eingange der König-lichen Antwort auf seine Gegenvorstellung, deren Inhalt aus dem folgenden »Pro Memoria« des Staatsministers Freiherrn vom Stein, Chefs des Fabriken- und Zolldepartements, erhellt, auf Grund dessen auch das General-Direktorium den Aufschub ablehnt.

»Pro Memoria.

Der Herr Oberst v. Schack glaubt, daß der Ankauf von 700 000 Ellen für Mäntel und Hosen das 2te Departement des Ober-Krieges-Collegii in Verlegenheit setzen werde, wegen Anschaf-fung der Montirungs-Tücher für die Armee.

700 000 Ellen sind werth zu – 12 gr. – 350 000 Thaler, oder aber, da der Preiß durch schnellen Ankauf gesteigert werden wird, die Elle zu – 16 gr. – 466 666 Thaler 16 gr.

Wir verfertigen in der ganzen Monarchie für mehr als 13½ Millionen aus Wolle gewebte Waaren. Darunter machen die Zeug-Waaren etwas sehr geringes aus, und man kann mit Sicherheit annehmen, daß die Fabrikation im Tuch über 12 Millionen be-trägt, worunter die Fabrikation der Landleute in Süd- und Neu-ostpreußen und der Litthauischen Wand nicht begriffen ist.

Der auswärtige Debit, exclusive Süd- und Neuostpreußen und Schlesien, ist auf 3 Millionen, und mit Einschluß dieser Provin-zen, gewiß zwischen 5 und 6 Millionen Thaler zu rechnen.

Folglich beträgt der Werth der obigen 700 000 Ellen zum höch-sten Satz à – 16 gr. – weniger als den 25ten Theil des Fabrikations-Werths und ungefähr den 12ten Theil des auswärtigen Absatzes.

Die Fabrikation ist noch großer Erweiterung fähig, und viele Tuchmacher klagen über Mangel an Absatz.

Im Jahre 1795/6 ging eine ungewöhnlich große Quantität Tücher zur Bekleidung der französischen und anderer Armeen ins Ausland, und ich habe nicht vernommen, daß die Preußische Armee unbekleidet geblieben.

Hieraus glaub ich folgern zu können, daß der Mehrbedarf von 700 000 Ellen Tuch oder Tuchartiges Zeug auf die Bekleidung der Armee keinen Einfluß haben werde; dieses jedoch unter der Voraussetzung, daß der Ankauf nicht blos in Berlin oder in der

Kurmarck und den nächsten Provinzen, sondern so viel nur möglich in allen Provinzen des Staats gemacht wird.

Die angegebenen Zahlen werden durch die beyliegende, im statistischen Bureau angefertigten Tabelle[14] vom Jahre 1802, worunter aber unter mehrern das bedeutende Posener Departement fehlet, völlig gerechtfertigt.

Berlin den 4ten October 1806.   Stein.«

c. Bericht des Staatsministers Freiherrn vom Stein an das General-Direktorium, Berlin 1806 Oktober 11, daß der katholische Kaufmann Johann Oestreich zu Braunsberg in Ostpreußen den Plan entworfen habe, Geld zu sammeln zum Besten der Soldaten-Frauen und -Kinder, Witwen und Waisen und der vor dem Feinde dienstunfähig gewordenen Soldaten; er selbst hat dafür 3 000 Taler an Stein gesendet.

Dies wird am 14. Oktober 1806 durch gedrucktes »Circulare« an sämtliche Kammerpräsidenten öffentlich bekannt gemacht, um »demjenigen, der seinen Patriotism aeußern will, bei der Verwendung dessen, was er darreicht, behülflich zu seyn«.

d. Eingabe des Professors Theodor Heinsius, Berlin 1806, Oktober 4, wegen Subskription „für die hinterlassenen Frauen und Kinder der Berlinischen Garnisonen und zur Belohnung der unter diesen durch Tapferkeit sich auszeichnenden Soldaten.«

»Plan zu einer Vereinigung aller Bewohner des Preußischen Staats

1. die Tapferkeit der im Kriege befindlichen Soldaten zu belohnen, und

2. die zurückgelassenen Weiber und Kinder derselben zu unterstützen.«

„Mitbürger! Die Zeit ist gekommen, daß wir dem Vaterlande unsere Opfer darbringen sollen. Fünfzig Jahre sind es, da zog Friedrich II. aus, mit einem kleinen Heere, um gegen die furchtbar vereinte Macht eines halben Welttheils anzukämpfen – und der Preis seiner Siege war Silesia.« ....

Nun wird der Plan auf achteinhalb Foliospalten dargelegt. Am Schlusse heißt es:

»Mitbürger! Seht, wie jenseits des Rheins jeder Bürgersohn zur Ergreifung der Waffen gezwungen wird. Wir bleiben mit den Unsrigen friedlich in unsern Wohnungen. Kein Opfer würde uns theuer genug seyn, wenn wir unsere Freiheit dadurch sichern, unsern altehrwürdigen Königsstamm dadurch bewahren könnten! Bringet jetzt freiwillig diese Opfer, daß der Uebermuth des Feindes erlahme an unserm Patriotismus! Wir alle haben ja nur einen Wunsch des Königs und des Vaterlandes Wohl.«

Zu Seite 17:
Der Briefschreiber ist der General-Auditeur von Koenen; der Brief ist vollständig abgedruckt bei von Bassewitz a.a.O. Il, Seite 551 ff. Ueber Koenen urteilt Scharnhorst in einem Immediat-Berichte vom 8. Januar 1810, er sei der Auszeichnung würdig: »wegen seines hohen Pflichtgefühls, tiefen Einsichten, seiner als General-Auditeur so wohl in der Direction der Militär-Justizverwaltung, als auch bei der Untersuchungs- und Reorganisations-Commission geleisteten ausgezeichneten Dienste.«

Zu Seite 21:
Die zitierten Schilderungen stammen von der Gräfin Sophie Schwerin.

Zu Seite 24:
Hatzfeld zeigte sich dann als ein enragierter Franzosenfreund; siehe Auch die Anmerkungen zu Seite 27: »Karakteristik«. Ihn traf dafür sofort die Verachtung alter Patrioten und späterhin eine Untersuchung wegen des Verlustes der neuen Gewehre, deren Akten, gerade in den eigenen Aeußerungen des Fürsten, ein schweres Belastungsmaterial ergaben. Dennoch wurde die Untersuchung niedergeschlagen – auf Verlangen des französischen Gesandten, wie nachstehendes Schreiben des Geheimen Kabinettsrates Albrecht an den Staatskanzler Freiherrn von Hardenberg zeigt:
»Ew. Hochfreyherrlichen Excellenz
verfehle ich nicht, noch die beykommende Supplik des fünften [von Hatzfeld] aus den heutigen Cabinets-Vorträgen unterthänigst zu überschicken, nachdem ich gestern Abend vom Herrn GroßCanzler Beyme die Nachricht eingezogen habe, daß der

gegen den Herrn Fürsten angefangene Entschädigungs-Prozeß, auf eine vom Herrn p. Grafen Sct. Marsan bey dem Königlichen Cabinets-Ministerium eingereichte von des Herrn Staats-Ministers Grafen von der Goltz Excellenz Sr. Majestät vorgetragene Note, niedergeschlagen worden. Berlin, den 21.Juny 1810.

Albrecht.«

Der Inhalt der französischen Note erhellt aus der »Correspondance de Napoléon I.«, tome XX. No. 16 446: weiteres ergeben St. Marsans Berichte, in A. Stern's »Abhandlungen und Aktenstücken«, Leipzig 1885, namentlich Seite 312; 318; 374 ff.

Hatzfeld wurde dann wiederholt zu diplomatischen Sendungen an Napoleon gebraucht und dafür 1812 mit dem Schwarzen Adlerorden dekoriert. Wie schwer sich der König zur Wiederverwendung des Fürsten Hatzfeld entschloß, mag ein eigenhändiges Schreiben des Königs an Hardenberg vom 27. März 1811 zeigen: »Ce sera toujours, je l' avoue, avec la plus grande répugnance que je pourrai me décider à faire choix du Prince Hazfeld pour l'envoyer à Paris. Si cependant toute autre personne Vous semble impropre, ce qui cependant est bien facheux, je me verrai peut-être dans l'embarras d'y consentir malgré cela. Nous en parlerous demain encore.«

Zu Seite 27: Für 1760 vgl. Hohenzollern-Jahrbuch 1898.

Zu Seite 30:

1. Ueber das Verhalten der Berliner Bevölkerung beim Einzuge Napoleons sei auf die umsichtige und unbefangene Zusammenstellung von Katharine Pufahl in der Wissenschaftlichen Beilage zum Jahresberichte der Dorotheen-Schule zu Berlin, Ostern 1896, hingewiesen

2. Die »Thränen« bezeugt auch Savary in seinen Mémoires, II. 176, freilich nicht ohne die boshafte Bemerkung daran zu knüpfen: »Cette sensibilité patriotique, en excitant notre intérêt, les rendit l'objet de nos respects, et inspira à chacun de nous un vif désir de les consoler.«

Zu Seite 33: Nur drei dieser Fahnen aus der Garnisonkirche,

von Bürgern zufällig gefunden, konnte Sack im März 1811 dem Könige übersenden »als ersten neuen Stamm«.

Zu Seite 36: Die erstaunlich große Zahl der geraubten Kunstschätze verdiente eine besondere Abhandlung!l

Zu Seite 38: Ueber Napoleons Besuch beim Prinzen Ferdinand berichtet der weimarische Kanzler Friedrich von Müller, der Freund Goethes, in seinen 1851 erschienenen »Erinnerungen«: »Die ausgezeichnete Achtung, die der Kaiser ihrem (der Prinzessin) Gemahl erwiesen, der verbindliche Besuch, den er ihr selbst gemacht, die Vergünstigung die er ihrem (bei Prenzlau gefangenen) Sohne, dem Prinzen August, wiederfahren lassen, Alles dieses hatte die Prinzessin Ferdinand sehr für Napoleon eingenommen und an seine Geneigtheit zu einem baldigen Frieden glauben machen.«

Zu Seite 39: Diese Schilderung der Paraden stammt aus den als Manuskript 1871 gedruckten »Jugenderinnerungen« Gustav Partheys, des Enkels von Friedrich Nicolai, dessen bei seiner damaligen Jugend – er war am Einzugstage Napoleons , dem 27. Oktober, gerade acht Jahre alt, – erstaunlich lebendige Erinnerung sich überall als zuverlässig erweist.

Zu Seite 45: Diese Schilderung von Willibald Alexis in seinem »Isegrimm« spiegelt in bewunderungswürdiger Plastik das Tatsächliche wieder, wie denn überhaupt dieser Roman die Stimmungen und Strömungen in der Franzosenzeit mit wunderbarer Treue wiedergibt; man fühlt, daß er wirklich ein Stück Leben des Autors war, erwachsen in der Arbeit, den Sorgen und Aengsten von Jahren.

Zu Seite 46: Die Eidesformel lautete: »Je jure d'exercer loyalement l'autorité qui m'est confiée par Sa Majesté l'Empereur des Français, Roi d'Italie, de ne m'en servir que pour le maintien de l'ordre et de la tranquillité publique, de concourir de tout mon pouvoir à l'exécution des mesures qui seront ordonnées pour le service de l'armée française, et de n'entretenir aucune correspondance avec ses ennemis.«

Zu Seite 48: In dem Tagebuche des Generals Friedrich-August-Ludwig von der Marwitz, »Aus dem Nachlasse«, Berlin 1852, heißt es unter dem 20. Februar 1806: »Man hörte in Berlin sagen, wenn wir auch die Macht gehabt hätten, die Franzosen zu besiegen, so würde es eine höchst fehlerhafte Politik von uns gewesen seyn, indem Oesterreich unser natürlicher Feind, und Frankreich unser Alliirter sey!« Marwitz selbst ist freilich ganz anderer Ansicht.

Zu Seite 49:
a. Immediat-Bericht der Immediat-Kommission zur Vollziehung des Tilsiter Friedens, Berlin 1807 September 23.
Konzept, gezeichnet und korrigiert von Sack.
»Bald nachdem die französischen Truppen sich in den Besitz der Stadt Berlin gesetzet hatten, fand sich hier der Prinz von Isenburg ein und eröffnete unter dem Schutze des französischen Gouvernements eine Werbung, bei der es vornehmlich auf die in Kriegsgefangenschaft gerathenen Preußischen Soldaten abgesehen war, die Mittel und Wege gefunden hatten, sich der Transportirung nach Frankreich zu entziehen und sich zum Theil in der hiesigen Gegend aufhielten. Diese Werbung hatte besonders in der ersten Zeit sehr guten Fortgang, der dadurch insbesondere begünstiget wurde, daß sogar Preußische Officiere unter dem Corps des Prinzen von Isenburg Dienste nahmen – wie z.B der ehemalige Lieutenant des von Larischen[15] Infanterie-Regimentes, von Marconnay, welcher bei dem Prinzen von Isenburg[16] Adjudanten-Dienste verrichtete und bei seiner Bekanntschaft mit den hiesigen Verhältnissen den Zwecken des Prinzen sehr beförderlich gewesen ist. Das hiesige Comité administratif hat, wie wir es demselben zum Ruhme nachsagen müssen, alle mögliche Mittel angewendet, um dem Prinzen die Sache zu erschweren, und dieses war wohl der Hauptgrund[17], warum der Prinz von Isenburg sich von Berlin hinweg nach Leipzig begab und dort seine Werbung etablirte.
Allein kaum war diese Werbung eingestellt, so fanden sich holländische Werber hier ein und an ihrer Spitze der General Quaita,

der durch öffentliche Anschläge bekannt machte, daß er für S. Majestät den König von Holland eine Werbung etablirt habe, und zu gleicher Zeit bedeutendes Handgeld zusicherte. Theils dadurch, theils durch Drohungen und Gewalt[18] ist es ihm gelungen nicht unbedeutende Werbungen zu machen, besonders aber richtete er seine Aufmerksamkeit auf die Preußischen, Russischen und Schwedischen Krieges-Gefangenen, die hier durchgebracht wurden und gewöhnlich in so schlechtem Zustande und in so großer Noth waren, daß sie theils dadurch, theils aber durch Drohungen geschreckt, sich anwerben ließen. Das hiesige Publikum war zwar, gemeinschaftlich mit dem Comité administratif sehr thätig, den durchkommenden Gefangenen ihr Schicksal zu erleichtern, sie zu speisen und zu kleiden[19], allein in der Regel wurde diese Hülfe nicht eher zugelassen, als bis die holländischen Werber bei den Gefangenen gewesen waren und ihre Geschäfte beendiget hatten. Auch gegen diese Werbung hat das Comité administratif durch indirecte Mittel genützt, so viel in seinen Kräften gestanden hat, und besonders ist dem französischen Gouvernement, auf diesseitige Veranlassung, die Sache wiederholentlich auf dem Gesichtspunkte vorgestellt worden, daß der Aufenthalt des General Quaita und seiner Werber, so wie die Unterbringung der geworbenen Mannschaften, den Raum zu besserer Unterbringung des französischen Militairs zu sehr beschränke. Es ist denn auch endlich geglückt es dahin zu bringen, daß der General Quaita mit allen seinen Werbern aufgebrochen und von hier weggegangen ist.« ...

Nach der Kabinettsorder vom 1. Oktober 1807, Königsberg, ist dem Könige diese Nachricht »angenehm«.

b. Kabinets-Ordre an den General-Feldmarschall Graf Kalckreuth. Königsberg 1809 Juli 19.

»Mein lieber p. Der Lieutenant Graf Rochus von Kamke[20] ist geständig, mit den französischen Autoritäten zu Berlin in heimlicher Verbindung gestanden zu haben und er hat dadurch schon gegen die Vorschrift des § 120 Th. 2. tit. 20 des allgemeinen Land-Rechts gehandelt. Er ist ferner für geständig und überführt zu achten, mehrere Unteroffiziere des Leib-Husaren-Regiments, die ihm zu Anfang des Jahres 1807, ihre Absicht sich zur Armee nach Preußen begeben zu wollen, geäußert, den Rath erteilt zu haben, sich statt dessen bey dem Holländischen Husaren-Regiment, welches damals feindlicher Seits in Berlin geworben wurde, anwerben zu lassen, und er hat also feindliche Werbungen im Lande zu befördern gesucht. Wer dem Feinde zur Ausführung seiner Absichten beförderlich ist, begehet, nach dem § 107. tit. 20. Th. 2. des Landrechts, eine Landesverrätherey der zweyten Classe und diese soll, wenn sie noch nicht zur Ausführung gekommen, oder dem Staate noch kein Schade geschehen ist, mit sechs- bis zehenjähriger Gefangenschaft bestraft werden. Bey dem Lieutenant Grafen von Kamke tritt noch das so sehr erhebliche Erschwerniß hinzu, daß er, als Offizier, Mir, seinem Krieges-und Landesherrn und dem Staate zu ganz besonderer Treue verpflichtet war; und gleichwohl hat das über ihn angeordnete Krieges-Recht nur auf Verabschiedung aus dem Dienst und auf dreyjährigen Festungs-Arrest erkannt. Ich habe daher Bedenken gefunden, die Kriegsrechtliche Sentenz zu bestättigen und befehle Euch demgemäß, ein neues Kriegs-Recht über den p. Grafen von Kamke anzuordnen und Mir den Ausspruch desselben einzureichen. Die Acten habt Ihr vom General-Auditoriat einzufordern und dann das Weitere zu verfügen. Ich bin Euer wohlgeneigter König. Königsberg den 19. July 1809.«

Zu Seite 51:
Auch von der Marwitz, a.a.O., erzählt: »Ich selbst habe den Marschall Victor mit einem Gefolge von zwanzig solcher aufgeputzten Ladenschwengel umherreiten sehen, die aussahen wie die Narren und statt sich ihres Dienstes zu schämen, sich damit brüsteten.«

Zu Seite 51u: Die betreffenden Artikel des Tilsiter Friedens lauten:
»Article 22.
Aucun individu, de quelques classe et condition qu'il soit, ayant son domicile ou des propriétés dans les provinces ayant appartenu au royaume de Pologne et que S.M. Roi de Prusse doit continuer deposséder, ne pourra, non plus qu'aucun individu domicilié soit dans le duché de Varsovie, soit dans le territoire qui doit être reuni à l'Empire de Russie, mais ayant en Prusse des

biens fonds, rentes, pensions ou revenus, de quelque nature qu'ils soient, être frappé dans sa personne, dans ses biens, rentes, pensions et revenus de tout genre, dans son rang et ses dignités, ni poursuivi ni recherché en aucune manière quelconque pour aucune part qi'il ait pu politique-ment ou militairement, prendre aux événements de la guerre présente.

Article 23.

Pareillement, aucun inidividu, né, demeurant ou propriétaire dans les pays ayant appartenu à la Prusse antérieurement au 1er Janvier mil sept-cent soixante et douze, et qui doivent être restitués à S. M. le Roi de Prusse, aux termes de l'article deux ci-dessus, et notamment aucun individu, soit de la Garde bourgeoise de Berlin soit de la gendarmerie, lesquelles ont pris les armes pour le maintien de la tranquillité publique, ne pourra être frappé dans sa personne, dans ses biens , rentes, pensions, et revenus de tout genre, dans son rang et son grade, ni poursuivi ni recherché en aucune façon quelconque pour aucune part qu'il ait prise ou pu prendre, de quelque manière que ce soit, aux événements de la guerre présente.«

b. Kabinets-Ordre an den Kommandanten der Berliner Bürgergarde Jordan, Memel 1807 August 13.

»S. K. M. haben aus der Vorstellung des Bijoutier und Commandanten der Berliner Bürger-Garden A. Jordan die Besorgnisse ersehen, zu welchen lezterer durch den 23ten Friedens-Artikel veranlaßt wurde.

Allerhöchstdieselben lassen der Treue Ihrer braven Berliner Bürger Gerechtigkeit widerfahren und werden auf keine Weise gestatten, daß das rühmliche Bestreben, zu Aufrechterhaltung der öffentlichen Ruhe und Sicherheit mitzuwürken, welches die gedachte Garde geleitet hat, öffentlich miskannt, oder gar einer Ahndung ausgesezt werde. Sr. Majestaet Bevollmächtigte haben jener auf ausdrücklichen Antrag und aus Fürsorge der französischen Behörden eingeflossenen Stelle des Friedens -Vertrages die Ausnahme nicht versagen können, Allerhöchst Sie sind aber so weit entfernt, den Patriotismus und die Treue gedachter Bürgergarden zu bezweifeln, daß Sie vielmehr wünschen und erwarten, daß solche ihren Dienst zum Besten der Stadt und ihrer Mitbürger fortsetzen, und sich neue Ansprüche auf Sr. Majestaet Zufriedenheit und Dank erwerben werden.

Memel den 13. August 1807. Friedrich Wilhelm.«

3. Kabinets-Schreiben an den General Clarke.

Memel 1807 August 3.

»Au Général Clarke

à Berlin.

Monsieur le Général Clarke,

Vous avez constamment veillé avec une extrême sollicitude au maintien de l'ordre et de la tranquillité dans ma ville de Berlin et dans la province dont l'Empereur et Roi vous avait confié le gouvernement: vous avez contribué, autant qu'il dépendait de vous et que le per-mettaient les circonstances, à adoucir le sort de mes sujets. J'applaudis aux éloges que vous a merité cette noble conduite: je sais apprécier les sentiments qui vous l'ont dictée et J'éprouve un véritable plaisir à vous en remercier. Me tenant assuré que jusqu'au terme de l'évacuation de mes états, vous continuerez à vouer les mêmes soins au bien-être de mes sujets, je m'empresse de vous en exprimer d'avance toute ma reconnaissance. Sur ce, Monsieur le Général Clarke, je prie Dieu qu'il vous ait en sa sainte et digne garde.

à Memel le 5. Aout 1807.

(Frédéric Guillaume).«

General Clarke an König Friedrich-Wilhelm III.

Paris 1807 November 27.

»,Sire,

Le premier sentiment que je dois exprimer à Votre Majesté en repondant à la lettre infiniment flatteuse dont Elle a daigné m'honorer, est celui du regret que j'éprouve de n'avoir pu remettre ma réponse à Mr. de Knobelsdorff[21]; mais à mon arrivé à Paris, chargé d'un ministère[22] immense, qui dans les premiers moments surtout a absorbé tous mes instants, j'ai attendu de pouvoir la faire parvenir par Mr de Brokhausen[23]; en suppliant Votre Majesté de n'attribuer ce retard à rien qui puisse la faire douter un instant de mon profond respect et de ma juste reconnoissance.

Le desir d'adoucir autant que possible les suites inévitables des maux que la guerre entraine a sans doute constamment existé dans mon coeur , mais en agissant dans ce but, je n'ai fait que remplir les intentions formelles de S. M. l'Empereur; tellement que je n'ai eu à cette occasion que le merite de l'obeïssance à ses ordres.

Il étoit digne des sentiments connus de Votre Majesté et de Sa tendre sollicitude pour Son peuple de mettre quelque prix à mes efforts pour le maintien de l'ordre et de la tranquilité. Elle peut être assurée que mon successeur a reçu de S. M. l'Empereur les mêmes injonctions que moi, et je ne doute point qu'il n'apporte tous ses soins à s'y conformer avec exactitude.

Je supplie Votre Majesté d'agréer avec bonté les temoignages de ma respectueuse gratitude pour tout ce qu'Elle a daigné m'adresser de flatteur, et de croire qu'on ne sauroit en sentir plus vivement que moi tout le prix.

Je suis avec le plus profond respect
Sire
de Votre Majesté
le très-humble et très-obeisant serviteur
Paris le 27. November 1807.   Clarke.«

Zu Seite 57: Die Verse stammen aus dem Gedichte »Der Patriot« von Johann-Peter Uz, dem Freunde Gleim's, gest. 1796.

Zu Seite 58:
»Karakteristik der Berliner 1808.«
»Die Rechtlichkeit gebeut folgender Liste die Bemerkung vorauszuschicken, daß die bisherigen Verhältnisse nur gestatteten den Tadel des Publikums, wo er Individuen traf, zu vernehmen, nicht aber den Grund oder Ungrund desselben überall so genau zu prüfen, daß über die Schuld selbst kein Zweifel übrig bliebe. Wenn daher zu gesezlichen Schritten speciellere Datas nothwendig werden, so muß man sich dann, sobald es verlangt wird, darauf beschränken, die Quellen anzugeben aus denen man schöpfte.«

Aus der zunächst anhebenden »schwarzen Liste«, die 44 Namen umfaßt, sei nur folgende Stelle hervorgehoben, die zwar bei von Conrady, Leben und Wirken des Generals Carl von Grolman, Berlin 1894, I. 188 f., abgedruckt ist, aber in sehr fehlerhafter Lesart und ohne die Bezeichnung der Personen, um die es sich handelt:

... »Fürst Hatzfeld, Graf Hagen,[24] Roeder,[25] Neal[26] bilden einen Zirkel in dem die feigsten Gesinnungen herrschen. Der verächtlichste Eigennutz und die Vorsicht die Verringerung ihres Eigenthums auch bey einer etwa möglichen Regierungs-Veränderung zu verhindern, waren die Triebfedern, welche ganz vorzüglich die 3 zuerst genannten Familien zu dem kriechendsten Benehmen gegen die Franzosen bewogen. Indem sie ihnen förmlich die honeurs von Berlin machten, erfreuten sie sich wiederum ihrerseits eines Schutzes und einer Auszeichnung, mit denen sie sogar öffentlich zu prunken schamlos genug waren. Ohnerachtet alles unter dem Aushängeschild geschah der Stadt Nutzen zu verschaffen, so entsprach doch der Erfolg diesem Vorgeben wenig, vielmehr wurden ihre wahre Bewegungsgründe, zu denen sich noch vorzüglich von Seiten der Frauen eine niedrige Eitelkeit gesellte, bald ganz deutlich. ... Sie sind sämmtlich in den Augen von ganz Berlin gebrandmarkt.« ...

Bei manchem der folgenden Namen heißt es als Zeichen ihrer unpatriotischen Gesinnung:

»gehöret ganz zum Hatzfeldschen Zirkel«.

Wohl nur mit der Eingangs betonten Reservation ist die »Karakteristik« des Stadt-Präsidenten Büsching aufzunehmen:

»Hat durch die kleinlichste Verzagtheit sowohl persönlich gegen Napoleon als auch die Franzosen überhaupt seine völlige Unbrauchbarkeit an den Tag gelegt«.

Den Großkanzler von Goldbeck aber trifft das harte Urteil:

»Ein Heuchler, der seines Gleichen sucht, huldigend dem Zeichen des Augenblicks, nach Wind und Wetter sich drehend, guter Geschäftsmann ohne Ideen von Gesetzgebung, ohne Patriotismuß und Gefühl für Nationalität. Sein Werk hauptsächlich und die Verführung seines Vorgangs war die Ableistung des Eides von den Officianten«.[27]

Lieber wenden wir uns zu der Liste der Gerechten; die in Klammern gesetzten Bemerkungen habe ich hinzugefügt. Hier heißt es :

»Das Unglück hat seine wohlthätige Wirkung auf die Gemüther nicht verfehlt. Indem es eng vereinigte, was vorher geschieden war, wurde der Gemein-Geist belebt und lernte nach der Aufrechterhaltung seines Königs und Vaterlandes streben. Wenn, mit wenigen und desto rühmlicheren Ausnahmen, zu sehr in Egoismus versunken, kein edler Bewegungs-Grund auf den höheren Stand einwürkte, und dieser kalt verständig nur den nächsten Vorteil bedachte, so waren dagegen der Mittel-, Bürger- und Bauernstand jeden Augenblick bereit, alles an die Erkämpfung der wahren Güter zu setzen und die Treue zu bewähren, die sie an einen geliebten Herrscher fesselt. Die Zahl der Gutgesinnten ist die Majorität, selbst die der vorzüglichen ist zu groß um in Listen aufgefaßt zu werden; allein die Nahmen derer, welche sogar unter diesen sich auszeichneten, oder vielmehr den Theil davon den man ganz genau zu prüfen Gelegenheit fand, sey es erlaubt, Dem zu nennen, Der ein wahres Verdienst ohne Rücksicht des Standes so ganz zu würdigen versteht.

1. Tribunals-Rath Klein (Ernst-Ferdinand, Schützenstraße 62).

2. - - Grolman (ohne Zweifel der Präsident des Geheimen Obertribunals, Heinrich- Dietrich v. G., Kochstraße 60).

3. Präsident (der Kriegs- und Domänen-Kammer) v. Gerlach (Karl-Friedrich-Leopold, Neben der Hedwigskirche 1).

4. Kammer-Gerichts-Assessor Eichhorn (Johann-Albrecht-Friedrich, der spätere Minister).

5. Justiz-Commissarius v. Rappard (Franz-Wilhelm-Albrecht-Karl, Lindenstraße 66).

6. Lieutenant und Adjutant v. Lützow (Leopold, 1806 im Regiment Garde, Nr. 15, später Generalleutnant).

7. Stein-Magazin-Meister Uhlemann.

8. Bildhauer Schadow und seine beyden Söhne (Johann-Gottfried, Kleine Wallstraße).

9. Schauspiel-Direktor Iffland (August-Wilhelm, »Im Thiergarten«).

10. Präsident (des Oberkonsistoriums) v. Scheve und dessen Frau (Adolf-Friedrich, Friedrichstraße 38).

11. Feldwebel Rost, Regiments v. Möllendorff (Infanterie-Regiment Nr. 25).

12. Graf Arnim auf Boizenburg (Friedrich-Abraham-Wilhelm, der Schwager des Freiherrn vom Stein).

13. Herr v. Jorgas (Jürgas, Major), Regiments Gensd'armes (Georg-Ludwig, Unter den Linden 56; er hatte sich bei Wichmannsdorf durchgeschlagen).

Und dessen Bruder in der Prignitz.

14. Ober-Berg-Rath Karsten (Dietrich-Ludwig-Gustav, Schleusenbrücke 2).

15. Kaufmann Mathis (von der Französischen Kolonie, »Am Platz bei Monbijou 11«).

16. Sattler-Meister Burckhard.

17. Professor Schleiermacher (Friedrich-Daniel-Ernst).

18. Lieutnant v. Roeder, Regiments Fürst Hohenlohe (Infanterie-Regiment Nr. 32).

19. Roehl, Artillerie-Capitain, (von Roehl, im Feldartillerie-Korps).

20. Wittwe Obermann, Gastwirthin in der goldnen Sonne.[28]

21. Major v. Stechow

22. Rittmeister v. Werder (Klammer 21–23 fehlt!) Rudorff-Husaren (Leibhusaren, Nr. 2).

23. Lieutenant v. d. Osten

24. Reimer, Buchhändler (Georg-Andreas, Kochstraße).

25. Kur-Schmidt Rabe, Unterofficier der National-Garde.

26. Lieutenant v. Bonin-Möllendorff, Regiments v. Möllendorff, (Infanterie-Regiment Nr. 25.)

27. Lieutenant v. Stanckar, Regiments v. Möllendorff (Infanterie-Regiment Nr. 25).

28. Ober-Berg-Rath La Roche (Georg-Karl v. Franck, genannt Laroche, Französische Straße 35).

29. Lieutenant und Adjutant v. Huefer, Regiments v. Arnim (Infanterie-Regiment Nr. 13).

30. Forstrath v. Karger.

31. Landrath v. Bredow auf Senzke.

32. Capitain v. Phull, Regiments Sr. Maj. des Königs (Nr. 18. Vielmehr: von Pfuhl, gest. 1813, nicht der bekannte spätere russische General von Phull).

33. Rittmeister v. Hirschfeld, Köhler-Husaren (Nr. 7; Eugen, der Freischarenführer von 1807, gest. 1811 in Spanien).

34. Glasermeister Janasch.

35. Doktor Heinrich Meyer (Johann-Karl-Heinrich, Hausvoigtei-Platz 12.)

36. Doktor Merzdorff (Johann-Friedrich-Alexander, hinter der Katholischen Kirche 2).

37. Unterofficier Binsky von der Garde in Potsdam beurlaubt.

38. Buchhändler Nauck, Capitain der National-Garde.

39. Kaufmann Keibel, Oberst-Lieutenant der National-Garde.

40. Kaufmann Brüstlein, Oberst-Lieutenant der National-Garde.

41. Hauptmann Bennecke von der National-Garde.

42. Tiedecke, Artillerie-Capitain.«

Noch werden die Mitglieder der einzelnen Behörden mit kurzer Konduite versehen, was wir hier bei Seite lassen wollen; tröstlich ist, daß die günstigen Urteile hierbei überwiegen.

Zu Seite 60: Eine ausführliche Beschreibung des Lagers bei Charlottenburg gibt das Tagebuch des Charlottenburger Oberpfarrers Johann Christian Gottfried Dressel, in der »Geschichte der Stadt Charlottenburg«, Berlin 1905.

Zu Seite 62:

1. Clarke's Verhalten zu der Kyritzer Exekution wird in einer besonderen Abhandlung nach den Akten dargelegt werden.

2. Noch im Januar 1809 ließ der französische Kommandant der schlesischen Festung Glogau einen dortigen Buchhändler Niegisch verhaften und auf die Frohnfeste setzen, seine Druckerei aber schließen, wegen des Druckes eines Gedichtes, das zur Unterstützung der Ortsarmen aufforderte und die Drangsale der Einquartierungslasten schilderte. Erst auf Vorstellungen des Generals L'Estorcq aus Berlin verfügte Davout Ende März 1809 die Freilassung des Niegisch.

Zu Seite 63: Wie Fichte wegen seiner »Reden« mit der preußischen Censur zusammenstieß siehe in der »Sonntags-Beilage Nr. 25 zur Vossischen Zeitung« 1905. Ueber Fichte urteilten die Staatsminister in einem Immediat-Berichte vom 8.Januar 1810, er habe sich Verdienste erworben »durch den Muth, mit welchem er hier aufgetreten ist, und die Auszeichnung, mit welcher er höchst wissenschaftliche Lehren zur Erweckung von Kraft, Ausdauer und Bildung anwendet«.

Zu Seite 68: a. Immediat-Eingabe Berliner Bürger.
Berlin 1810 Januar 10.
»Allerdurchlauchtigster, Großmächtigster König
Allergnädigster König und Herr!
Ew. Königlichen Majestät werden allergnädigst zu erlauben geruhen, daß unterzeichnete Eigenthümer und Bewohner der Bernauer Straße es wagen, sich dem Trohne Ew. Königlichen Majestät in tiefster Unterthänigkeit zu nähern, und auf gleiche Weise eine Bitte zu Allerhöchst Dero Füßen zu legen.

Erfüllt worden, ist unser so innigst als längst ersehnter Wunsch, Ew. Königlichen Majestät als unserm Allergnädigsten Landes-Vater, nach Verlauf dreier verhängnißvoller Jahre, wiederum in unserer Mitte zu sehen; ja des Glückes ist uns noch mehr gewährt, indem Allerhöchst Dieselben zuerst den Boden unseres Kirchensprengels betraten, und uns dadurch die Gnade ertheilt wurde, Ew. Königlichen Majestät unsere treue und demuthsvolle Huldigungen am Chore darbringen zu können.

Verschwunden ist nunmehro das Andenken, an die erlittenen harten Drangsale, welche wir als Bewohner des Königstädtischen Viertels, ganz vorzüglich durch eine unerhörte Last feindlicher Einquartierung getragen haben; aufgerichtet worden sind unsere durch Kummer niedergebeugte Herzen, und frohe Aussicht gewähret uns die himmliche Tochter, die Hofnung. Unsere Kinder stimmen mit in unsere Freude ein, und heilige Pflicht gebietet uns, das Andenken dieses für uns so feierlichen Tages auch auf unsere Nachkommen zu übertragen, damit selbige auch noch nach unserm Tode die Treue und den Gehorsam fortsetzen und bewähren mögen, womit Ew. Königlichen Majestät wir huldigen.

Erinnerungen an solche glückliche Begebenheiten, können aber auch nur durch bleibende Denkmähler verewigt werden, und wir unterstehen uns dahero Ehrfurchtsvoll, Ew. Königlichen Majestät zu bitten, uns die erste Gnade dadurch allergnädigst zu gewähren, daß Allerhöchst Dieselben geruhen die Bernauer Straße, welche mit der ehemaligen Georgen-, seit dem Einzuge des höchstseligen Königs Majestät Friederich des 1ten aber benandten Königsstraße in einer Linie fortläuft, die Neue Königstraße und das Bernauer Thor, das KönigsThor künftig benennen zu lassen.

Unsern allerunterthänigsten Dank für diese Gnade werden wir durch die treueste Erfüllung unser bürgerlichen Pflichten und durch Treue, Gehorsam und Anhänglichkeit an den Tag zu legen suchen, um dadurch die Gnade Ew. Königlichen Majestät immer würdiger zu werden. Die wir in tiefster Unterthänigkeit ersterben

Ew. Königlichen Majestät
allerunterthänigst treu gehorsamste
die Eigenthümer und Bewohner der Bernauer Straße
Berlin den 10ten Jannuar 1810.«

b. Kabinets-Ordre.   Berlin 1810 Januar 18.

»Mein lieber Staats Minister Graf zu Dohna, und Groß Kanzler Beyme. Ich bin geneigt, die in anliegender Vorstellung der Eigenthümer und Einwohner der Bernauer Straße enthaltenen Bitte, die gedachte Straße künftig: die neue Königs Straße, und das Bernauer Thor: das Königs Thor, benennen zu lassen, zu gewähren, insofern sich dabey in polizeylicher und hypothekarischer Rücksicht nichts zu erinnern findet, und habe die Supplikanten auf Euern diesfälligen näheren Bericht verwiesen. Ich verbleibe Euer wohlaffectionirter König
Friedrich Wilhelm.

Berlin den 18ten Januar 1810.«

Der Polizeipräsident Gruner und der Stadtgerichtsdirektor Gerresheim erklärten sich einverstanden, und der König bewilligte durch eine Kabinettsorder vom 27. März 1810 die Bitte der königstreuen Bewohner der Königsstadt.

^ *Die königlichen Kinder 1806.*
Sitzend: Prinz Wilhelm und Prinzessin Charlotte
Stehend: Kronprinz Friedrich Wilhelm, Prinzessin Alexandrine
und Prinz Karl
Ausschnitt aus einem Kupferstich von F. W. Meyer nach Dähling

DIE FLUCHT DER KÖNIGLICHEN KINDER VON BERLIN NACH DANZIG IM OKTOBER 1806

Eine eigenhändige Ausarbeitung des Kronprinzen Friedrich Wilhelm (IV.)

Mitgeteilt von Georg Schuster

Von den Ereignissen, die sich nach der verhängnisvollen Schlacht bei Jena im Schoße der königlichen Familie abgespielt, haben wir nur geringe Kunde. So sind wir auch über die eilige und strapazenreiche Flucht, welche die königlichen Kinder unmittelbar nach dem Eingang der niederschmetternden Nachricht antreten mußten, nur dürftig unterrichtet. Um so willkommener ist daher der Aufschluß, den uns darüber ein eigenhändiger Aufsatz des Kronprinzen Friedrich Wilhelm gewährt. In den Herbsttagen 1807 zu Memel niedergeschrieben und zwar auf Grund von persönlichen Erinnerungen aller Beteiligten und wahrscheinlich auch an der Hand von gleichzeitigen Notizen des Erziehers Delbrück, gelangte die Arbeit am 29. Oktober, am 4., 12., 18. und 25. November, am 9., 16., 23. und 31. Dezember desselben Jahres in den vertrauten Zirkeln, die sich damals abendlich um den Kronprinzen zu versammeln pflegten, zur Verlesung und Besprechung, ein Umstand, der uns für die historische Treue und Zuverlässigkeit des Berichts Gewähr leistet. Andererseits bietet die Darstellung und die ursprüngliche Frische und Lebendigkeit, mit der der zwölfjährige Autor alle die kleinen Ereignisse der Fluchttage anschaulich zu schildern weiß, so viel des Interessanten, daß ihre Mitteilung an dieser Stelle gerechtfertigt erscheinen durfte.

1

2

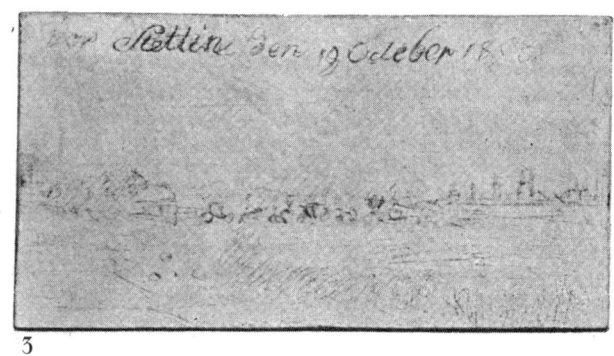

3

^ *Vom Kronprinzen Friedrich Wilhelm (IV.) während der Flucht
von Berlin nach Danzig auf kleinen Notizblättern angefertigte
Zeichnungen im Hohenzollern-Museum*
1. Die Ncht vom 17. auf den 18. Oktober hinter Bernau.
2. In Schwedt den 18. Oktober 1806.

4

5

6

< *3. Vor Stettin den 19. Oktober 1806.*

∧

4. Ausfahrt aus [Stettin?] den 21. Oktober 1806.
5. Vor Cößlin den 22. Oktober 1806.
6. Auf dem Gollenberg hinter Cößlin den 22. Oktober 1806.

Den 17. Oktober, Morgens früh, kam die Nachricht von dem unglücklichen Ausgang der Schlacht bei Auerstedt nach Berlin. Der Minister v. Schulenburg[29] drang darauf, daß wir noch an demselben Tage nach Schwedt abreisen sollten, nachdem wir den Mittag bei der Tante Solms[30] gegessen hatten.

Um 3 Uhr Nachmittags verließen wir Berlin. Auf der Hundebrücke[31] war solch ein Andrang von Menschen, daß wir kaum hinüber durch konnten.

In Bernau, wo wir frische Pferde bekamen, stiegen wir im Posthause ab. Dort schrieb Delbrück[32] noch einen Brief an Bornemann[33]. Darauf setzten wir unsere Reise fort. Nun wurde es dunkel. Ein Stern trat nach dem anderen hervor. Der Mond fing an zu scheinen. Wir stiegen aus um den herrlichen Himmel recht mit Muße betrachten zu können, blieben aber nicht lange draußen, denn es fing an kalt zu werden. (Vgl. Seite 98 die Zeichnung Nr. 1 des Kronprinzen.)

^ *Prinzessin Friederike von Johann Gottfried Schadow. Teil der Prinzessinnengruppe, die als Nachguß in Marmor sowie Alabaster in der Berlin Story erhältlich ist.*

In Sidow, einem kleinen Dorfe hinter Bernau, holten uns die übrigen Wagen ein, in welchen meine übrigen Geschwister[34], Cousin[35] mit seiner Schwester[36] sich befanden. Die Kinder des Herrn v. Wedel, dem dieses Dorf gehört und den wir während unseres Aufenhalts in Freienwalde[37] 2 mal besucht hatten, luden uns jetzt ein, eine Tasse Warmbier zu trinken. Dies nahmen wir gern an. Wir stiegen aus und von allen anderen Geschwistern begleitet traten wir in dasselbe Zimmer, in welchem wir 2 so vergnügte Sommertage zugebracht hatten. Nachdem wir uns etwas erwärmt hatten, reisten wir gemeinschaftlich weiter.

Die Kälte verdrängte bald die wohlthätige Wirkung des Warmbiers. Endlich kamen wir nach Neustadt-Eberswalde. Dort wechselten wir die Pferde, und erwärmten uns durch eine Tasse Kaffee. Darauf fuhren wir weiter. Ich hüllte mich in meinen Mantel ein, legte mich in die Ecke des Wagens und schlief ein. Mich fror ganz erbärmlich. Es war eine sehr kalte Nacht.

(18. Oktober) Endlich kamen wir nach Angermünde. Wir stiegen vor dem Posthause ab, und gingen zuerst in eine Stube, in welcher es vor Tabaksrauch nicht auszuhalten war. Dort fanden wir unsere Kammerdiener, und einen sehr groben und ungefälligen Postmeister. Wir wurden in dessen Stube geführt, wo es etwas menschlicher war. Darauf gingen wir einen Augenblick in des Postmeisters Garten, in welchem wir sehr große Kürbisse fanden. Dieser Garten stößt hinten an die Stadtmauer an, an welcher die Ruine eines alten Thurmes stehet. Nun begaben wir uns wieder in das Zimmer, wo wir ein förmliches Frühstück einnahmen. Wir wollten nun wieder fortfahren, aber es waren noch keine Anstalten gemacht, denn die Posthalter wollten uns keine Pferde geben. Wir waren wie man sich leicht denken kann, sehr böse, aber nach langer Widerrede von beyden Seiten mußten die Herrn Posthalter nachgeben, und mit Sonnenaufgang fuhren wir fort.

Die Gegend wurde jetzt sehr schön. Wir fuhren durch anmuthige Thäler, umringt von vielem Gebüsch, und von Bergen, die von den ersten Strahlen der Sonne erleuchtet wurden. Bald waren wir auf hohen Bergen, von denen wir die Oder sahen, auf welcher viele Kähne segelten. Es war ein sehr schöner Anblick. Delbrück sprach viel mit mir, und was er damals befürchtete, ist jetzt leider in Erfüllung gegangen.

Plötzlich sahen wir Schwedt vor uns liegen. Meine Freude war sehr groß, den Ort vor uns liegen zu sehen, in dem wir einige Zeit zu bleiben hofften. Wir fuhren sogleich in den Schloßhof ein. (Vgl. Seite 98 die Zeichnung Nr. 2 des Kronprinzen.) Der Kastlan ward durch unsere Ankunft sehr überrascht, denn es war ihm nichts

^ Ansicht von Schwedt im Anfang des 19. Jahrhunderts
Aquarell im Hohenzollern-Museum

gemeldet worden. Wir traten in die Zimmer in welchen der verstorbene Onkel Louis[38] gewohnt hat, aber nicht um uns darin häußlich niederzulassen. Uns wurden einige Zimmer über diesen angewiesen. Indessen sprangen wir in dem großen Saale fleißig herum um uns zu erwärmen. Bald langten auch Lebensmittel an. Diese thaten eine bessere Wirkung als das Herumspringen im Saale.

Zu uns gesellten sich nun unsere andern Gefärthen. Meine Schwester Charlotte hatte 2 Puppen aus der Schweiz[39] bekommen, einen Jungen und ein Mädchen. Diese nahm sie sehr in acht, vergaß sich aber wie es schien selbst darüber, denn indem sie die eine Treppe hinunter sprang, trat sie fehl und beschädigte sich den einen Fuß sehr stark. Da sie aber darauf nicht achtete wurde die Wunde schlimmer. Wir gingen noch zusammen nach einem Lustschloße Mon plaisir. An der ersten Pforte, die dorthin führt, war ein großes Gedräng von Menschen. Der Gärtner ist einer unserer alten Bekannten. Er bewirthete uns sehr freundlich.

Nach unserer Rückkunft fanden wir das Mittagessen bereitet, und wir setzten uns alle zu Tische. Madame Bock[40] aber befand

106

^ *Erste Begegnung der Königin mit ihren Kindern nach der
Schlacht bei Jena im Schlosse zu Schwedt am 18. Oktober 1806.*

sich nicht wohl und mußte aufstehen. Charlotte lud uns zum
Thee bey sich ein. Nach Tisch begaben wir uns auf unsere
Zimmer. Von da hatten wir eine sehr schöne Aussicht nach der
Oder hin. Ich legte mich auf zwey Stühle und schlief ein. Um 5
Uhr weckte mich Delbrück plötzlich auf mit der Nachricht, daß
Mama käme. Ich lief sogleich die Treppen hinunter um sie zu
empfangen. Die Tante Solms war mit ihr. Mama küßte uns still-
schweigend und wir begleiteten sie in ihr Zimmer. Es war eine
traurige Erinnerung für die l. Tante. Mama gab uns ausführliche-
re Nachrichten. Nun fing es an dunkel zu werden.

Wir gingen zu Charlotten, die in einem der Schloßflügel
wohnte. Als wir in das Zimmer traten fanden wir alle schon am
Theetische sitzend, aber Charlotte fehlte, denn sie hatte sich vor
Müdigkeit zu Bette gelegt. Wir blieben noch einige Zeit da und
kehrten dann zu Mama zurück. Diese sagte uns, daß wir gleich
den anderen Morgen wieder weiter nach Stettin reisen sollten.
Hierüber waren wir alle sehr betrübt. Mama und die Tante aßen
allein zusammen. Für uns war ein Tisch im Nebenzimmer gedeckt. Nach Tisch wünschten wir Mama eine gute Nacht und gin-

gen auf unser Zimmer, wo wir uns auskleideten und zu Bette legten. Ich schlief sehr gut.

(19. Oktober) Die Nacht war die Gräfin von Voß[41] gekommen. Den andern Morgen beym Abfahren, ereignete sich ein übler Umstand. So reisten wir ab. Nach einiger Zeit befanden wir uns an der Pommerschen Gränze. Hier standen die Ruinen eines alten Klosters, welches im 30jährigen Kriege ist zerstört worden. Nach einiger Zeit stieg Delbrück mit mir und Wilhelmen aus. Madame Bock that desgleichen mit unseren jüngeren Geschwistern. Carl wollte von mir etwas von Stettin wissen und ich erzählte ihm so viel als ich davon wußte. Die Kälte nöthigte uns bald wieder in den Wagen, denn es war bald nach Sonnenaufgang.

So setzten wir unsern Weg fort bis Garz. Wir stiegen unter dem Gedräng der Zuschauer aus und gingen in das Posthaus. Hier fanden wir gute und gefällige Leute. Sie brachten uns ein paar Tassen Kaffee den sie aber in zu großer Eile gemacht hatten, denn wir konnten nicht einen Tropfen trinken wegen der vielen kleinen Körnerchen, die sich darin befanden. Bald darauf stiegen wir wieder in den Wagen und fuhren weiter. Mit einem Male erhob sich ein Wettrennen unter unseren Wagen, nähmlich Charlottens Kutscher wollte unserm vor, unser wollte dies nicht leiden und so entstand eine große Unordnung, die mit großer Mühe gestillt wurde. Nun wurde der Weg sehr gut. Plötzlich sahen wir Stettin vor uns liegen. Von einem Hause aus welches am Wege lag, und wo wir etwas abgaben, ging eine Allee von jungen Bäumen bis vor die Stadt.

In kurzer Zeit befanden wir uns vor dem Thore von Stettin. (Vgl. Seite 98 die Zeichnung Nr. 3 des Kronprinzen.) Hier wurden wir etwas durch die Wagen der Großfürstin Marie[42] aufgehalten. In Stettin wohnten wir alle vertheilt. Wir bey dem Kaufmann Schulz. Meine Schwester Charlotte bey einem Herrn von Osten, meine jüngeren Geschwister in dem sogenannten Landhause[43] eine Treppe hoch, Cousin Friedrich beym Kaufmann Weinkauf u.s.w. Den Mittag aß Cousin Friedrich mit uns. Hier kam unser Wirth um 3 Uhr plötzlich hinein mit der Nachricht daß Mama käme. Wir sprangen sogleich ans Fenster und sahen sie vorbey fahren. Darauf gingen wir gleich nach dem Landhause wo sie wohnte. Die Tante Solms war bey ihr im Zimmer. Sie schien weniger betrübt als gestern. Dann gingen wir wieder fort. Gegen Abend wurde bey Mama gegessen. Für uns war es das Abendbrod, für Mama aber das Mittagessen, denn sie hatte seit dem Morgen keine Mahlzeit eingenommen. Nach Tisch gingen wir in unsere Wohnung legten uns nieder und schliefen sehr ruhig bis den anderen Morgen.

(20. Oktober) Dieser Morgen gleich gab uns ein Vorbild des ganzen Tages. Nachdem wir aufgestanden waren, kam Madame Bock und sagte sie hätte gehört, daß wir gleich abreisen würden. Im ersten Augenblicke waren wir alle sehr betroffen, aber wir erfuhren, daß es ein Mißverständnis war. Darauf hörten wir Mama

habe Briefe von Papa bekommen. Da wir glaubten es wären gute Nachrichten eilten wir sogleich zu ihr hin. Vor ihrem Hause fanden wir Wilhelm von Oranien[44]. Wir gingen mit ihm zu Mama hinein, aber wie waren wir in unseren Hoffnungen getäuscht. Papa hatte ihr aus Wrietzen geschrieben, daß der Prinz Eugen von Wirtemberg bei Halle gänzlich geschlagen sey und daß er selbst nach Küstrin zu reisen im Begriff wäre. Er bat sie, ihm doch dahin zu folgen. Mama beschloß gleich abzureisen. Bald füllten sich die Zimmer voll von Menschen. Unsere Geschwister kamen, die Tante von Oranien[45] mit ihren Kindern, Cousin Friedrich war da mit seiner Schwester und den übrigen Kindern[46] der Tante Solms. Die Großfürstin Marie kam ebenfalls. Lombard[47] fand sich auch ein und noch mehrere. Unter anderen auch der Gouverneur General v. Romberg, in dessen Kopf es wie es scheint etwas irre geht, denn er spricht wie ein Kind von 2 Jahren. Darauf reiste Mama ab. Sie befahl uns, daß wir uns den andern Morgen gleich auf den Weg nach Danzig machen sollten. Unsere jüngeren Geschwister gingen mit dem Wilhelm Solms zu sich hinauf und wir folgten ihnen nach einiger Zeit und spielten zusammen. Darauf gingen wir wieder hinunter. Wir fanden im Hausflur Soldaten und erfuhren Lombard solle in Sicherheit gebracht werden[48]. Dies geschah aber nicht auf die rechte Weise. Durch dieses alles wurden wir noch mehr verstimmt. Darauf begab ich mich mit Wilhelmen zu Cousin und Delbrück ging zu sich wo er alles zur Abreise anordnete.

Wilhelm und ich, mit Reimann[49] und Cousin gingen zusammen nach dem Hafen. Wir freuten uns sehr anders gebaute Schiffe zu sehen, obgleich es nur kleine Bordinge waren, denn das Gedräng des Volks wollte uns nicht bis zu den anderen gelangen lassen. So kamen wir wieder zurück ohne viel gesehen zu haben. Darauf begaben wir uns zu Tafel, welche sehr groß war. Es waren viele Personen hier vereint, die sich sonst nur selten sehen. Meine Schwester Charlotte aber fehlte, ihres schlimmen Fußes wegen.

Nach Tisch nachdem wir uns etwas ausgeruht hatten ging ich mit Wilhelm zur Schwester Charlotte. Wir fanden hier ihren Wirth mit seiner Frau und dem Sohn des Hauses. Ein Knabe von Charlottens Größe, dem die Zunge etwas gelähmt ist. Ich zeichnete die 4 Elemente. Darauf schnitten wir aus Papier eine Menge kleiner Häuser aus, und als es so viel geworden waren, daß wir eine Stadt daraus zusammenstellen konnten, legten wir Feuer an und die ganze Stadt verbrannte. Wir tranken den Thee auch bey Charlotten. Alsdann hohlte uns Delbrück ab, und wir gingen zur Tante Solms, welche einen Brief von ihrem Mann erhalten hatte. Darauf setzten wir uns zu Tisch. Die 2 Tanten mit ihren Kindern aßen nicht mit, und so befanden sich nur ein Paar Personen an einem großen Tisch in einem großen kalten Zimmer. Am Ende konnten wir es vor Kälte nicht mehr aushalten, und ich mit Wilhelm und Cousin Friedrich machten Feuer an. Nach einiger Zeit standen wir auf und trennten uns. Als wir zu Haus gekommen waren, nahm die Kraft, meine Silberwäscherin, mit Thränen Abschied von mir. Sie wurde nach Berlin zurückgeschickt. Darauf schlief ich ein. Wir ließen uns Pelzmützen und Pelzschuhe kaufen.

(21. Oktober) Den andern Morgen früh reisten wir ab. Als wir über die Brücke fuhren, sahen wir viele große Schiffe, unter andern einen großen 3 Master mit einer grünen Kajüte. (Vgl. Seite 99 die Zeichnung Nr. 4 des Kronprinzen.) Hinter Stettin war die Gegend sehr schön, schöner wie hinter Angermünde, aber hinter Dammen, einem kleinen Städtchen, wurde sie sandig. Wir stiegen aus und gingen bis an die Golnower Heyde. Hier war es vor Sand nicht auszuhalten, darum begaben wir uns wieder in den Wagen. Dennoch machten wir noch eine kleine Strecke zu Fuß. Herr Hahn, der Erzieher des Wilhelm Solms war auch ausgestiegen, Wilhelm selbst war aber sitzen geblieben. Da er einen sehr kleinen und leichten Wagen hatte, sprang ich oft hinein und heraus. Am Ende wurde der Sand zu arg und wir stiegen wieder in den Wagen.

Endlich langten wir in Golnow an. Wir beide mit Delbrück und meinen jüngeren Geschwistern gingen zum Apotheker hinein. Alexandrine hatte geschlafen und war eben erst aufgewacht, und ich muß gestehen, nie habe ich sie so hübsch gesehen. Sie war von der besten Laune. Wir fanden hier sehr gute Leute wie überhaupt in ganz Pommern.

Nun setzten wir unsere Reise fort. Die fliegende Küche war eben abgefahren, hatte aber dem Postillon der sie bis Golnow gebracht keinen Heller gegeben. Der arme Mensch kam an unseren Wagen und bat uns, ihm etwas zu geben. Wir hetten es sehr gern gethan, aber in dem Augenblick fuhren wir fort und so ging es nicht an.

Hinter Golnow verlohr sich der Sand etwas, darum gingen wir eine Strecke. Doch nun wurde es dunkel, und wir setzten unsere Reise zu Wagen fort. Cousin hatte in Golnow den Wagen gebrochen, darum hatte er sich zu Wilhelm Solms gesetzt. Herr Reimann blieb in Golnow so lange zurück, bis der Wagen ausgebessert war. Indessen kam uns Wilhelm Solms mit seinem leichten Wagen bald vor. Die Gegend wurde sehr öde. Gegen Abend erreichten wir Naugarten grade in dem Augenblick, als Wilhelm Solms ausfuhr. Wir mit allen unsern Geschwistern gingen in das Wirthshaus, und setzten uns zu Tische. Mit einem Mal tritt Herr Reimann und Fräulein von Kannewurf[50] mit Herrn v. Malzahn[51] in das Zimmer. Sie setzten sich auch nieder. Wir waren ziemlich vergnügt.

Nach Tisch fuhren wir weiter. Die Nacht war sehr dunkel. Endlich kamen wir nach Plate. Der Herr von Osten, der dort ein Gut hat, trat an unseren Wagen, und bat uns, in sein Haus zu treten. Wir thaten es, und wie erstaunten wir beim Eintritte in den Saal, eine große herrlich gedeckte Tafel zu sehen, an welcher die Tante Solms mit allen ihren Kindern und anderen Gefährten saß. Die Frau von Osten bat uns, daß wir uns auch zu Tische setzen möchten. Ich that es aber nicht, denn ich war schlaftrunken. Sie standen auch bald wieder auf. Die Tante mit ihren Kindern blieb die Nacht in Plate, wir Geschwister aber setzten unsere Reise fort.

(22. Oktober) Wir fuhren durch einen Wald. Nach einiger Zeit wußten die Fuhrleute nicht mehr den rechten Weg, und wir mußten einen Führer nehmen. Darauf hüllte ich mich in meinen Mantel und schlief ein. Als die erste Morgenröthe heraufstieg langten wir in Leppin an, einem freundlichen Dörfchen. Hier sah ich zum ersten Male einen Telegraphen. Wir stiegen allezusammen im Posthause ab, (welches das Ansehen eines Schlosses hat) und frühstückten. Da uns sehr frohr, kauerten wir in die eine Ekke des Sophas. Auf meiner ganzen Reise habe ich keinen so angenehmen Morgen gehabt. Wir gingen in des Postmeisters

Schlafstube, deren Wände ganz mit grünem Laube bedeckt waren, in welchem eine Menge kleine lebendige Vogel saßen. Wir alle, besonders Charlotte, fanden dies sehr niedlich. Nachdem wir gefrühstückt hatten, fuhren wir wieder fort.

Nach einiger Zeit kamen wir nach Cörlin, einem kleinen Städtchen. Vor dem Posthause stand eine Bürgerwache, und die Einwohner thaten alles, um uns ihre Theilnehmung zu bezeugen. Wir warteten einige Zeit auf unsere jüngeren Geschwister, aber sie kamen nicht. Endlich erfuhren wir, daß sie ein Rad gebrochen hätten. Darauf reisten wir wieder ab. Das Wetter wurde sehr schlecht. Endlich sahen wir Cöslin vor uns liegen. (Vgl. Seite 99 die Zeichnung Nr. 5 des Kronprinzen.) Wir hatten beschlossen, dort die Nacht zuzubringen. Sobald wir in das Thor eingefahren waren, wurde uns das Haus angewiesen, in welchem wir wohnen sollten. Es war das beste Miethshaus in der Stadt. Der Wirth hieß Jädsch. Hier empfingen uns 3 Herren nahmens v. Zieten, v. Schliefen und v. Kleist. In diesem Hause hatten wir einen Saal, eine geräumige Stube und eine Kammer. In diese Zimmer theilten wir Geschwister uns. Die Tante Solms mit ihren Kindern wohnte in einem anderen Wirthshause, auf dem Markte. Sobald wir Geschwister uns zusammengefunden hatten, setzten wir uns mit den 3 Herren zu Tisch. Wir speisten bei offenen Thüren, denn es standen Leute in denselben, um uns näher beäugeln zu können. Das Wetter klärte sich auf.

Nach Tisch äußerte ich den Wunsch, den Gollen-Berg, (einen hohen Berg hinter Cöslin) zu besteigen, Herr v. Kleist, der dies merkte, erbat sich, uns dorthin zu fahren, und wir nahmen es an. Bald stand sein Korbwagen vor der Thür, und wir 3, mit dem Herrn v. Schliefen und v. Kleist setzten uns hinein. Letzterer fuhr uns selbst. Kaum waren wir zum Thore hinaus, so sahen wir schon den Berg vor uns liegen. Er siehet von ferne aus wie ein ungeheurer Kohlenhaufen. In kurzer Zeit stand der Wagen am Fuße desselben. Auf die höchste Spitze stiegen wir zu Fuß hinauf. Wir sahen einige Wanderer von oben herunter kommen. Auf der höchsten Spitze stehet eine Fahne zum Andenken des Tages, an welchem Papa und Mama diesen Berg zuerst erstiegen. Oben war ein sehr starker Wind.

Am Horizont sahen wir einen blauen Strich, und man sagte uns dies sey die Ost-See. Darüber freuten wir uns sehr. (Vgl. Seite 99 die Zeichnung Nr. 6 des Kronprinzen.)

Nach einem kurzen Aufenthalte fuhren wir nach Cöslin zurück. Auf dem großen Platze fliegen wir aus, um die Bildsäule Friedrich Wilhelms I. in Augenschein zu nehmen. Diese errichteten die Cösliner Bürger aus Dankbarkeit dafür, daß ihnen der König eine große Summe Geldes gegeben hatte, als Cöslin durch eine Feuersbrunst verhert worden war. Darauf kehrten wir nach unserem Hause zurück. Charlotte frug mich viel nach dem Gollenberg, und nach der Ost-See. Nun war es Abend, und wir tranken Thee. Die Tochter eines alten Majors, des dortigen Postmeisters, hatte ihre Muffe in unserem Zimmer liegen lassen. Jetzt kam sie und ihr Vater stellte sie uns vor. Sie schien sehr verlegen und da sie beynah nichts sprach, war sie ganz das Gegentheil ihres Vaters. Als diese fortgegangen waren, kam eine alte Bekannte der Madame Bock, deren Nahmen ich vergessen habe. Ich schenkte ihr eine Zeichnung, die ich soeben vollendet hatte, und welche einen Schweitzer vorstellte. Dann trieb ich noch meinen Spaß mit Alexandrinen, die sehr guter Laune war. Bald darauf setzten wir uns zu Tisch. Es war nicht sehr angenehm. Als wir aufgestanden waren, ging jeder in sein Zimmer und legte sich nieder. Der Gestank der ausgelöschten Talchlichter ließ mich kaum einschlafen.

(23. Oktober) Den andern Morgen standen wir früh auf um früh abzureisen. Wir ließen uns noch leichte Lederne Kappen kaufen. Die Pferde kamen später als wir sie bestellt hatten, und nachdem uns der alte Major seinen Sohn vorgestellt hatte, fuhren wir ab. Der Herr von Schliefen begleitete uns zu Pferde und Herr v. Kleist zu Wagen. Unser Weg ging über den Gollenberg. Wir fürchteten uns sehr dafür, denn man hatte uns in Stettin gesagt, dort hielten sich Räuber auf. Obgleich die Herren uns versicherten, daß wir nichts zu fürchten hätten, stellte ich doch meinen Degen neben mir, jeden Augenblick bereit ihn zu zücken, wenn es nöthig wäre. Es wiederfuhr uns aber nichts, und wir kamen glücklich bis Zanow. Hier kehrte Herr v. Kleist zurück und hier überfiel uns ein heftiger Regen. Unter dem schrecklichen Wetter fuhren wir in Zanow ein. Am Thore stand Friederike Seebauer,

^ *Die königliche Familie, links Luise, oben in der Mitte Friedrich Wilhelm*

ehemalige Kammerjungfer, bey der Gräfinn v. Brühl[52]. Sie wollte Nachricht von der Armee haben, unter welcher ihr Bruder dient. Da wir aber bloß durchfuhren, konnten wir ihr keine Antwort geben.

Das Wetter besserte sich und als wir nach Slave kamen, stiegen wir mit den jüngeren Geschwistern bey einer Bekannten der Madame Bock ab. Man bewirthete uns sehr freundlich, wir hielten uns aber nicht lange auf, denn wir wollten die Nacht in Stolpe zubringen. Auf einmal wurde die Gegend, die durch ganz Pommern sehr häßlich gewesen war, sehr schön. Bis dahin hatten wir nur armseelige Leute und Wohnungen mit fetten Gänsen gesehen. Jetzt wurde alles anders.

Gegen Abend sahen wir eine Stadt vor uns, mit starken Mauern auf, welchen eine Menge kleine und große Thürme standen. Es war Stolpe. Dichte vor dem Thore ist eine Brücke, und unter dieser bemerkte ich einen Wasser-Wirbel. Dies war mir sehr erwünscht. So fuhren wir in Stolpe ein. Blüchersche Husaren, von denen dort eine Kompanie steht, wiesen uns den Weg zum Hause, wo wir wohnen sollten. Es gehört dem Kaufmann Hering. Hier empfingen uns außer dem Wirth mehrere andere, auch die Officiere der Husaren-Companie. Sie waren sehr bekümmert um ihren General, denn sie hatten gar keine Nachricht von ihm. Wir konnten ihnen weiter nichts zum Trost sagen, als daß er lebe. Hier hatten wir drei, 2 große und hübsche Stuben. In der ersten waren sehr viel kleine und große Kupferstiche. Unterandern König Heinrich IV. von Frankreich mit seinem Freunde Sully. Der Major Bonin, welcher auch da war, bat uns das dortige Cadettenhaus (über welches er die Aussicht hat) in Augenschein zu nehmen. Wir gingen hin. Das Cadettenhaus ist nicht groß, darum müssen 6, ja noch mehr Cadetten zusammen in einem kleinen engen Kämmerchen schlafen. Die Unterrichtsstuben sind geräumiger. Bonin wird sehr von den Kindern geliebt. Er nimmt sich auch wie ein Vater gegen sie. In der Nachbarschaft des Hauses wird ein anderes größeres gebaut. Wir sahen sie auch eßen, unten in einem großen Eßsaal. Ehe sie anfingen wurde ein Gebet vorgelesen. Wir gingen noch einen Augenblick zu der Frau von Bonin ins Zimmer. Sie hat sehr hübsche Kinder. Wir gingen fort unter dem heftigsten Wind und Regen.

Als wir nach Hause zurückkamen, fanden wir alle Geschwister beysammen. Sie besahen das Bertugsche Bilderbuch[55]. Wir gingen in ein Nebenzimmer, in welchem die Frau unseres Wirthes schon seit 2 Jahren vom Schlage gelähmt sich aufhält. Sie war sehr erfreut uns zu sehen und sprach sehr viel mit uns. Nun war der Tisch gedeckt, und wir setzten uns mit dem Wirth und einigen Bekannten nieder. Bey Tisch wurde viel gesprochen, es war auch recht angenehm. Plötzlich kam Herr Reimann ins Zimmer, mit seiner jungen Wirthinn, der Burgemeisterin. Sie blieben einige Zeit bey uns. Darauf trennten wir uns und legten uns zu Bette. Ich schlief sehr gut. In der Nacht war ein fürchterlicher Sturm. Delbrück konnte kaum einschlafen.

^ *Friedrich Delbrück, Erzieher des Kronprinzen Friedrich Wilhelm (IV.) und des Prinzen Wilhelm. Miniaturbild in einer Brieftasche, Geburtstagsgeschenk Delbrücks an den Prinzen Wilhelm am 23. März 1810*

116

(24. Oktober) Den andern Morgen um 5 Uhr standen wir auf. In der Zwischenzeit, bis der Wagen kam, setzte ich mich hin und zeichnete eine Vestung, welches aber sehr schlecht ausfiel. Da Charlotte nicht ganz wohl und ihr Wagen sehr zuchig war, setzte sie sich zu uns hinein. Wilhelm musste darum mit der Gräfinn von Voß fahren. Hierüber ließ er einige Thränen fallen. Nun fuhren wir ab. Die Gegend wurde recht hübsch. Wir unterhielten uns sehr gut mit Charlotten. Es wurden einige auswendig gelernte Sachen hergesagt. Delbrück laß uns aus einem kleinen Buche, Allwin u. Theodor, etwas vor.

Nach einiger Zeit kamen wir nach Lupow, einem hübschen Dorfe. Der Postmeister kam an unseren Wagen und brachte uns Wein und Bischof[54]. Alles war sehr gefällig gegen uns. Bald darauf reisten wir weiter. Delbrück laß uns aus einem Buche, welches er in Golnow geliehen bekommen hatte, und welches eine Beschreibung aller Pommerschen Städte enthält, etwas vor.

So kamen wir nach Lauenburg. Dort hatte man sehr für uns gesorgt. Als wir ausstiegen, fanden wir auf dem Tisch im Posthause unser Frühstück bereitet. In dem Zimmer hingen viele Kupferstiche vom 7 Jährigen Kriege, auch einige, welche Seehäfen vorstellten. Nachdem ich dies alles angesehen und wir uns etwas gestärkt hatten, reisten wir fort. Wilhelm ging zu Cousin in den Wagen, und Charlotte kehrte in ihren zurück. Also fuhr ich mit Delbrück ganz allein.

Die Gegend war sehr schön. Bald waren wir an der Westpreußischen Gränze. Wir wollten die Nacht in Neustadt bleiben. Jetzt fing es an dunkel zu werden. Plötzlich befanden wir uns an einer Art von Abgrund. Und diesen mußten wir hinunter fahren. Da langten Leute aus Neustadt an, die man uns entgegen geschickt hatte, um unseren Wagen dort herunter zu geleiten. Es ging glücklich von Statten. Nun wurde es immer dunkler. Die Sterne traten heran.

Endlich kamen wir nach Neustadt. Die Fenstern der meisten Häuser waren mit Lichtern erleuchtet. Wir alle, außer Cousine Friederike mit ihrer Schwester Auguste, sollten im Posthause wohnen. Als wir daselbst ankamen, tranken wir Thee. Der Herr v. Kaiserling, dem dieser Ort gehört, bot sich an, uns nach dem dor-

^ *Zeichnung des Kronprinzen Friedrich Wilhelm (IV.) aus der*
späteren Zeit der Flucht mit der Unterschrift:
Aussicht aus dem Fenster des Amtmann Kolbe in Cauerlanken

tigen Franziskanerkloster zu führen, und wir nahmen es an, und
gingen hin. An der Thüre des Klosters empfing uns der Pater, mit
vielen anderen Mönchen. Man führte uns zuerst in den Eßsaal,
der ziemlich geräumig und mit Heiligenbildern behangen ist.
Darauf führte man uns durch einen langen Gang, an eine Thür,
an welcher Kreutze angeheftet waren. Dies war der Eingang zur
Kirche. Man machte sie auf, und wir gingen hinein. Diese Kirche
ist ziemlich prächtig. Sie hat 3 Altare, wovon der große der reich-
ste ist. Er stehet auf vielen Stufen und ist mit Heiligenbildern
sehr verziert. Ueber dem 2ten Altar sahen wir eine Art Sarg von
Gold. Die Mönche sagten uns dies sey der Sarg eines Heiligen. An
dem 3ten Altar wies man uns als Merkwürdigkeit das Gemälde
einer Athiopischen Maria. Hiervon ist blos das Gesicht gemahlt,
denn die Kleider bestehen in aufgeklebten bunten, reich in Gold
und Silber geflickten Tuchlappen. Als wir dies alles besehen hatten, gingen wir in ein Zimmer neben der Kirche, in welchem die
Priesterkleider lagen, darauf sahen wir den Beetsaal, und zuletzt
die Zellen der Mönche, wovon die Meisten sehr klein und eng
sind. Ein Mönch hat einen kleinen Vogel. Die letzte Zelle, die wir
sahen, war sehr groß. In dieser stand die Monstranz. Nachdem

^ *Zeichnung des Kronprinzen Friedrich Wilhelm (IV.) vom 22.*
Januar 1808 mit dem Königsberger Schloße.

wir dies ausführlich angesehen hatten, gingen wir aus dem
Kloster. Doch als wir hörten, daß die Gräfinn von Voß angekommen sey, gingen wir zu ihr. Als wir nach Hause kamen, fanden wir
unser Zimmer von unseren jüngeren Geschwistern besetzt. Wir
gingen noch einen Augenblick herauf zu Cousin Friedrich, der
mit Wilhelm Solms zusammen wohnte. Hier trafen eben Aepfel
an, welche uns der Pater schickte. Da wir kein Zimmer hatten,
mußten wir zum Bürgermeister unsere Zuflucht nehmen, bei
welchem auch die Cousine Friederike, mit ihrer kleinen Schwester wohnte. Dort gab man uns 2 sehr hübsche Zimmer. Bald
wurde der Tisch gedeckt und wir setzten uns. Die Gesellschaft
bestand aus meiner Cousine und Fr. v. Kamke, und dem Wirthe,
in einer sehr geschwätzigen gnädigen Frau aus Königsberg und
ihrem ungezogenen Töchterchen. Dieses unverschämte Mädchen griff mit ihren Händen in die Schüßeln. Es war nicht sehr
angenehm. Nach Tisch legten wir uns zu Bette, und ich schlief
ruhig bis zum andern Morgen.

(25. Oktober) Wir standen früh auf und fuhren bald fort. Vor
dem Thore stand eine Säule mit einem Kreutz darauf. Dies war
das erste an der Landstraße, welches ich sah. Nicht weit davon

stand eine kleine Kapelle und auf den naheliegenden Bergen noch mehrere. Die Gegend war äußerst schön. Wir kamen durch unzählige Dörfer, in welchen wir frische Pferde bekamen. Am Anfang oder am Ende jedes dieser Dörfer, stand ein Kruzifix. Unter einem weidete eine Herde von Gänsen, welche es auch wohl beschmutzten. Mit einem Male sahen wir in der Entfernung etwas blaues am Horizont auf, welchem sich etwas weißes in kleinen Haufen bewegte. Wir glaubten erst, es sey ein Wald, aber wie erstaunten wir, als wir sahen, da wir näher kamen, daß es die Ost-See war. Das Weiße, was wir gesehen hatten, waren der Schaum den die brechenden Wellen hervorbrachten. Jetzt kamen wir an 2 Bergen vorbey, welche so weit auseinander standen, daß wir leicht durchsehen konnten. Hier sahen wir das Meer ganz deutlich, denn es war nicht weit von den Bergen entfernt. Unten am Fuß derselben stand ein Kruzifix. Wir jauchtzten vor Freude.

Nun kamen wir nach Katz. Dort wechselten wir die Pferde und den Wagen. Wir stiegen in unseren halben, in welchem bis dahin die Kammerdiener gefahren waren. Hinter Katz, als wir von einem Hügel, auf welchem ein Marienbild stand, hinunter fuhren, sahen wir die Ost-See gerade vor uns liegen. Es war eins der schönsten Schauspiele, welche ich in meinem Leben gesehen habe. Auf der rechten Seite waren hohe Berge, mit Waldung bewachsen, vor uns eine grüne Ebene, auf welcher wir hier und da kleine Waldung bemerkten. Links sahen wir die Ost-See, welche ziemlich stürmisch und von der Sonne sehr beschienen war. Doch bald verschwand das Meer wieder, aber die Gegend entschädigte uns.

Wir fuhren durch viele Dörfer. Auf einem Berge bemerkten wir eine Kapelle. Plötzlich sahen wir ein großes Gebäude mit Thürmen vor uns, und man sagte uns, dies sey das Kloster Oliva. Wir Geschwister fuhren sogleich in den Hof der Abtei ein. Der junge Graf von Hohenzollern[55], der dortige Abt, empfing uns. Da er gar nicht erwartet hatte, daß wir zu ihm kommen würden, war er, wie es schien, etwas verlegen. Er führte uns in den Garten, welcher nach meinem Urtheil sehr schön ist. Wir kamen vor einem schäumenden Wasserfall vorbey. Dies war gerade, was wir uns gewünscht hatten. Wir waren ganz außer uns vor Freuden.

Wir gelangten noch an eine andere Stelle, wo wir eine sehr schöne Aussicht nach dem Karlsberge hatten.

Darauf fuhren wir wieder ab, um recht bald nach Dantzig zu gelangen. In einem kleinen Tannenwalde erhob sich wieder ein Wettrennen, welches aber bald gestillt wurde. Nun kamen wir nach Langfuhr, einer Vorstadt von Dantzig. Eine Lange Allee trennt es von der Stadt. Am Anfang der Allee wurden wir von dem Platzmajor Hinze und noch einigen anderen empfangen. Am Ende derselben erhielt Delbrück einen Brief von dem Kriegsrath Simons, bey dem wir wohnen sollten. Der Platzmajor frug, ob das die Siegesnachricht wäre. Und nun sagte er uns, daß eben die Nachricht nach Dantzig gekommen sey, daß der Feldmarschall Möllendorf die Franzosen hinter Magdeburg geschlagen habe. Wir glaubten es wirklich.

Als wir nach unserem Hause kamen, empfingen uns außer dem Wirth und seiner Familie noch eine Menge anderer Herren. Unser Wirth ist einer der besten Leute. Er bewies uns sehr viele Gefälligkeiten. Eben so waren alle seine Angehörigen. In seinem Hause wohnten, außer uns 3, Cousin mit Herrn Reimann und Wilhelm Solms mit Herrn Halm. Letztere wohnten im oberen Stockwerk und wir übrigen in der zweiten Etage. Wir hatten 4 Zimmer. Diese waren, ein Vorzimmer, dann kam unser Wohnzimmer, alsdann ein großer Saal in welchem wir mit Cousin Friedrich schliefen und zuletzt ein ganz kleines Zimmer in welchem Herr Reimann schlief. So hatten wir uns eingerichtet.

Bald nachdem wir angekommen waren, kam der Gouverneur General von Manstein mit der Nachricht vom vermeinten Siege. Wir waren sehr erstaunt. Nachdem sich alles zurückgezogen hatte, wurde der Tisch gedeckt, und wir setzten uns nieder und aßen. Da ich sehr wünschte, den Hafen zu sehen, fuhren wir nach Tisch dorthin. Der Kaufmann Labes lieh uns seinen Wagen. Bald kamen wir an. Wir wurden auf ein großes Schiff geführt, welches Herrn Labes gehörte. Ich freute mich sehr, denn ich hatte noch nie so ein großes Schiff gesehen. Wir tranken Thee auf demselben, und fuhren dann wieder zu Haus. Nachdem wir gegessen hatten, legten wir uns nieder und schliefen ruhig bis den andern Morgen.

(26. Oktober) Unser Aufenthalt in Dantzig dauerte 8 Tage, und es würde mir unmöglich sein, jeden Tag ausführlich zu beschrei-

ben, darum werde ich nur die Hauptsachen herausnehmen. Wir zusammen wohnten, wie ich schon gesagt habe, bey dem Kriegsrath Riebes im sogenannten Lottriehause. Meine Schwester Charlotte hatte ein kleines Haus dicht neben uns an, ganz für ihren Gebrauch. Sie lit während unseres ganzen Aufenthalts viele Schmerzen an ihrem Schlimmen Fuß. Sie aß selten oder gar nicht mit uns zusammen. Wir speisten nämlich im Gouvernements Hause mit der Tante Solms, welche daselbst mit ihrer jüngsten Tochter wohnte. Meine jüngeren Geschwister, wohnten bey dem Kaufmann Wendt, einem sehr gefälligen Mann. Wo die Cousine Friederike ihren Sitz hatte, ist mir entfallen.

Wir haben in Danzig viele angenehme und unangenehme Tage verlebt. 4 mal waren wir im Schauspiel. Das Comödienhaus ist ein schönes Gebäude. Auswendig hat es das Ansehen eines Tempels. Man verschaffte uns allerley Vergnügen, und wir sahen auch viel Merkwürdiges. Den Tag nach unserer Ankunft (es war Sonntag) besuchten wir die Pfarrkirche. Diese ist ein ungeheures Gebäude und so hoch, wie ich noch keins gesehen habe. Die Decke ist gewölbt und durch äußerst starke Pfeiler getragen, welche alle, wie die ganze Kirche, angeweist sind, einen ausgenommen, an welchem die Kanzel steht, und dieser ist wie die Kanzel mit goldenen Schnörkeln verziert. Wir hörten eine ziemlich gute Predigt, wie der Mann aber hieß, der sie vortrug, habe ich leider vergessen.

Wir haben auch dort das Zeughaus gesehen. Von Außen ist es ein altes Gothisches Gebäude und an den beyden Seiten stehen 2 Thürme, welche aber nicht viel höher sind wie das Haus selbst. Als wir hinein kamen, wurden wir von einem hölzernen Grenadier empfangen, welcher so künstlich eingerichtet war, daß er ein Gewehr abfeuerte. Dann sahen wir ungeheure Kanonen und Mörser mit noch größeren Bomben, womit dieser Saal ganz angefüllt war. In einem kleinen neben Kabinet bemerkten wir 2 ausgestopfte Puppen mit einer großen, schweren Rüstung von Stahl bekleidet. Dann führte man uns durch einen Hof in einen anderen kleineren Saal in welchem wir unter mehreren anderen Sachen, ein paar gläserne Hand Granaden und eine siebenläufige lederne Kanone sahen. Nun stiegen wir eine Treppe hinauf in das

^ *Neufahrwasser, der Hafen von Danzig. Gouachemalerei aus dem Nachlasse der Königin Luise und ihr im Jahre 1800 gewidmet von J. Ravache*

2te Stockwerk. Dort war viel mehr zu sehen wie im ersten. Die Wände hingen voll von Hellebarden, Helme, Spere, Rüstungen und ganze Rotten von ausgestopften Rittern zu Pferde und zu Fuß standen an den Wänden ordentlich in Reih und Glied herum. Viele Figuren bewegten sich mittelst eines Uhrwerkes. Einer dieser, einen alten Dantziger Schützen-Officier vorstellend, bewegte die Augen schrecklich und schlug mit seinem Schwert immer vor sich hin. In einem Neben Saale sahen wir sitzend unter einem Thron von Klingen und Mörsern eine Puppe den Kriegs-Gott Mars darstellend. Nachdem dieser eine zeit lang allerlei Gesichter und Bewegungen gemacht hatte, stand er auf, machte einen tiefen Diener und setzte sich wieder nieder. Darauf nahm ich eine Hellebarde in die Hand und galloppierte den Saal hinunter. Dort stand ein Soldat mit dem Gewehr angelegt. Als ich Feuer sagte berührte ein Kanonier das Gewehr und er schoß es loß. Nachdem wir noch viel anders (unteranderm eine sehr schöngebaute Windeltreppe) gesehen hatten, gingen wir wieder hinaus.

Den Freitag aßen wir zum Mittag auf einem großen Schiffe des Herrn Labes, welches dicht neben dem lag auf welchem wir Thee getrunken hatten. Auf dem Heimweg besuchten wir das kleine Fort Weichselmünde am Ausfluß der Weichsel. –

^ *Prinz Louis-Ferdinand von Preußen*
  Miniatur von Tielcke, 1793

PRINZ
LOUIS FERDINAND

Theodor Fantone (1857)

Sechs Fuß hoch aufgeschossen,
Ein Kriegsgott anzuschaun,
Der Liebling der Genossen,
Der Abgott schöner Fraun,
Blauäugig, blond, verwegen
Und in der jungen Hand
Den alten Preußen-Degen -
Prinz Louis Ferdinand.

Die Generalitäten
Kopfschütteln früh und spät.
Sie räuspern sich und treten
Vor Seine Majestät,
Sie sprechen: »Nicht zu dulden
Ist dieser Lebenslauf,
Die Mädchen und die Schulden
Zehren den Prinzen auf.«

Der König drauf mit Lachen:
»Dank schön, ich wußt es schon;
Es gilt ihn kirr zu machen,
Drum: Festungs-Garnison;
Er muß in die Provinzen
Und nicht länger hier verziehn.

Nach Magdeburg mit dem Prinzen
Und nie Urlaub nach Berlin.«

Der Prinz vernimmt die Märe,
Saß eben bei seinem Schatz:
»Nach Magdeburg, auf Ehre,
Das ist ein schlimmer Platz!«
Er meldet sich am Orte,
Und es spricht der General:
»Täglich elf Uhr zum Rapporte
Ein für allemal!«

O Prinz, das will nicht munden,
Doch denkt er: »Sei gescheit,
Volle vierundzwanzig Stunden
Sind eine hübsche Zeit,
Relais, viermal verschnaufen,
Auf dem Sattel Nachtquartier,
Und kann's ein Pferd nicht laufen,
So laufen's ihrer vier.«

Hin fliegt er wie die Schwalben,
Fünf Meilen ist Station,
Vom Braunen auf den Falben,
Das ist die Havel schon,
Vom Rappen auf den Schimmel,
Nun faßt die Sehnsucht ihn,
Drei Meilen noch – hilf Himmel,
Prinz Louis in Berlin.

Gegeben und genommen
Wird einer Stunde Glück,
Dann, flugs wie er gekommen.
Im Fluge geht's zurück,
Elf Uhr am andern Tage
Hält er am alten Ort,
Und mit dem Glockenschlage

Da steht er zum Rapport. -

Das war nur bloßes Reiten,
Doch wer so reiten kann.
Der ist in rechten Zeiten
Auch wohl der rechte Mann;
Schon über Tal und Hügel
Stürmt ostwärts der Koloß, –
Prinz Louis sitzt am Flügel
Im Rudolstädter Schloß.

Es blitzt der Saal von Kerzen,
Zwölf Lichter um ihn stehn,
Nacht ist's in seinem Herzen
Und Nacht nur kann er sehn.
Die Töne schwellen, rauschen,
Es klingt wie Lieb und Haß,
Die Damen stehn und lauschen.
Und was er spielt ist das:

»Zu spät zu Kampf und Beten,
Der Feinde Rosses-Huf
Wird über Nacht zertreten,
Was ein Jahrhundert schuf.
Ich seh es fallen, enden.
Und wie alles zusammenbricht.
Ich kann den Tag nicht wenden.
Aber leben will ich ihn nicht.«

Und als das Wort verklungen,
Rollt Donner schon der Schlacht,
Er hat sich aufgeschwungen.
Und sein Herze noch einmal lacht.
Vorauf den andern allen
Er stolz zusammenbrach,
Prinz Louis war gefallen
Und Preußen fiel – ihm nach.

^ *Prinz Louis-Ferdinand von Preußen*
  Pastellgemälde

KRIEGSTAGEBUCH DES PRINZEN LOUIS FERDINAND VON PREUSSEN AUS DEM JAHR 1806

Mitgeteilt von Ernst Berner

Es ist nicht ein Stück von durchschlagender politischer Bedeutung für die Geschichte des Jahres 1806, auch wohl nicht ein Stück, das für die Erkenntnis der militärischen Entschlüsse von wesentlicher Wichtigkeit wäre, das wir hier dem Leser vorlegen. Und doch ist es ein Stück, das für den preußischen Vaterlandsfreund einen eigenartigen Wert hat: das Tagebuch, das Prinz Louis-Ferdinand von Preußen geführt hat von dem Moment an, da er endlich in die kriegerische Aktion gegen Napoleon treten durfte, um Rache für die Beschimpfungen der preußischen Ehre zu nehmen, bis wenige Tage bevor er den Tod für das Vaterland bei Saalfeld fand.

Mehrfach ist die politische Lage geschildert worden. Man weiß, wie Napoleon den preußischen Staat mit Unglimpf überschüttete, und wie man doch in Berlin, vielleicht nicht ganz mit Unrecht, es für nötig hielt, den Krieg noch aufzuschieben, während England, Oesterreich und Rußland mitten im Feuer waren, und wie man endlich beinahe wider den eigenen Willen in den Kampf hineingezogen wurde und ihn nunmehr allein und ohne Bundesgenossen bestehen mußte.

Gewiß hatte sich schon in den letzten Jahren König Friedrichs eine Art öffentlicher Meinung gebildet, die insbesondere über die herangezogenen Franzosen und die Regie immer heftiger schalt, aber sie begnügte sich die Faust in der Tasche zu machen, und über ein fruchtloses Räsonnieren ist sie nicht hinausgekommen.

Jetzt indessen bildete sich eine Opposition, die um so bemerkenswerter ist, als sie sich gerade unter den dem Throne am nächsten stehenden Personen zeigte, unter den Prinzen des königlichen Hauses, Ministern und Generalen. Das Vaterland war in Gefahr, und man kam in Berlin zu keinem Entschluß. Da bildete sich eine Opposition, die die Ursache alles Uebels recht zu erkennen glaubte, und die nach Betätigung drang. Sie war bereit, sich in Taten umzusetzen und bis zum Throne vorzudringen. Allzulang schon hatte die Friedensseligkeit den Patrioten gedauert, und allzu schwer hatte die Last auf ihrem Gewissen gelegen, um die Rettung der preußischen Waffenehre und die Erhaltung des Staates Friedrichs nicht mit allen Mitteln, selbst den ungewöhnlichsten und selbst den nicht einwandfreien zu versuchen. Wie hätte nicht vor allem Prinz Louis-Ferdinand davon ergriffen sein sollen, er der nach allzu stürmisch genossener Jugend jetzt zur vollen Männlichkeit herangereift war! Aus der Wildheit der Sturm- und Drangperiode, die er wie andere Große durchlebt, hatte er sich ungebrochenen Geistes emporgeschwungen zu ernstem Willen, und sein ungestillter Tatendurst, aufgestachelt durch die Verzweiflung über die Lage des Vaterlandes, erkannte mit den tüchtigsten Generalen, mit den hervorragendsten Staatsmännern im Krieg das einzige Mittel zur Rettung. »Groß und schön wie Apollo«, der preußische Alcibiades, der schönste Kriegsgott, wie ihn besonnene Männer schildern, war der erkorene Liebling der Frauen nicht nur der Abgott des Heeres, sondern zugleich die Hoffnung der Patrioten geworden. Verschwenderisch hatte ihn die Natur mit allen Vorzügen des Körpers und mehr noch des Geistes ausgestattet, er selber hatte jetzt die ihm verliehenen Gaben durch eigene Kraft in Zucht genommen und dem beweglichen, schwungvollen Geist Ziel und Richtung gegeben. Mit freudigem Erstaunen sehen die Zeitgenossen in ihm den wiedererstandenen Friedrich, und Friedrichs würdig zu leben und zu sterben, war sein Entschluß. Den aber hatte er gefaßt nicht in leicht aufflackernder Begeisterung, noch weniger in stolzer Ueberschätzung der unüberwindlichen Armee Friedrichs, sondern in höchster Bedrängnis des heißen Herzens, das den Untergang des Vaterlandes im voraus fühlte und mit dem energischen und kraftvollen Bewußtsein

^ *Friedrich Ludwig Christian,*
genannt Louis Ferdinand, Prinz von Preußen
Ölgemälde

der sicheren Ausführung. Das war im Dezember des Jahres vorher gewesen, als Napoleon bis nach Wien vorgedrungen war und man hoffen durfte, mit ihm die Waffen zu kreuzen, da hatte er sich mit Blücher und Rüchel das Wort, ein »feierliches, männliches Wort« gegeben, das gewiß gehalten werden sollte, bestimmt das Leben daranzusetzen und diesen Kampf, wo Ruhm und hohe Ehre uns erwarte oder politische Freiheit und liberale Idee auf lange erstickt und zernichtet wäre, wenn er unglücklich wäre, nicht zu überleben.

Nicht lange darauf (Dezember 1805) schrieb er jene beiden Briefe[56], die, wie man bemerkt hat, zu den schönsten gehören, die

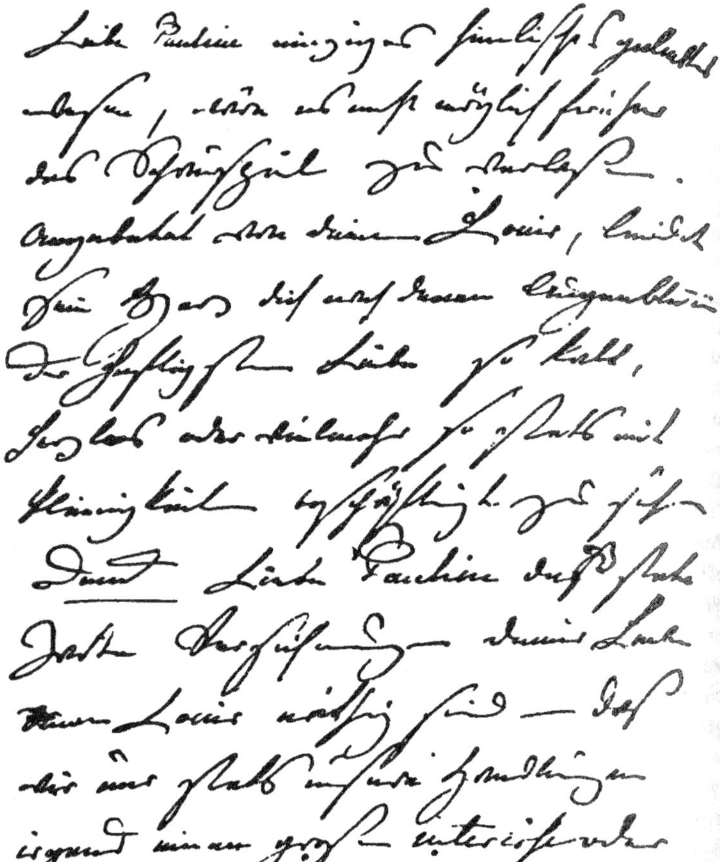

^ *Undatierter Brief Louis Ferdinands an Pauline Wiesel*

je ein Hohenzoller geschrieben hat. Voll Feuer und Leidenschaft klagt er die widerspruchvollste Mischung der verschiedenen Stimmungen und jene unentschlossene Politik in Berlin an, die den Krieg nicht wolle und ängstlich überall herumtaste. Mit sicherem Prophetenblick sah er voraus, daß Preußen, verspottet von Napoleon, demnächst doch den Krieg, dann aber ohne Bundesgenossen werde führen müssen. Ueberhäuft mit Verdrießlichkeiten und Demütigungen werde Preußen einem Zustande verfallen, in dem seine Armee herabgewürdigt wird und die Federn der Maschine erschlaffen, bis der Augenblick kommt, wo nach Bonapartes Willen die letzte Stunde für den Staat schlägt. Dann wird der Krieg freilich wieder ausbrechen aber unter noch ungünstigeren Aussichten, und einsam, ohne Alliierte, wird Preußen fallen, wie die anderen gefallen sind, ohne daß jemand für das Schicksal des Staates Teilnahme zeigt, dessen feige und schwächliche Politik Europa ins Verderben gestürzt hat. Die Tränen und die Klagen der erbärmlichen und feigen Prediger des Friedens werden die Monarchie Friedrichs nicht retten, und wenn jetzt die Aussichten noch günstiger sind, wenn der Geist der Armee ausgezeichnet und der größte Teil Deutschlands nur einen Wunsch hegt, wenn jetzt alle Männer von Energie freudig ihr Leben hingeben würden, so wird es dann anders sein, und alle fähigen Männer werden angeekelt und hoffnungslos die Armee verlassen. Der Friede wird uns an die schmachvolle Knechtschaft gewöhnen und wird alles zerstören, was noch von öffentlichem Geiste in Deutschland vorhanden ist. Jetzt müssen wir daher sprechen, jetzt handeln und nicht abwarten, bis Bonaparte seine Truppen geordnet hat. Den Krieg solle man nicht fürchten, oder doch nicht zeigen, daß man ihn fürchte und vor allen Dingen nicht in beständiger Unentschlossenheit leben.

Doch tiefer noch und ernster weiß der Prinz den Hörer zu packen, und wenn wir noch heute Grund zur Klage haben, daß es dem deutschen Volke mangelt an dem stolzen Selbstgefühl des »Civis Romanus sum«, so besaß Prinz Louis diesen nationalen Stolz, dem das Vaterland ein Heiligtum ist, vollauf. An das Gesetz der Römer erinnert er, das bei Todesstrafe jede Verhandlung mit dem Feinde auf römischem Boden verbot, an Friedrich denkt er, der in der höchsten Gefahr doch auf den Frieden verzichtete, weil man ihm Glatz nicht lassen wollte. Nicht eher mag er vom Frieden hören, als bis der Feind, der ja längst im Herzen Deutschlands sich eingenistet hatte, vom Boden des Vaterlandes verjagt war und zurückgeworfen in sein eigenes Land. Schon lange galt er den Franzosen neben Stein und Scharnhorst, neben Rüchel und Blücher, Phull und Schrötter und wie sie alle heißen die Männer, deren Vaterlandsliebe die Demütigung des Staates nicht ertragen mochte, als einer der Vordersten in der Kriegspartei, ja als die Seele im Rate der Königin, die ebenfalls schon damals schwer unter der Lage des Vaterlandes litt. Nun erfuhr er, daß Preußen sogar ein Bündnis mit Frankreich geschlossen, das all seine »glühenden und geheimen Wünsche« vernichtete, da erfüllt sich sein Herz voll Kummer und Bitterkeit, die Uniform und den ganzen verwünschten militärischen Prunk will er ablegen und wieder und wieder zögert er nach Berlin zurückzukehren. Im Mai aber vereinigte er sich mit den genannten Männern und mehreren Prinzen des Hauses zu jener Denkschrift, die im September dem Könige überreicht wurde. Die Schäden der Kabinettsregierung wurden offen dargelegt und die Entfernung der Ratgeber des Königs, die in Deutschland und im Auslande alles Vertrauen zur preußischen Politik vernichtet hätten, wurde verlangt. König Friedrich-Wilhelm aber befahl wie den anderen Prinzen so auch dem Prinzen Louis sich zur Armee zu begeben. Denn trotz aller Bemühungen, den Frieden zu erhalten, war der Krieg nun doch so nahe gerückt, daß an ein Ausweichen nicht mehr zu denken war. Ein Ultimatum war Napoleon vorgelegt mit recht bescheidenen Forderungen, aber gerade die Bescheidenheit der Forderungen machte ihre Ablehnung nur um so wahrscheinlicher.

Wir haben geglaubt, an diese wesentlich durch P. Bailleu[57] ermittelten und dargestellten Dinge hier erinnern zu sollen, weil das unten folgende Tagebuch die ganze temperamentvolle Eigenart und den stürmischen Geist des Prinzen nicht erkennen läßt, sondern mit seiner ruhigen sachlichen, sogar etwas nüchternen Art in unerwartetem Gegensatz zu stehen scheint zu der überquellenden Natur des Prinzen, die sich alle Herzen zu eigen

^ *Tod des Prinzen Louis Ferdinand von Preußen bei Saalfeld am 10. Oktober 1806, von Couché und Pigeot nach Swebach*

machte. Um so größer ist der Gewinn, den wir für den Charakter und den Geist des Prinzen aus ihm ziehen. Gerade diese sachliche Ruhe, die zwar nichts von der Hoffnungslosigkeit, mit der er von der Königin Abschied genommen hatte, aber auch nichts von Siegesgewißheit, am wenigsten von jenem Uebermut zeigt, der die preußische Armee nach alter Legende beseelt haben soll, läßt uns erkennen, wie der Prinz Gewalt über sich selbst bekommen hat, wie er nun, da es zum Handeln kommt, kalt, klar und verständig abwägt. Ohne Spur von Leidenschaft ist es allemal der seiner Verantwortlichkeit bewusste General, der seine durch die Bewegungen der eigenen und der feindlichen Truppen hervorgerufenen Ueberlegungen anstellt und seine Notizen darüber aufschreibt.

Vom 28. September an, da er von Dresden her kommend in Chemnitz bei der Armee eingetroffen war, bis zum Linksabmarsch der Armee, der wenige Tage darauf zum Tode des Prinzen bei Saalfeld führte, verzeichnet er der Hauptsache nach die ihm als Führer der Avantgarde des Fürsten Hohenlohe zugeteilten Marschbefehle und gibt dazu einige militärische Räsonnements, in denen er Kritik an den Befehlen übt, aber in sehr bescheidenem Ton und ganz nüchtern und besonnen

135

Vorteile und Nachteile erörtert, die der Marsch auf diesem oder jenem Wege bietet. Indem wir aber das Tagebuch zur Hand nehmen, kommt es uns noch deutlicher zum Bewußtsein, was wir freilich auch sonst wissen, dass der Prinz zu keiner der vielfachen Beratungen zugezogen wird, die so zahlreich und mit so widersprechendem Resultat über die Aufstellung der Armee und über ihre Bewegungen gepflogen wurden, weder in Berlin, noch in Naumburg, noch selbst in Erfurt hat man es für nötig befunden, den Prinzen zuzuziehen. Man schickte ihm die Befehle zu, nach seinem Urteil hat man nicht gefragt. Doch entsprach das wohl nicht nur der Abneigung des Königs gegen den Prinzen, als schließlich auch den nun einmal vorliegenden tatsächlichen Verhältnissen. Diesen entspricht es wohl auch, daß wir von eigenen Absichten oder gar von selbständiger Initiative des Prinzen hier nichts erfahren. Für sie war unter Verhältnissen, wie sie uns Scharnhorst schildert in dem berühmt gewordenen Wort »Was man thun müßte, das weiß ich wohl, was man thun wird, das wissen die Götter«, kein Raum in jenen Tagen der Ungewißheit und der Schwankungen, da die alte politische Unentschlossenheit nun auch auf das militärische Gebiet übertragen war. Der Gedanke Scharnhorsts mag wohl auch in der Seele des Prinzen geklungen haben, der überdies, wie man weiß und wie auch dieses Tagebuch zeigt, vom Feinde selbst nur ganz ungenügende Nachrichten hatte.

Nur einmal bricht der Zorn des Prinzen über die Kriegführung und über die allgemeine Lage in etwas lebhafterem Ton durch. Indem er bemerkt, daß eine an sich vielleicht richtige Rückwärtsbewegung nachteilig auf Geist und Ansicht der Armee wirken kann, glaubt er doch all seine Besorgnisse zurückstellen zu können, wenn er nur nicht sicher wäre, daß Geist und Energie bei uns nicht von oben kommen, sondern alles nur das dürftige Resultat des Willens gewisser Leute sei, der Gewalt der Umstände und des Kriegergeistes, der in der Armee herrscht. Schon würden überall die Uebel empfunden, die die Schwäche der Regierung oder vielmehr des Geistes, der im Kabinett herrsche, hervorrufe. Der Wunsch nach Frieden, der diese Menschen zu allem bringe, teile sich nur zu sehr schon den untergeordneten Stellen mit. Sei ja doch der Krieg weniger ein Erzeugnis des Willens als die Folge des Hinzerrens, das Resultat einmal ergriffener Maßregeln, die notwendig andere hervorrufen mußten. So sei es gekommen, daß man nichts vorbedacht, nichts berechnet, sondern halbe Maßregeln ergriffen und von kleinlichen Gesichtspunkten ausgehend eine engherzige Sparsamkeit geübt hätte, die nun dahin geführt habe, daß uns am Tage vor der Schlacht eine Reserve-Artillerie und beinahe alle Lazarette fehlen. Also werde der gute Geist vernichtet. –

Doch die Natur des Prinzen war viel zu kräftig und zu gesund, als daß seinen Geist das hätte beugen können. »Sagen Sie ihm, daß ich ganz auf ihn baue«, so hatte die Königin ihm als Abschiedsgruß zurufen lassen, und er selber war geschieden mit dem festen Entschluß, sein Blut für das Vaterland zu vergießen. Er hat sein Wort gehalten, und sein Tod hat der Mitwelt deutlich gemacht, was das Vaterland von ihm hätte erwarten dürfen, wenn ihn das Geschick die Tage der Erhebung, die Tage der Scharnhorst, Gneisenau, Blücher hätte erleben lassen.

^ *Prinz Louis Ferdinand von Preußen*
Oelgemälde

Du 28 à Chemnitz.

Le 28 arrivé à Chemnitz, j'ai été instruit des aperçus militaires, d' après lesquels notre armée se portera plus à droite; on a formé un corps a la gauche sous Mr. de Tauentzien d'après l'ordre de bataille cijoint. Ce corps restera du côté de Hoff, pour faire des démonstrations et attirer l' attention de ce côté. Le 4 ou le 5 l'avantgarde se formera du côté d'Orlamunde. L'intention du prince [Hohenlohe] paraît être de la tenir toujours à une marche de l'armée. On marchera en suite dans la direction de Hildbourgshausen, et je pourrais être le 10 ou le 11 à Roemhild, vis-à-vis de Königshofen, petite forteresse danse le pays de Wurzbourg que l'on tâche de mettre en état et de renforcer. Les Français s'assemblent à Bamberg, le général Le Fèbvre à Schweinfourt. Le général Rüchel sera en même temps à la hauteur de Hunfeld et l'avantgarde de l'armée du roi qui passera le Thuringerwald en quatre colonnes sera à la hauteur de Massfeld en avant de Meiningen – le général Blücher près de Goettingen, le général Wedel à Paderborn, le général Le Coq à Lengerich et un détachement à Osnabruck.

Considérations militaires.

J'aurais désiré que l'on ne se poste point tant à droite, d'abord puisque prenant plus à gauche nous aurions été à portée de secourir Tauentzien, si peut-être les Français, sans attendre d'avantage, se portent sur lui. D'un autre côté, en se portant trop en masse du côté droit, nous déclarerons trop tôt le but stratégique, et les Français ne nous attendront que derrière le Main, ou bien réuniront les troupes du Haut-Palatinat, les corps de Bernadotte [et de] Sould pour se porter par Bamberg, Coulmbach sur notre flanc droit ou pour culbuter Tauentzien.

Nouvelles Politiques.

I. La Forêt[58] a demandé ses passeports.

2. Déclaration du roi aux envoyés de la Confédération Rhénane qu'il ne l'est pas en guerre avec eux.

3. La Hesse paraît encore vacillante, [ils] ont cependant réuni 16 000 d'infantérie et 800 chevaux.

4. (fehlt)

5. Les Russes marchent en Pologne, on dit qu'il y a 15 vaisseaux de transport partis de Cronstadt.

6. Arrêtation du juif Ephraim.

7. Le Moniteur commence à prendre un langage plus décidé contre nous, et la guerre est sûre.

8. Napoléon attendu à Francfort.[59]

29 de septembre.

Arrivée à Penig.

La nuit il vint une estafette du général Tauentzien qui porta la nouvelle que les Français avaient occupé avec 300 hommes les 4 baillages près de Nuremberg et par là intercepté toute espèce de communication avec le Bayreuther Oberland. Les troupes françaises ont ordre d'être prêtes de marcher au premier appel. Le général Maison, chef de l'état-major de l'armée du maréchal Bernadotte a fait une reconnaissance vers Coulmbach. Ceci joint aux informations que l'on a près du côté des Français sur les chemins qui mènent vers la Saxe prouve qu'ils ne tarderont guère d'entreprendre quelque chose de ce côté-là. On dit[60] qu'ils marcheront sur trois colonnes, celle de droite par Kemnat, Gefrees, Munchberg sur Plauen ou Adorf, l'autre sur Baireuth et celle[61] de Bamberg sur Coulmbach à ...[62]

Je ne regarde pas ce mouvement comme dangereux, et au contraire je le crois désirable, surtout si le général Tauentzien en avertit à temps et s'il a le bon esprit d'éviter toute espèce d'engagement sérieux, puisqu'alors l'armée de Hohenlohe en tournant à gauche la tête de ses colonnes sera à même de se porter à dos et sur le flanc de l'armée française, tandis que toute l'armée du roi ou selon le besoin 3 ou 4 divisions passeraient derrière l'armée de Hohenlohe pour se porter sur Altenbourg ou Zwickau et que toujours nous sommes à même d'attaquer cette armée en nombre supérieur.

Le prince aurait désiré se saisir des défilés de Lobenstein et de Hoff, pousser le corps de Tauentzien jusqu'à Creussen, en se reservant les chaussées qui viennent d'Amberg et de Nuremberg, pousser mon avantgarde vers Coulmbach, et après avoir aussi menacé la droite de l'armée de Bernadotte, se porter rapidement par Cobourg dans la direction de Schweinfourt pour être à même de se joindre et de coopérer aux opérations de l'armée du roi.

Il me paraît difficile de juger quel de ces mouvements serait le meilleur. Celui que l'on entreprend dans ce moment-ci me paraît plus avantageux en ce qu'il se dérobe plus au jugement de l'ennemi. L'autre paraît moins exposer le corps de Tauentzien. Mais aussi l'idée de ne rien exposer et tout garder n'a été que trop souvent très fatale à ceux qui l'ont suivie. Ce qui pourrait être dans ce moment-ci une raison de craindre même le moindre échec ou un mouvement rétrograde, c'est l'effet qui pourrait en résulter sur l'esprit de l'armée et sur l'opinion. Tout cela serait moins à craindre, s'il n'était [pas] sûr que chez nous l'esprit et l'énergie ne vient pas d'en haut, mais qu'elle est le produit mince de la volonté des gens à saluer(?), de l'urgence des circonstances et de l'esprit guerrier de l'armée. Les maux qui naissent de la faiblesse du gouvernement ou plutôt de l'esprit du cabinet se font sentir déjà partout. Le désir de la paix qui les portait à tout entraver ne s'est que trop communiqué aux sousordres. La guerre a été moins une affaire de volonté qu'elle n'est l'effet de l'entraînement, le résultat des mesures une fois prises qui en ont nécessité d'autres. Voilà pourquoi rien n'a été prévu, rien calculé, et pour cela beaucoup de demi-mesures, prises de petites vues, de petites économies et qu'à la veille de nous battre nous manquons de la seconde mobilisation de l'artillerie et que nous n'avons qu'une ambulance pour 200 blessés ou malades. Voilà comme on détruit le bon esprit. Même bêtise pour d'autre apparence. On ne parle ni aux peuples, ni à l'armée, tandisque nos ennemis ne négligeront certes aucun moyen.

Le 30, quartier général d'Altenbourg.

L'armée de Bernadotte se rassemble près de Nuremberg et se portera de là sur Bamberg, ils ne peuvent être cependant rassemblés que le 27. J'envoie une lettre du roi à l'Electeur pour le déterminer à faire agir ses troupes offensivement avec les nôtres. Cette mesure est tardive et aurait du se prendre plutôt. La lettre même était bonne, résolue et franche.

Le 1er Octobre, quartier général à Gera.

Nouvelles de toutes parts. Rassemblement des Français. Il paraît même qu'ils tâchent de nous primer dans l'occupation des défilés du Thuringer Wald. [Ils] ont occupé Coulmbach avec 400 hommes, le régiment Ruz de Chamborem (?) y est rassemblé, [ils] ont demandé le passage de 10 000 hommes par Bareuth, on dit 30 000 hommes rassemblés à Schweinfourt. L'on prétend que Bernadotte a poussé ou poussera 16 000 hommes sur Cronach, qu'à Cobourg il y a quartier commandé pour 2 000 hommes, ainsi à Meiningen, Hildbourghausen etc. Les troupes françaises sur les derrières se sont réunies, la division Gudin qui était dans le pays de Hohenlohe fut portée par Ellwangen etc. dans le pays d'Ansbach.

Nous marchons toujours dans des cantonnements gras, sans qu'il y ait une division formée (?) dans les cantonnements ou une subdivision qui mettra à même de réunir une certaine quantité de troupes. Pouvant facilement nous attendre que les ennemis prendraient l'initiative de la guerre, qu'ils feraient un mouvement sur la gauche, toutes les nouvelles que nous apprenons semblent nous étonner, tandisque nous pouvons nous féliciter déjà d'avoir atteint le point auquel nous sommes parvenus. Le Prince a un petit caractère, son pays d'Hohenlohe, ses relations avec les généraux français, les plattes lettres de ses gens de confiance, d'un misérable Stettin (?), celles de Md. Gudin, femme du général français, de Md. [65] qui écrivait à sa. Sœur dans un style plat et flagorneur [65] ses petites indécisions, ses humeurs font craindre les grandes circonstances. Tout cela se lit dans un mauvais accent avec les titres différés à haute voix.[64]

Les nouvelles de Tauentzien arrivent.

Les Français ont des régiments d'infanterie à Coulmbach et un de hussards. Le quartier général de Berthier sera à Nordheim.

J'ai lu des rapports de nouvelles par un nommé [65] qui paraît bien content qu'on l'a employé, qui sera utile encore et qui a la meilleure vue de se faire pendre.

Cependant le temps passe. Les coups importants doivent se frapper en peu de temps. Notre aperçu encore serait que les Français porteront des détachements sur la gauche de leur armée pour frapper de grands coups en Westphalie.

De la célérité dont il le faut.

Je brûle d'impatience de pouvoir revoir (?) mon avantgarde. Cet état d'apparente activité sans moyen réel d'agir est désespérant.

Le 2,3,4,5 à Jena.

Cette stagnation dans notre marche à été la suite nécessaire de la conversion que l'armée de Hohenlohe a été obligée de faire et du développement de l'armée du roi qui a pris trop à gauche en partant de ses cantonnements près de Naumbourg et dont les colonnes nous ont croisés. Toute fois l'opération projetée ne souffrira aucune espèce de retard. Toutes les nouvelles rassemblées pendant notre séjour ici paraissent indiquer que les Français rassemblent toutes les troupes qu'ils peuvent sur les points de Bamberg, Schweinfourt et Koenigshofen , et qu'ils tâcheront de se saisir des débouchés du Thuringer Wald avant nous, soit qu'il entre dans leurs vues de masquer les opérations qu'ils ne tarderont pas d'entreprendre sur la Hesse et notre flanc droit, soit qu'ils veulent s'en rendre maître pour gagner encore plus de temps et augmenter les difficultés que déjà nous éprouverons au passage du Thuringer Wald, ou bien pour être à mesure de prendre l'offensive dès qu'ils le jugeront à propos.

Le Thuringer Wald qui près d'Eisenach se traverse facilement dans l'espace de trois heures, plus au milieu vers Gotha à Schmalkalden et Meiningen dans une marche, s'élargit à mesure qu'il se rapproche du pays de Bamberg et de Bayreuth de sorte que d'Ilmenau à Schleusingen et Hildbourgshausen il faut deux marches pour le passer.

Tout le terrain jusqu'à la vallée de la Werra est montueux et boisé, le sol dans toute la partie qui se trouve entre la Gera, la Schwartza, l'Ilm et la Haslach est argilleux et sous cette couche d'argile des couches d'ardoise – ce qui fait que les pluies rendent facilement les chemins impraticables. Il n'en est pas de même dans la partie de ces montagnes qui se trouvent du côté d'Eisenach, Schmalkalden et Meiningen, les chemins y sont plus fermes, et le sol moins sujet à se gâter. Le caractère des montagnes mêmes sont moins des élévations réelles, que des vallées âpres et boisées qui ont beaucoup d'affinité avec le Erzgebirge. Les chemins qui passent les montagnes du Thuringer Wald.

Le 1ier.

La grande route sur Francfort par Erfort, Gotha, Eisenach, qui se partage près de Gotha, où un second chemin passant par Altenstein, Alten-Breitungen entre dans la vallée de la Werra et mène à Meiningen.

Le 2 de Gotha, par Tambach à Schmalkalden.

Le 3 d'Erfort par Arnstadt, Oberhoff, Benshausen, Meiningen.

Le 4 par Arnstadt, Ilmenau, Frauenwald à Schleusingen.

La route de Stadt Ilm retombe près d'Ilmenau dans le chemin qui d'Arnstadt mène sur Schleusingen.

Le 5 de Roudolstadt par Blankenbourg, Königssee, Kahlert, Waldau à Hildbourghausen.

Le 6 de Saalfeld, Graefental, Judenbach, Neustadt à Cobourg.

Un chemin encore sous le nom du Rennsteig, se prolongeant sur la cime des montagnes, va d'Oberhoff à Kahlert-Limbach à Gràfental. Le point de Kahlert est intéressant, puisque plusieurs chemins s'y rencontrent et que de la route marquée N:5 il y a un chemin praticable pour l'artillerie légère et un charroi qui ne serait pas trop pesant qui part de Kahlert et aboutit par Eisfeld à Cobourg.

La route marquée N:3 d'Erfort par Oberhoff à Meiningen se partage par Oberhoff et passant par Souhla, Themar, Roemhild va à Koenigshofen. Ce chemin est à considérer comme un des plus praticables, les forges et fabriques d'armes de Souhla rendent le passage fréquent.

La route N:2 de Gotha Schmalkalden se partage également près de Tambach et va par Steinbach, Schwartza à Meiningen.

Les cimes principales sont le Inselsberg près de Rouhla, le Schneekopf près de Oberhoff et le Bourzellberg près de Kahlert.

Entre les montagnes du Thuringer Wald et la vallée de la Werra la Schwartza, la Schleuse, la Nessel – que je nomme ainsi à cause de sa naissance près de Nesselhof – forment une vallée intermédiaire et les montagnes une espèce de groupe secondaire, dont le Dolmarberg près de Meiningen est la cime la plus élevée. Toutes les routes se joignent dans la vallée de la Werra et c'est même la haute communication facile et que l'on puisse employer pour le charroi et l'artillerie. Cette route va d'Eisenach, Meiningen, Hildbourghausen à Cobourg.

Le 6.

Mr. de Massenbach revient enfin du quartier général après beaucoup de discussions sur la nécessité de changer de projets, d'après que les Français paraissent s'être rassemblés en force dans la Franconie. Voilà les changements pris et les rassemblements fixés desquels on passera à l'offensive en Franconie ou bien se porterait sur l'armée française, si elle passait le Thuringer Wald. Mr. de Rüchel près de Mulhausen entre là et Eisenach, l'armée du roi sur les hauteurs de Bienstedt entre Gotha et Langensalza, l'avangarde vers Gotha, l'armée du Prince se rassemblera à Hochdorf, mon avantgarde à Stadt Ilm.

On paraît espérer que Bonaparte commencera l'offensive et alors [on] va se préparer à la riposte offensive. Sinon des démonstrations du corps de l'armée de Mr. de Rüchel dans la vallée de la Werra de 6 000 hommes du corps du roi par les routes sur Meiningen, Cobourg, Schmalkalden peuvent fixer l'attention de ce côté, peut-être même retirera-t-on le corps de Tauentzien sur Schleitz pour faire croire plus encore à l'ennemi qu'il est question de marches sur notre droite et de passer le Thuringer Wald. Alors le corps de Rüchel renforcé de 10 000 Hessois sortira du côté de Gotha, tandisque l'armée d'Hohenlohe jointe à celle du roi, par conséquent forte de 90 000 hommes se portera par Crona à Lobenstein sur l'armée française, de là sur Bayreuth, Nuremberg à   65Cette opération moins difficile que le passage du Thuringer Wald aura l'avantage de rendre un succès plus décidé, en ce qu'il déterminera plutôt l'Autriche.

Les nouvelles de Tauentzien constatent que les Français deviennent chaque jour plus nombreux. Napoléon de Wurzbourg a été à Bamberg.

Deutsche Version des Feldzugstagebuchs des Prinzen Louis Ferdinand von Preußen
Die Übersetzung wurde übernommen von:
- Wahl, Hans Dr. (Hrsg.): Prinz Louis Ferdinand von Preußen – Ein Bild seines Lebens in Briefen, Tagebuchblättern und zeitgenössischen Zeugnissen. Gustav Kiepenheuer Verlag. Weimar. 1917. Kapitel VI., Abs. 8., S. 370-379.

den 28. [September 1806] Chemnitz.

Am 28. in Chemnitz angekommen, erhielt ich militärische Übersichten, nach denen sich unsere Armee mehr rechts halten wird, links hat man ein Korps unter Tauentzien nach der anliegenden Ordre de bataille gebildet. Dieses Korps wird bei Hof stehen bleiben, um durch Demonstrationen die Aufmerksamkeit dorthin zu lenken. Am 4. oder 5. [Oktober] wird sich die Avantgarde bei Orlamünde bilden. Es scheint die Absicht des Fürsten [Hohenlohe] zu sein, sie immer in der Entfernung eines Tagesmarsches von der Armee zu halten. Dann wird man auf Hildburghausen zu marschieren und am 10. oder 11. könnte ich in Römhild sein, Königshofen gegenüber, einer kleinen Festung im Würzburgischen, die man instand zu setzen und zu verstärken sucht. Die Franzosen sammeln sich bei Bamberg, General Le Fèvre bei Schweinfurt. General Rüchel wird zu gleicher Zeit auf der Höhe von Hünfeld, und die Avantgarde der königlichen Armee, die den Thüringer Wald in vier Kolonnen durchschreiten wird, auf der Höhe von Maßfeld vor Meiningen sein. – General Blücher bei Göttingen, General Wedel bei Paderborn, General Le Coq bei Lengerich und ein Detachement bei Osnabrück.

Militärische Betrachtungen

Ich hätte gewünscht, daß man sich nicht soweit nach rechts aufstellte, erstens weil, wenn wir uns mehr links hielten, wir die Möglichkeit hätten, Tauentzien zu Hilfe zu eilen, wenn etwa die Franzosen, ohne länger zu zögern, sich auf ihn werfen sollten. Anderseits werden wir dadurch, daß wir uns in zu großer Masse nach rechts wenden, zu früh das strategische Ziel verraten, und die Franzosen werden uns erst hinter dem Main erwarten oder gar die Truppen der Oberpfalz, die Korps von Bernadotte [und] Soult vereinigen, um sich über Bamberg, Kulmbach auf unsere rechte Flanke zu werfen, oder um Tauentzien über den Haufen zu rennen.

Politische Neuigkeiten

1. La Forêt hat seine Pässe gefordert.

2. Erklärung des Königs an die Gesandten des Rheinbundes, daß er sich nicht als mit ihnen im Krieg befindlich betrachte.

3. Hessen scheint noch zu wanken, sie haben indessen 16 000 (Mann) Infanterie und 800 Pferde vereinigt.

4. [fehlt.]

5. Die Russen marschieren auf Polen; man sagt, fünfzehn Transportschiffe seien von Kronstadt abgegangen.

6. Festnahme des Juden Ephraim.

7. Der »Moniteur« fängt an, eine entschiedenere Sprache gegen uns anzunehmen, und der Krieg ist sicher.

8. Napoleon in Frankfurt erwartet.

29, September [1806.]

In Penig angekommen.

In der Nacht kam eine Staffette vom General Tauentzien mit der Nachricht, die Franzosen hätten mit 300 Mann die vier Amtsbezirke bei Nürnberg besetzt und von da aus jede Verbindung mit dem Bayreuther Oberland abgeschnitten.

Die französischen Truppen haben Befehl, beim ersten Appell marschbereit zu sein. General Maison, Chef des Generalstabs des Marschalls Bernadotte, hat eine Rekognoszierung gegen Culmbach unternommen. Dieses, zusammen mit den Informationen, die man von Seiten der Franzosen über die nach Sachsen führenden Straßen hat, beweist, daß sie kaum zögern werden, von dieser Seite etwas zu unternehmen. Es heißt, sie werden in drei Kolonnen marschieren, die rechte von Kemnat, Gefrees, Münchberg über Plauen oder Adorf, die zweite über Bayreuth, die bei Bamberg stehende Armee über Culmbach nach ...

Ich halte diese Bewegung nicht für gefährlich, im Gegenteil für wünschenswert, besonders, wenn General Tauentzien beizeiten davon Kunde gibt, und klug genug ist, jede ernsthaftere Verwickelung zu vermeiden, da dann die Armee Hohenlohes, wenn sie die Spitze ihrer Kolonnen nach links wendet, imstande sein wird, sich der französischen Armee in den Rücken und in die Flanke zu werfen, während die Hauptarmee des Königs, oder nach Bedarf drei oder vier Divisionen, hinter der Armee Hohenlohes vorbeimarschieren könnten, um sich auf Altenburg oder Zwickau zu werfen, so daß wir immer imstande sind, diese Armee in Überzahl anzugreifen.

Der Fürst hätte gewünscht, sich der Engpässe von Lobenstein und Hof zu bemächtigen, das Korps Tauentziens bis nach Kreußen vorzutreiben und sich die von Amberg und Nürnberg kommenden Chausseen freizuhalten, meine Avantgarde gegen Culmbach zu drücken, und, unter gleichzeitiger Bedrohung der rechten Flanke der Bernadotteschen Armee, sich schnell von Coburg in der Richtung gegen Schweinfurt zu werfen, um imstande zu sein, sich mit der Armee des Königs zu vereinigen und bei ihren Unternehmungen mitzuwirken.

Es scheint mir schwierig, zu beurteilen, welche dieser Bewegungen die bessere wäre. Diejenige, die man in diesem Augenblick unternimmt, scheint mir vorteilhafter, weil sie sich mehr der Beurteilung des Feindes entzieht. Die andere scheint das Korps Tauentziens weniger bloßzustellen.

Doch auch der Gedanke, nichts preiszugeben und alles zu bewahren, ist denen nur zu oft höchst verhängnisvoll geworden, die ihn befolgt haben. Was in diesem Augenblicke ein Grund sein könnte, selbst die kleinste Schlappe oder eine Rückzugsbewegung zu fürchten, ist die Wirkung, die davon auf den Geist und die Meinung der Armee ausgehen könnte. Alles das würde weniger zu fürchten sein, wenn es nicht sicher wäre, daß bei uns Geist und Energie nicht von oben kommen, sondern daß sie das dürftige Willensprodukt besoldeter Leute, der Dringlichkeit der Umstände und des kriegerischen Geistes der Armee sind. Die Übel, die aus der Schwäche der Regierung oder vielmehr aus dem Geist des Kabinetts entstehen, machen sich bereits überall bemerkbar. Der Wunsch nach Frieden, der sie antrieb, alles zu hemmen, hat sich nur zu sehr den Untergebenen mitgeteilt. Der Krieg war weniger eine Sache des Willens, als die Wirkung des Hingerissenseins, das Ergebnis einmal getroffener Maßregeln, denen andere folgen müssen. Darum also wurde nicht vorgesorgt, nichts berechnet, und daher viele halbe Maßregeln, mit kleinen Gesichtspunkten, kleinlichen Knausereien; daher kommt es, daß, im Augenblick des Losschlagens, es bei der zweiten Mobilmachung der Artillerie hapert, und wir nur eine Ambulanz für 200 Verwundete oder Kranke haben. So zerstört man den guten Geist. Dieselbe Dummheit um eines falschen Scheines willen. Man redet weder zum Volke noch zur Armee, während unsere Freunde sicherlich kein Mittel versäumen werden.

den 30. [September 1806], Hauptquartier Altenburg

Die Armee Bernadottes zieht sich bei Nürnberg zusammen und wird sich von da auf Bamberg werfen, sie können jedoch nicht vor dem 27. versammelt sein. Ich schicke einen Brief des Königs an den Kurfürsten, um ihn zu bestimmen, seine Truppen zur Offensive mit den unseren zu vereinen. Diese Maßregel ist verspätet und hätte früher getroffen werden müssen. Der Brief selbst war gut, entschlossen und offen.

den 1. Oktober [1806], Hauptquartier Gera

Von allen Seiten Neuigkeiten. Zusammenziehen der Franzosen. Es scheint sogar, daß sie versuchen, uns bei der Besetzung der Pässe des Thüringer Waldes zuvorzukommen. Sie haben Culmbach mit 400 Mann besetzt, das Regiment Ruz von Chamborem [?] ist dort versammelt, sie haben Durchmarsch von 10 000 Mann durch Bayreuth, verlangt, 30 000 Mann sollen bei Schweinfurth stehen. Es wird behauptet, daß Bernadotte 16 000 Mann auf Kronach geworfen hat oder werfen wird, daß er in Coburg Quartier für 2 000 Mann verlangt hat, ebenso in Meiningen, Hildburghausen usw. Die französischen Nachhuttruppen haben sich vereinigt, die Division Gudin, die im Hohenlohischen war, wurde über Ellwangen usw. ins Ansbachische gebracht.

Wir marschieren immer in engen Kantonnements, ohne geschlossene Divisionen oder Unterabteilungen, die es ermöglichten, eine gewisse Anzahl von Truppen zusammen-zuschließen. Trotzdem wir leicht gewärtig sein können, daß die Feinde die Initiative ergreifen, indem sie auf der Linken eine Bewegung machen, scheinen dennoch alle einlaufenden Nachrichten uns zu verwundern, während wir uns doch beglückwünschen können, schon den Punkt erreicht zu haben, bei dem wir angelangt sind.

Der Fürst hat geringe Charakterstärke, sein Land Hohenlohe, seine Beziehungen zu den französischen Generälen, die platten Briefe seiner Vertrauensleute, eines miserablen Stettin [?], der Md. Gudin, der Gattin des französischen Generals, der Md. ..., die ihrer Schwester auf gemeine und ohrenbläserische. Art schrieb, seine eignen kleinen Unentschlossenheiten, seine Launen, lassen große Umstände befürchten ...

Die Nachrichten von Tauentzien treffen ein. Die Franzosen haben Infanterieregimenter und ein Husarenregiment bei Culmbach. Das Hauptlager von Berthier wird in Nordheim sein.

Ich habe die Berichte von Neuigkeiten eines gewissen... gelesen, der sehr zufrieden zu sein schien, daß man ihn gebraucht hat, der noch von Nutzen sein wird, und der die beste Aussicht hat, gehängt zu werden. Indessen vergeht die Zeit. Wichtige Schläge müssen in kurzem fallen. Unsere Meinung wäre noch, daß die Franzosen Abteilungen auf die Linke ihrer Armee herüber werfen werden, um in Westfalen große Schläge zu tun.

Ich brenne vor Ungeduld, meine Avantgarde wiedersehen zu können. Dieser Zustand scheinbarer Tätigkeit, ohne wirkliche Möglichkeit zu handeln, ist zum Verzweifeln.

den 2., 3., 4., 5. [Oktober 1806] in Jena.

Dieser Stillstand auf unserem Marsch war die notwendige Folge der Umgruppierung, die die Armee Hohenlohe zu machen gezwungen war, und der Entfaltung der Armee des Königs, die sich beim Verlassen Ihrer Kantonnements bei Naumburg zu weit nach links gehalten bat, und deren Kolonnen uns gekreuzt haben. Jedoch wird die geplante Operation keinerlei Verzögerung erleiden. Alle während unseres hiesigen Aufenthaltes eingegangenen Nachrichten scheinen zu zeigen, daß die Franzosen soviel Truppen als möglich an den Punkten Bamberg, Schweinfurt, Königshofen zusammenziehen, und daß sie versuchen werden, die Ausgänge des Thüringer Waldes vor uns zu erreichen, entweder in der Absicht, die Operationen zu verhüllen, die sie sofort gegen Hessen und unsere rechte Flanke unternehmen werden, oder um sie in ihren Besitz zu bringen, um noch mehr Zeit zu gewinnen, und die Schwierigkeiten, die wir schon beim

Durchschreiten des Thüringer Waldes erfahren werden, zu vermehren, oder auch, um imstande zu sein, die Offensive zu ergreifen, sobald sie es für richtig halten. Der Thüringer Wald, den man bei Eisenach leicht innerhalb drei Stunden durchquert, mehr in der Mitte von Gotha nach Schmalkalden und Meiningen in einem Tagesmarsch, erweitert sich, bis er sich dem Gebiete von Bamberg und Bayreuth nähert, so, daß man von Ilmenau nach Schleusingen und Hildburghausen zwei Tagemärsche braucht, um ihn zu durchschreiten. Das ganze Gebiet bis zum Werratal ist bergig und waldig, das Erdreich in dem ganzen Teil zwischen der Gera, Schwarza, Ilm und Hasbach ist tonig, und unter dieser Tonlage sind Schieferschichten – woraus folgt, daß Regen die Wege leicht unbenutzbar macht. Mit dem Teil dieser Berge, die sich nach Eisenach, Schmalkalden und Meiningen zu befinden, verhält es sich anders, die Wege sind dort viel fester, und der Boden weniger geneigt, aufzuweichen. Die Berge selbst sind weniger wirkliche Erhebungen als rauhe und waldige Täler, die starke Ähnlichkeit mit dem Erzgebirge haben. Die Routen, die durch den Thüringer Wald gehen, sind:

Die erste: Die große Straße nach Frankfurt über Erfurt, Gotha und Eisenach, die sich bei Gotha teilt, wo ein zweiter Weg an Altenstein und Altenbreitungen vorbei, in das Werratal eintritt und nach Meiningen führt.

Die zweite von Gotha über Tambach nach Schmalkalden.

Die dritte von Erfurt über Arnstadt, Oberhof, Benshäusen und Meiningen.

Die vierte über Arnstadt, Ilmenau, Frauenwald nach Schleusingen.

Die Straße von Stadt-Ilm läuft bei Ilmenau mit dem Weg zusammen, der von Arnstadt über Schleusingen führt.

Die fünfte von Rudolfstadt über Blankenburg, Königsee, Kahlert, Waldau nach Hildburghausen.

Die sechste von Saalfeld über Gräfenthal, Judenbach, Neustadt nach Coburg.

Noch ein Weg, Rennsteig genannt, der über den Gipfel der Berge hinläuft, geht von Oberhof nach Kahlert — Limbach und Gräfenthal. Der Punkt von Kahlert ist interessant, weil mehrere

Wege dort zusammentreffen, und weil von der Route Nr. 5 ein Weg abgeht, der für leichte Artillerie und einen nicht zu schweren Train befahrbar ist, der von Kahlert ausgeht und über Eisfeld nach Coburg lauft.

Die Route Nr. 3 von Erfurt über Oberhof nach Meiningen teilt sich bei Oberhof und geht, bei Suhl, Themar, Römhild vorbei, nach Königshofen. Dieser Weg ist als einer der brauchbarsten anzusehen, da er wegen der Schmieden und Waffenfabriken in Suhl viel begangen wird.

Die Route Nr. 2 von Gotha nach Schmalkalden teilt sich gleichmäßig bei Tambach und geht über Steinbach, Schwarza nach Meiningen.

Die Haupterhebungen sind der Inselsberg bei Ruhla, der Schneekopf bei Oberhof und der Burzelberg bei Kahlert.

Zwischen den Bergen des Thüringer Waldes und dem Werratal bilden Schwarza, Schleuse, Nessel – die ich so nach ihrer Quelle bei Nesselhof nenne – ein Zwischental, und die Berge eine Art von Sondergruppe, in der der Dolmar bei Meiningen der höchste Berg ist. Alle Straßen vereinigen sich im Werratal, und selbst der Höhenweg ist leicht und für Train und leichte Artillerie benutzbar. Dieser Weg geht von Eisenach, Hildburghausen nach Coburg.

[Jena,] den 6. Oktober [1806.]

Herr von Massenbach kommt endlich aus dem Hauptquartier zurück mit vielen Diskussionen über die Notwendigkeit, die Pläne zu ändern, nachdem die Franzosen alle Kräfte in Franken vereinigt zu haben scheinen. Folgendes sind die vorgenommenen Änderungen und die festgesetzten Sammelpunkte, von denen aus man zur Offensive in Franken übergehen wird oder auch sich auf die französische Armee würfe, wenn sie durch den Thüringer Wald käme. Herr von Rüchel bei Mühlhausen, zwischen dort und Eisenach, die Armee des Königs auf den Höhen von Bienstedt, zwischen Gotha und Langensalza, die Avantgarde bei Gotha, die Armee des Fürsten wird sich bei Hochdorf wieder sammeln, meine Avantgarde bei Stadt-Ilm.

Man scheint zu hoffen, daß Bonaparte die Offensive beginnt, und wird sich dann auf den offensiven Gegenstoß vorbereiten.

Wenn nicht Demonstrationen des Korps der Rüchelschen Armee im Werratal, von 6 000 Mann des königlichen Korps, auf der Straße über Meiningen, Coburg, Schmalkalden, die Aufmerksamkeit nach dieser Stelle ziehen können, wird man vielleicht sogar Tauentziens Korps aus Schleiz zurückziehen, um den Feind noch mehr glauben zu machen, daß es sich um Märsche auf unserer Rechten handelt, und den Thüringer Wald zu durchschreiten. Dann wird das Korps Rüchels, um 10 000 Hessen verstärkt, von Gotha aus losgehen, während die Armee Hohenlohe, mit der des Königs vereinigt und infolgedessen 9 000 Mann stark, sich über Krona nach Lobenstein auf die französische Armee werfen wird, von dort über Bayreuth, Nürnberg nach . . . [unleserlich]. Dieses weniger schwierige Unternehmen als der Durchmarsch durch den Thüringer Wald wird den Vorteil haben, einen Erfolg entscheidender zu machen, da er Österreich früher zum Entschluß bestimmen wird. Die Nachrichten von Tauentzien bestätigen, daß die Franzosen von Tag zu Tag an Zahl wachsen. Napoleon war von Würzbürg aus in Bamberg. –

^ *Prinz Louis Ferdinand von Preußen auf dem Paradebett Tuschzeichnung von Ludwig Wolf*

^ *Entwurf von Schinkel zum Denkmal für Prinz Louis Ferdinand von Preußen. Feder und Tusche über Graphit, 1821.*

Fußnoten

1 Auch im November 1805, als der Krieg drohte, war Schulenburg zum »Interims-Gouverneur« von Berlin ernannt worden.

2 Ingersleben wird durch Kabinettsordre vom 16. September 1806 zum »Wirklichen Geheimen Staats-, Kriegs-und dirigirenden Minister« ernannt; er hat dann bei der Kapitulation von Stettin eine höchst unrühmliche Rolle gespielt: cfr. »Baltische Studien« Neue Folge, Band IV. Stettin 1900.

3 Kürassier-Regiment v. Quitzow, Nr. 6.

4 Infanterie-Regiment Nr. 13.

5 Generalmajor und »Assessor« beim Ober-Kriegs-Kollegium, Matthias-Julius v. Laurens.

6 Christian Buddee, Zeugkapitän »beim Arsenal«.

7 Polizei-Kommissarius.

8 Christian Haseloff.

9 Josua Balan.

10 Georg-Heinrich Goldtammer.

11 Immediat-Eingaben des Professors Reil und des Ratsmeisters Keferstein zu Halle wegen Eröffnung einer »Subscription freywilliger Geldbeyträge zu den Kriegskosten« vom 22. September 1806, und des Oberempfängers Engel zu Küstrin, der seine Ersparnisse von 24 Talern »als einen Patriotischen Beitrag zu denen Krieges-Kosten dem Vaterlande darbringt, vom 19. September 1806.

12 Nämlich über die zu jeder Jahreszeit getragenen Leinenhosen; Unterhosen wurden in der preußischen Armee erst nach 1866 dienstlich eingeführt.

13 Wilhelm-Georg von Schack, Oberst im Ober-Kriegs-Kollegium, »erster Assessor« beim II. Departement, für das Montierungs-, Armtur- und Oekonomie-Wesen.

14 Die »Tabelle« gibt der Zahl der Stühle, der Arbeiter und die Fabrikations-Summe, die mit dem auf 2 000 000 von Stein selbst veranschlagten Posener Departement 15 046 975 beträgt.

15 Sic! Doch ein Irrtum; vielmehr vom Regimente von Möllendorff (Nr.25).

16 Dieser Prinz ernannte übrigens auch den Herausgeber des »Telegraphen« Lange-Daveson zum Isenburgischen Hofrate!

17 Nach den »Rapports de la place« Hulin´s vom 17. November und 30. Dezember 1806 waren es vielmehr die Ausschreitungen der Isenburger, die ihre Verlegung veranlaßten.

18 Daß preußische Kriegsgefangene in Frankreich selbst gewaltsam zum Eintritt in französische Kriegsdienste gezwungen worden sind, ergibt sich aus Briefen dreier Reiter vom Kürassier-Regiment Graf Henckel (Nr.1, in Breslau garnisonierend) aus Cherbourg, die dort zu Chauffeurs im I. Bataillon Etranger gepreßt waren. Die um Befreiung aus dieser Zwangslage bittenden Briefe dieser drei Schlesier an ihre Angehörigen wurden von dem Generalverwalter des Gräflich Kospothschen Majorats zu Kritschen bei Oels, dessen Gutsuntertanen sie gewesen, dem in Schlesien kommandierenden Generalleutnant von Grawert, von diesem der Immediat-Friedenskommission im September 1807 übersandt. Die Kommission aber fand eine Reklamation »unter den jetzt noch obwaltenden Umständen« für bedenklich, und vertröstete auf einen günstigen Zeitpunkt.

19 Vgl. das auf Seite 58 von der Witwe Voigt berichtete.

20 Von dem in Berlin garnisonierenden Husaren-Regiment von Rudorff (Leib-Husaren) Nr. 2; in der Rangliste von 1806 »Kamcke« gedruckt. In der unten mitgeteilten »Karakteristik«, siehe Bemerkung zu Seite 27, wird er als »besoldeter Spion der Franzosen« gekennzeichnet.

21 General Friedrich-Wilhelm von Knobelsdorff, Preußischer Spezialgesandter in Paris.

22 Clarke war am 9. August 1807 zum Kriegsminister ernannt worden.

23 Preußischer Gesandter in Paris.

24 Wohl der Geh. Ober-Finanzrat Christian-Friedrich-Wilhelm Graf v. Hagen.

25 Vielleicht der Hofmarschall des Prinzen Heinrich, Jakob-Wilhelm Graf v. Redern.

26 Wohl der Kammerherr Ferdinand Graf v. Reale.

27 Siehe Seite 46.

28 Die »Goldene Sonne« lag in der Bernauerstraße, die Witwe Obermann wird aber 1806 als Inhaberin des Hotels de Russie, Unter den Linden, im Adreßbuche aufgeführt.

29 Friedrich Wilhelm Graf v. d. Schulenburg-Kehnert, geb. 22. November 1742, trat 1757 in die preuß. Armee, machte den Siebenj. Krieg

mit, wurde 1771 Vizepräsident des General-Direktoriums, 1782 Chef der Seehandlung. 1786 in den Grafenstand erhoben, wurde Sch. 1791 Kabinettsminister, 1800 General-Postmeister und 1806 Gouverneur von Berlin. Er starb 1815.

30 Prinzessin Friederike, Schwester der Königin Luise. – Friederike, geb. 2. März 1778, verm. I. 26. Dezember 1793 mit dem Prinzen Ludwig v. Preußen (geb. 5. November 1773, gest. 28. Dezember 1796); II. (7. Januar) 1799 mit dem Prinzen Friedrich Wilhelm v. Solms-Braunfels, gesch. 20. Februar 1814; – III. 29. Mai 1815 mit dem Herzoge Ernst August v. Cumberland, nachmaligen König v. Hannover. – Sie starb am 29. Juni 1841 und fand ihre Ruhestätte im Mausoleum zu Herrnhausen.

31 Jetzige Schloßbrücke.

32 Friedrich Delbrück, geb. 22. August 1768 zu Magdeburg, studierte in Halle Theologie und Philosophie und wurde 1792 Rektor am Pädagogium des Klosters U. L. Frauen in seiner Vaterstadt. Am 24. Juli 1800 wurde D. zum Erzieher des Prinzen Friedrich Wilhelm (IV.) und nach einigen Jahren auch zum Mentor des Prinzen Wilhelm ernannt. Im Dezember 1809 unter Ernennung zum »Geheimen Regierungsrat« aus seinem Amte entlassen, ging er zunächst auf Reisen, wirkte dann von 1813-17 in Berlin als Lehrer und Prediger und übernahm im Juli 1817 das Pastorat an der St. Michaels-Kirche in Zeitz und die damit verbundene Superintendentur und entfaltete in diesem Amte bis zu seinem Tode – 4.Juli 1830 – eine segensreiche Tätigkeit. Sein Sohn war der nachmalige Staatsminister Rudolf v. Delbrück.

33 Johann Wilhelm Jakob B., geb. 2. Februar 1766 zu Gardelegen, gest. 23. Mai 1851 als General-Lotterie-Direktor in Berlin, ist literarisch bekannt geworden durch seine »Plattdeutschen Gedichte«. (8. Aufl. Berlin 1891).

34 Prinz Wilhelm, geb. 22. März 1797, König v. Preußen 2. Januar 1861, Deutscher Kaiser 18. Januar 1871, gest. 9. März 1888. – Prinzessin Charlotte, geb. 13. Juli 1798, verm. 13. Juli 1817 mit dem Großfürsten, nachmaligen Kaiser Nikolaus v. Rußland (gest. 2. März 1855), gest. 1. November 1860. – Prinz Karl, gb. 29. Juni 1801, verm. 26. Mai 1827 mit Prinzessin Maria v. S.-Weimar (gest. 18. Januar 1877), gest. 21. Januar 1883. – Prinzessin Alexandrine, geb. 23. Februar 1803, verm. 25. Mai 1822 mit Erbgroßherzog Paul Friedrich v. Mecklenburg-Strelitz (gest. 7. März 1842), gest. 21. April 1892.

35 Prinz Friedrich, S. des Prinzen Ludwig, geb. 30. Oktober 1794, verm. 21. November 1817 mit Prinzessin Luise v. Anhalt-Bernburg (gest. 9. Dezember 1882), gest. 27. Juli 1863.

36 Prinzessin Friederike, T. des Prinzen Ludwig, geb. 30. September 1796, verm. 18. April 1818 mit Herzog Leopold Friedrich von Anhalt-Dessau (gest. 22. Mai 1871), gest. 1. Januar 1850.

37 Die Prinzen Friedrich Wilhelm und Wilhelm hielten sich im Sommer 1805 mehrere Wochen in Freienwalde auf.

38 Prinz Ludwig von Preußen, Bruder des Königs Friedrich Wilhelm III.

39 Von dem Fräulein von Gelieu, der Erzieherin ihrer Mutter, der Königin Luise. Vgl. Krieger, Briefe der Königin Luise an ihre Erzieherin. (Deutsche Revue 1905. Januar und Februar).

40 Pflegerin des Prinzen Karl.

41 Oberhofmeisterin der Königin Luise. – Sophie Marie Gräfin v. Voß, T. des Generals v. Pannewitz, geb. 1729, verlebte am Hofe der Königin Sophie v. Preußen, Gemahlin des Königs Friedrich Wilhelm I., ihre Jugend. 1751 vermählte sie sich mit dem Regierungspräsidenten, nachmaligen Hofmeister der Königin Elisabeth, Grafen Johann Ernst v. Voß (gest. 1793). 1793 zur Oberhofmeisterin der damaligen Kronprinzessin Luise ernannt, blieb die alte Dame auch nach dem Ableben der (von ihr angebeteten Königin) in dieser Stellung bis zu ihrem Tode (31. Dezember 1817). s. Anzeige am Ende dieses Buchs.

42 Maria Pawlowna, Tochter des Kaisers Paul I. von Rußland, geb. zu Petersburg 4./15. Februar 1786, verm. daselbst den 22. Juli/ 3. August 1804 mit dem Großherzog Karl Friedrich v. Sachsen-Weimar (gest. 8. Juli 1853), gest. 23. Juni 1859 im Belvedere bei Weimar.

43 Landhaus Friedrichsgnade, Residenz der ersten – geschiedenen – Gemahlin Elisabeth des Königs Friedrich Wilhelm II. von Preußen. – Elisabeth, Tochter des Herzogs Karl von Braunschweig-Wolfenbüttel, geb. 8. November 1746, verm. 14. Juli 1765, geschieden 21. April 1769, gest. 18. Februar 1840.

44 11.

45 Wilhelm II., König der Niederlande, geb. 6. Dezember 1792, gest. 17. März 1849. Seine Mutter, Prinzessin Wilhelmine, war eine Tochter des Königs Friedrich Wilhelm II. von Preußen. Geb. 18. No-

vember 1774, vermählte sich W. am 1. Oktober 1791 mit dem Erbprinzen, nachmaligen Könige Willem I. der Niederlande. Sie starb am 12. Oktober 1837 und wurde in Delft beigesetzt.

46 Prinz Friedrich Wilhelm von Solms-Braunfels, geb. 30. September 1801, und Prinzessin Auguste, geb. 26. Juli 1804.

47 Johann Wilhelm L., geb. zu Berlin am 1. April 1767, trat 1786 in die Kabinettskanzlei ein, wurde 1800 zum Kabinettsrat, vornehmlich für die Bearbeitung der auswärtigen Angelegenheiten, ernannt und war als solcher sechs Jahre hindurch der Hauptträger des politischen Systems und der Kabinettsregierung. Nach der Katastrophe bei Jena mußte L., um die öffentliche Meinung zu »versöhnen«, vom Amte zurücktreten. Er starb in Nizza am 28. April 1812.

48 Lombard wurde beschuldigt, mit den Franzosen verräterische Umtriebe gepflogen und wichtige, ihn kompromittierende Schriftstücke entwendet zu haben. Nach zweitägiger Haft wurde er auf Befehl des Königs wieder in Freiheit gesetzt.

49 Erzieher des Prinzen Friedrich.

50 Hofdame der Prinzessin Wilhelm.

51 Kammerherr der Prinzessin Wilhelm.

52 Gemahlin des Reichsgrafen Karl Adolf von Brühl, der 1782 in preußische Dienste trat, Gouverneur des Kronprinzen Friedrich Wilhelm (III.) wurde und später an der Spitze des Hofstaates der Prinzen Heinrich und Wilhelm stand. Br. starb den 4. April 1802.

53 Friedrich Justin Bertuch, Bilderbuch für Kinder. 128 Hefte. Weimar, 1790-1811.

54 Ein Getränk aus Rotwein mit Zucker und einem Extrakt grüner bitterer Pomeranzen.

55 Joseph Wilhelm, Graf von Hohenzollern-Hechingen, Sohn des Grafen Friedrich Anton, geb. 21. Mai 1776 zu Troppau, Abt zu Oliva und seit 12. Juli 1818 Fürstbischof von Ermland, gest. 26. September 1836 im Schlosse zu Oliva, beigesetzt in der Abteikirche daselbst.

56 M. Lehmann, Scharnhorst I, 362.

57 In der Allg. Deutschen Biographie Bd. 19, in der Deutschen Rundschau XII,1 und XII,2 und in Publ. a. d. Königl. Preußischen Staatsarchiven Bd. XXIX. Dazu vgl. vornehmlich M. Lehmann, Scharnhorst I und die Charakteristik des Prinzen durch Clausewitz in der Kriegsgeschichtlichen Einzelschrift. X, 437ff. Der Prinz erscheint

nach diesem Tagebuch nachdenklicher und kühler abwägend als Clausewitz ihn schildert.

58 Der französische Gesandte in Berlin.

59 Napoleon war am 28. Mai in Mainz, am 1. Oktober in Würzburg.

60 Auch dies on dit bezeichnet die Unklarheit über die Absichten des Friedens.

61 L'armée rassemblée près (Zusatz des Prinzen).

62 Fehlt im Original.

63 Diese Stellen sind nicht mehr lesbar, wie denn das Tagebuch überhaupt offenbar mit großer Eilfertigkeit niedergeschrieben ist.

64 Unverständlich.

BERLINER LEBEN
1806-1808

Wie Berlin um 1800 aussah
Heinrich Eduard Kochhann (1805-1865), Bäckermeister und Stadtverordnetenvorsteher

Sowohl in dem äußeren Ansehen Berlins wie im Leben der Bewohner waren zu Anfang dieses Jahrhunderts die größten Gegensätze erkennbar. Während die Häuser des Adels und der Reichen außen und innen durch zahlreiche behaglich und kostbar eingerichtete Zimmer sich auszeichneten, auch schöne geräumige Flure und breite Treppen enthielten, waren die Häuser des sogenannten Bürgerstandes von karger Einfachheit. Der Dreißigjährige, später der Siebenjährige Krieg, oftmalige Seuchen hatten den Wohlstand der Bürger vernichtet. Die meisten Gebäude waren zweistöckig, selten ragte ein höheres empor. Die besseren in den alten Stadtteilen Berlin, Kölln und Friedrichswerder stammten größtenteils aus früheren Perioden. (Die öffentlichen Gebäude des Staates und der Stadt ziehe ich hier nicht in Betracht.) Ein durch seine Größe auffälliges Haus war das des Destillateurs George in der Friedrichstraße nahe der Weidendammer Brücke. [Ungefähr an der Stelle des heutigen Bahnhofs Friedrichstraße.]

Es enthielt, mit Einschluß der Seitenflügel im Hofe, 12 Türen und 365 Fenster. Später ward es vom Fiskus gekauft und unter dem Namen Pepinière zu einer chirurgischen Unterrichtsanstalt, zuletzt als Friedrich-Wilhelm-Institut zur Ausbildung von Militärärzten eingerichtet. Eine Zeitlang wohnte der Philosoph Fichte darin, und zwar in bedürfnislosester Ausstattung. Sein Mitbewohner, der Professor Kalisch, hat mir wiederholt erzählt, daß er nur zwei Paar Tassen als Küchengerät besaß und daß diese bei größerem Besuch abwechselnd in Benutzung genommen werden mußten. Ein zweites großes Privathaus mit besonders schöner Treppe und weitem Flur gehörte dem Kattunfabrikbesitzer Mann in der Wallstraße. Beide Grundstücke und Gebäude hatten die Unternehmer mit angesammelter kleiner Münze in Groschen und Sechsern bezahlt.

Unter den Linden sowie von der Wilhelm- bis zur Leipziger Straße befanden sich schöne Palais – ausschließlich Wohnstätten des durch Gesetz und Stellung bevorzugten Adels. Sie waren alle mit einer Rampe als Vorfahrt zum Haupteingang versehen. Zur Seite der Türen befanden sich in den Wänden eiserne trichterförmige Vertiefungen zum Auslöschen der Fackeln, welche abends von den auf den Kutschen stehenden Bedienten benutzt wurden. Bei amtlichen und feierlichen Aufzügen lief zumeist den Wagen ein Läufer vorauf, der, phantastisch oder gleich den Bedienten gekleidet, einen reichverzierten Stab trug. Diese Personen bildeten eine eigene Kaste und hatten besondere Unterrichtsanstalten, auf denen sie sich zu Schnelläufern ausbildeten.

In den Straßen am Halleschen Tor, in der Linden- und Markgrafenstraße, in den Straßen und Gassen der Luisenstadt sowie in der Gegend des Frankfurter und Neuen Königs-Tores waren die ihres Glaubens wegen flüchtig gewordenen französischen und flandrischen Gärtner angesiedelt; andere Gewerbetreibende, wie Schuhmacher, Hutmacher, Gold- und Silberschmiede waren über die ganze Stadt zerstreut. Die französische Einwanderung hatte Berlin eine große Anzahl reicher und intelligenter Leute zugeführt, die die alte Bevölkerung an Kenntnissen überragten. Das hatten die preußischen Regenten zu würdigen gewußt und denselben vielerlei Begünstigungen gewährt. Noch heute bilden dieselben unter dem Namen »französische Kolonie« eine besondere Genossenschaft, einen Staat im Staate; im Besitz eigener Kirchen und zu selbständigen Kirchengemeinden vereinigt, verwaltet sie

^ *Straße Unter den Linden, im Hintergrund das Königliche Schloß*

bedeutende Reichtümer zwecks wissenschaftlicher Bestrebungen und Stiftungen. Unstreitig verdankt auch unsere Gartenkultur den französischen Einwanderern ihre Entwicklung und ihr Gedeihen.

Die Ausnahmestellung, welche die eingewanderten, vielfach begünstigten Franzosen einnahmen, war bei einer anderen Klasse der Einwohner, den Juden, in entgegengesetzter Hinsicht erkennbar. Diese litten schon seit den ältesten Zeiten unter den härtesten Bedrückungen und Plackereien. Nur zeitweise und in beschränkter Zahl geduldet, mußten die Juden zu ihrem Aufenthalt die Erlaubnis des Landesfürsten oder mindestens die der Ortsbehörde einholen; sie durften nur durch das Hallesche, Prenzlauer und Rosentaler Tor und nur zu Fuß, niemals zu Wagen oder zu Pferde einwandern. Kein Jude durfte willkürlich die Stadt verlassen oder heimkehren; er durfte nur in der ihm vorgeschriebenen Stadtgegend wohnen und nur ein von der Behörde genehmigtes Gewerbe betreiben. Dabei blieb er der Laune des Landesherrn und der Behörde unterworfen, oft genug zum Hohn und zur Kränkung. Zwang doch Friedrich Wilhelm I. unter Mißachtung ihrer religiösen Gesetze und Bräuche die Juden, die von ihm auf der Jagd erlegten wilden Schweine käuflich zu erwerben. Strafte doch selbst Friedrich der Große seinen Hofbankier Ephraim für das von ihm selbst konzessionierte, nach seiner Meinung aber zu kostbar erbaute Wohnhaus an der Ecke des Mühlendammes und der Poststraße dadurch, daß er ihm die Erlegung von 40 000 Talern als Hypothek des Potsdamer Militär-Waisenhauses zudiktierte. Nach und nach ist in der Behandlung der Juden eine mildere Praxis eingetreten. Seit Anfang dieses Jahrhunderts brachte die Städteordnung und die Steinsche Gesetzgebung den Juden gesetzliche Zustände; ihr korporierter Gemeindeverband wurde in politischer wie kommunaler Beziehung aufrecht erhalten; sie selbst mußten aber für ihre Armen, Kranken und Waisen sowie für die Erziehung der Jugend Sorge tragen. Damals war ihre Zahl noch auf 430 Familien beschränkt und der Tempel in der Heidereutergasse deren einziges Gotteshaus in der Stadt. Obgleich die Städteordnung von 1808 ihnen die Teilnahme an der Kommunalverwaltung zusicherte, auch einzelne Juden sowohl in den Magistrat als auch in die Stadtverordnetenversammlung gewählt worden waren, so wurden sie doch wieder in den Jahren der Reaktion von diesen Körperschaften sowie vom Schiedsmannsamt ausgeschlossen.

Die Dresdener Straße im Zuge der Neuen Roßstraße war wenig über unser Haus hinaus zusammenhängend bebaut. Es wechselten Wohnhäuser mit Mauern und Zäunen, welche die von Gärtnern und Ackerbürgern bewohnten Grundstücke begrenzten. Am Knie der Straße, wo ehemals ein Försterhaus stand, befand sich eine Scheune, welche den Anfang des Köpenicker Feldes bezeichnete. Durch dasselbe führte bis zum Kottbusser Tor ein Damm, dessen Pflaster total zerfahren war und zu dessen Seiten gekappte Weidenbäume standen. Diese ganze Strecke blieb im Sommer wegen des tiefen Sandes, in den anderen Jahreszeiten des grundlosen Schlammes halber schwer zu begehen. Die von der Alten Jakobstraße, parallel der Dresdener Straße, abzweigende Stallschreibergasse hatte nur einstöckige Gärtnerhäuser und sehr viele Zäune. Sie endete gleichfalls mit einer Scheune am Ausgang zum Köpenicker Feld; ein schmaler Sandweg leitete zum Kottbusser Tor. Die Schäfergasse, zu der wir durch unseren Garten einen Zugang hatten, war im eigentlichen

Sinne ein Ackerweg für das daselbst gelegene Gutsamt, welches seine zahlreiche Schafherde auf diesem Wege auf das nahe Köpenicker Feld entsandte. Ein Feldweg, mit Weiden bepflanzt, brachte den Wanderer durch tiefen Sand ungefähr zu der Stelle der Köpenicker Straße, wo jetzt der Kanal dieselbe durchschneidet und wo auf dem Magistratsholzplatze ein Kalkofen sich befand. Bei der notwendigen Sparsamkeit in den ersten Jahren meiner Verheiratung war es für meine Frau und für mich ein beliebter Spaziergang von unserer Gartentür aus die Wege des Köpenicker Feldes zu gehen, wobei wir uns an den wogenden Kornfeldern und den blühenden Kartoffelpflanzungen erfreuten, auch von den Türmen der Stadt die Glocken läuten hörten. Diese Erholungsgänge nach getaner Arbeit geschahen meist des Abends. Die Schäfergasse befand sich freilich oft in einem unglaublichen Zustand. Jeder angrenzende Besitzer, auch mein Vater, hielt sich für berechtigt, alles Unkraut des Gartens und alle Abgänge des Hauses auf den ungepflasterten Damm der Gasse hinauszuwerfen und so diesen noch grundloser zu machen als er schon war. Eigenes Bedürfnis und Mitleid mit den Passanten veranlaßte die Anwohner zuweilen, die entstandenen bergartigen Ungleichheiten zu ebnen, auch zur Regenzeit Gangsteine für die Fußgänger auszulegen.

Das ganze weite Terrain zwischen der das Hallesche und Schlesische Tor verbindenden Stadtmauer einerseits, der Köpenicker und Jakobstraße andererseits, wurde das Köpenicker Feld, seit 1802 zu Ehren der Königin Luise die Luisenstadt genannt.

Die Spree bildete im Osten eine unüberbrückte Grenze. Zwischen dem Oberbaum und der Waisenbrücke vermittelten Kähne den Personenverkehr mit dem Stralauer Viertel, in dessen zahllosen Gassen ausschließlich Gärtner wohnten. Eine solche vielbenutzte Überfahrt war an der Stelle der jetzigen Jannowitzbrücke. Für 3 Pfennige Fährgeld gelangte man dort von der Holzmarktstraße durch die Wassergasse in die Jakobstraße. Die Überfahrtsstellen wurden häufig mit sogenannten Aufschwemmen verbunden, ausgetieften Uferstellen, von welchen die Floßhölzer vermittelst eiserner Ketten durch Pferde auf das Land gezogen und auf langgestreckte Wagen geladen wurden.

Die Umgegend der Stadt, öde und meist wüst, verdiente des überall vorherrschenden Sandes wegen mit Recht den Namen der Sandstreubüchse des Heiligen Römischen Reiches. Nur nach Charlottenburg, Potsdam, Frankfurt a. O. und Küstrin führten Chausseen. Die übrigen Vorortstraßen erschienen im Sommer wegen des tiefen Sandes, im Herbst und Winter wegen des tiefen Schlammes oft grundlos. Sämtliche Fuhrwerke erforderten deshalb eine reichliche Bespannung. Die Pferde der Bauern waren durchweg klein und unansehnlich, weshalb bei jeder Marktfuhre vier derselben eingespannt werden mußten. Sie gingen nebeneinander und zogen die gebräuchlichen Korbwagen, wenn sie mit Produkten beladen waren, nur mit Mühe fort. Die am Brandenburger Tor und anderswo aufgestellten Wagen beförderten Vergnügen suchende Fahrgäste nach Charlottenburg, Tempelhof, Pankow und Weißensee. Man gebrauchte zuerst einfache Bauernwagen mit aufgelegten Heusäcken oder mit aufgeschnallten ledernen Sitzbänken. Die beim Fahren empfundenen Stöße, besonders im hinteren Teil des Wagens, Schoßkelle genannt, galten als Beigaben zur Vergnügungsfahrt; sie wurden von der Jugend mit Jubel begrüßt, von den Alten mit Seufzen ertragen. Die Höhenränder des Spreetales konnten aber von den Gefährten nur dann erreicht werden, wenn am Fuße der Anhöhe die Fahrgäste ausstiegen und durch spurlosen Sand hinaufwateten. Zu allen entfernteren, nicht durch Torwagen erreichbaren Orten mußte bei der Postbehörde ein besonderer Fahrerlaubnisschein gelöst und bezahlt werden. Pferde durften dabei nicht gewechselt, Postsachen nicht befördert und Posthörner nicht geblasen werden.

In der Nähe der jetzigen Ratswaage, auf dem heutigen Gartenplatz, stand damals auf öder Sandfläche der Galgen. Er ist im Juli 1842 abgebrochen worden. Ehedem stand derselbe vor dem Köpenicker Tor; unter dem Großen Kurfürsten wurde er nach dem Molkenmarkt verlegt. An dieser Stelle habe ich in den zwanziger Jahren noch einen sogenannten Schandpfahl gesehen, an welchen die Namen und Bildnisse von Deserteuren angeheftet wurden. Eine öffentliche Hinrichtung lockte jedesmal eine große Anzahl von Zuschauern herbei, welche aus bloßer Neugier vielfach von auswärts kamen und allerlei Unfug trieben. Dadurch ging dem wichtigen Akte der nötige Ernst und die beabsichtigte Wirkung verloren. Aus der Sühne der Tat entstand ein Hohn auf die Gesetze. Es war daher die höchste Zeit, diesen wieder Achtung zu verschaffen und das jetzige Verfahren einzuführen. Die letzte öffentliche Hinrichtung auf dem Galgen des Gartenplatzes fand im Juni 1839 statt. Noch am 28. Mai 1813 wurden in derselben Gegend zwei Brandstifter auf eigens dazu hergerichteten Scheiterhaufen in Anwesenheit einer ungezählten Volksmenge verbrannt.

Die Mittelstraße
Eduard Dürre (1796 - 1879), Pädagoge und einer der Begründer der Turnbewegung

Das Dorotheenstädtische Viertel, in welchem unsere Wohnung lag, war noch in einem ländlichen Zustande. Ehe die Friedrichstadt bebaut wurde, hatte wahrscheinlich zwischen den Linden und der Behrenstraße ein Stadtgraben bestanden, so daß diese Gegend noch zu meiner Zeit »Auf der Potsdamer Brücke« genannt wurde. Die Dorotheenstraße hieß und war die »Letzte Straße«, die Georgenstraße besaß nur ein Haus und war ein wahrer Sumpf, in dem man die Katzen ersäufte, so daß die Straße nicht anders als »der Katzenstieg« hieß; Die »Letzte Straße« endigte westwärts, nicht weit von der Schadowstraße, der damals »Kleinen Wallstraße«, mit einem durch Zäune geschlossenen Holzmarkt, von dem nordwärts eine Gasse bis zur Spree führte, über die eine hölzerne Brücke nur für Fußgänger geschlagen war. Unweit von dieser stand das Schlachthaus. Die ganze Mittelstraße bestand aus etwa 65 mit Hausnummern bezeichneten Häusern, darunter aber einige erbärmliche einstöckig, die meisten zweistöckig waren Die Mittelstraße hatte also den wahren Namen, da sie zwischen den Linden (»Unter den Linden«) und der »Letzten Straße« die Mitte bildet. Vor unserem Hause war dreimal wöchentlich ein Gemüsemarkt, der von den vor dem Potsdamer Tor wohnenden Gärtnerinnen abgehalten wurde. Dieses jetzt durch eine Reihe Straßen belebte Viertel vor dem Tor bestand nur aus wenigen, von französischen Kolonisten erbauten Häusern.

167

Von dem Hause [Mittelstraße] Nr. 56 waren nur noch zwei Häuser bis zur Friedrichstraße, das Haus des Schlächters Wolfram und das Eckhaus, die Wernebergsche (?) Apotheke, deren einziger offener Eingang durch die zwei Türen des Eckladens führte. Vor dieser Apotheke standen damals noch eine Anzahl von Fischkübeln, an denen drei Fischweiber Markt hielten. Ihre eigentlichen Fischkasten waren an der Weidendammer Brücke befestigt. Die eine dieser Damen, die »Bußen«, hatte ein hölzernes Bein. Sie besaß vorzugsweise die Kundschaft meiner Mutter, weshalb ich denn auch ihre Freundschaft ausschließlich genoß. Die anderen beiden Weiber hatten gegen alle Knaben, die sich oft um ihre Fischkübel sammelten, die dem Gewerbe so eigentümliche, daher sprichwörtliche Derbheit. Das nach Norden gegenüberliegende Eckhaus zierte eine Viktualienhandlung [Lebensmittelhandlung] des Herrn Balan von der französischen Kolonie. An seinem Hause war in der Friedrichstraße die Bude eines Schweineschlächters Opitz so angebaut, daß sie den eigentlichen Bürgersteig unmöglich machte. In seiner Nähe hielten sich gewöhnlich einige sogenannte »Eckner«, Leute von traurigem Rufe, auf. Opitz hatte in der Regel zu gewisser Tageszeit eine dampfende Wurstpfanne in seiner Bude. Er galt für einen entsetzlich rohen Mann, dem die Knaben sich nicht zu nahen wagten. Während die Mittelstraße lückenlos mit Häusern besetzt war, wies die Letzte Straße, am Westende besonders, noch wenige ansehnliche Häuser auf. An der südöstlichen Ecke an der Friedrichstraße stand eine öffentliche Waage, ein ganz jämmerliches Gebäude. An der Nordseite hatten sämtliche Häuser große, bis zur fast häuserleeren Georgenstraße reichende bedeutende Gärten. Es waren unter diesen Gebäuden einige der reformierten Gemeinde angehörige milde Stiftungen. In dem Teile zwischen der Friedrich- und Charlottenstraße befanden sich ziemlich nahe gegenüber zwei Tanzsäle von Döring und Berger, in denen es, namentlich zur Franzosenzeit, nicht allzu säuberlich zuging. Der östliche Teil der Letzten Straße, welcher bekanntlich an der Charlottenstraße etwas zurücktritt, erstreckte sich bis zu dem am Kupfergraben liegenden schlecht bebauten Bauhof. Eine Mauer schied die Straße von dem Garten des sogenannten Prinz Heinrichschen Palais, dem späteren Universitätsgebäude. Hier standen also gar keine Häuser.

In der Charlottenstraße stieß auf deren östliche Seite neben der südöstlichen Ecke des Akademiegebäudes bis zur zweistöckigen Wache am Ende der Mittelstraße ein Pferdestall für die Gendarmen, ebenso auf der anderen Seite der Wache bis zu der für die Pepinière bestimmten Anatomie, deren Besuch auch Nichtpepinièristen gestattet war ...

Das dem Brauer Fick gehörige Haus von einer eigentümlichen Bauart hatte in den oberen Stockwerken sechs Fenster; im Erdgeschoß nahm ein breiter Torweg mit gepflasterter Einfahrt den Raum der zwei mittleren Fenster in Beschlag. Zwei, später bedeutend geschmälerte, Kellerhülsen deckten einen Teil von je zwei dieser Fenster und beengten den Bürgersteig um einen großen Raum. Rechts hatte dort ein der französischen Kolonie angehöriger Seifensieder Devaranne seinen Laden und die daran liegende für eine starke Familie sehr kleine Wohnung. Sie hatte eine Tür nach dem Hof des Nebenhauses, in welchem die Werkstatt des alten Seifensieders sich befand ...

Das dritte Stockwerk wurde ganz von dem Friseur Weishahn bewohnt und die zwei Dachzimmer von zwei verheirateten Gendarmen [Soldaten des Regiments Gensdarmes] Lübe und Bendix. Letzterer, ein ziemlich roher, dem Trunke ergebener und darum gefürchteter Mensch, verlor, als ich ein noch ganz kleiner Knabe war, seine etwas angejahrte Frau nach einer nicht allzu langen, aber trotzdem nicht überaus friedlichen Ehe. Bei den ziemlich steilen und winkeligen Treppen war es dem rohen Menschen zu unbequem erschienen, den Sarg ins Dachwerk hinauf und gefüllt wieder hinab zu besorgen. Darum faßte er sich kurz, steckte die Leiche in einen großen Fruchtsack, band ihn oben fest zu und trug die Last auf eigenem Rücken, unter schlechten Witzen lachend, bis auf den unteren Hausflur, wo ein höchst einfacher Sarg, ein sogenannter Nasendrücker, die ehemalige Geliebte seines Herzens empfing. Natürlich hieß es alsbald unter den Mägden und damaligen Hausbewohnern, die alte Bendix »spuke« oder »ginge um« ...

Das von dem großen Eingangstor rechts im Erdgeschoß befindliche Lokal war die Wirtsstube des Brauers und Hausbesitzers, der seinen Gästen Bier und Branntwein verzapfte. Die dortige Gesellschaft enthielt sehr verschiedene Elemente; jedoch lieferten die sogenannten Lumpen und Trunkenbolde die Hauptmasse. Das damals aus den gewöhnlichen Brauereien kommende Bier war so anspruchslos und wenig begeisternd, daß die Zugabe von Schnaps dessen Wert erhöhen mußte. Es kam zwischen den versammelten Strolchen, nichtsnutzigen Subjekten, Soldaten und Eckenstehern häufig zu Händeln und Schlägereien. In dem Wirtszimmer duldete aber unser starker Brauherr dergleichen Abmachungen nicht, sondern übte, wo sein persönliches Zwischentreten nicht ausreichte, mit dem Beistande seiner Knechte sein Hausrecht. Oftmals wurden dann bei den Raufereien auf dem gepflasterten Hausplatz und am Fuße der zu unserer Wohnung führenden steilen und halsbrechenden Treppe Blutiggeschlagene, die ihren Rausch ausschlafen wollten, gefunden. Bisweilen auch trat die Polizei oder, wenn sich's um Soldaten handelte, die Wache ins Mittel, doch niemals auf Verwendung des Schankwirtes, dem das Herbeirufen solch obrigkeitlicher Hilfe leicht die Kundschaft verscheucht hätte. Je mehr getrunken wurde, um so lieber war's ihm; einen kleinen Skandal nahm er mit in den Kauf. Doch in unserer »Putzstube« widerhallte oft das Jauchzen, Zanken und Fluchen der unter dem Zimmer liegenden Wirtsstube. In Abwesenheit des Wirtes kam seiner hageren, mit entsetzlich kreischender Stimme begabten Hausfrau die Fremdenbehandlung zu ...

Aus dem geräumigen Hof gelangte man in das Brauereigebäude und durch einen engen Gang seitab in einen zweiten Hof mit dem Kuh- und Pferdestall. Ganz im Hinterhause in dieser südwestlichen Ecke bewohnte mit seiner ganzen Familie der Gendarm Meister eine klägliche Heimstätte. Er versah bei meinem Vater Hausknechtsdienste, reinigte unsere Stiefel und zu anderer Zeit die aus der Arbeit kommenden Kleider. Er war nicht großen Geistes, aber, wenn er in der Uniform steckte, eines martialischen Ansehens... Lebhaftes Lachen erweckte bei mir Meister, wenn er in vollem militärischen Wichs die Treppe rückwärts hinabstieg, um bei den schmalen Stufen nicht mit den kolossalen Sporen anzustoßen, was auch zuweilen den zu meinem Vater kommenden Offizieren begegnete.

Wenn frisch gebraut war, kamen viel Weiber und Mädchen mit Eimern und Töpfen ins Brauhaus, um sich Bier zu holen, das zum Trinken und Kochen gebraucht wurde. Trotzdem solches Bier aus Hopfen und Malz bestand, glich es doch nicht entfernt dem heutigen Gerstensaft; daher man denn in der Regel in den bescheidenen Bierhäusern allerlei fremde Biere, wenigstens Stoff mit fremden Namen, wie Mannheimer, Fredersdorfer, Cottbusser usw. zu tilgen pflegte.

Die Letzte Straße
Joseph Aloys Mercy (1764 - 1811), Jurist, Geheimer Sekretär, Lotterieregistrator

Die Topographen von Berlin haben sich die Köpfe schon gewaltig zerbrochen über die Namen der einzelnen Straßen und Gegenden der Stadt; nur eine ließen sie unberührt, die doch die erste und merkwürdigste ist, obwohl sie den Namen der Letzten Straße führt.

Sie war auch heute die letzte meiner Abendpromenaden auf der Rückkehr aus dem Garten des Prinzen Heinrich, wo ich mich oft mitten in der Stadt hinflüchte, um der Einsamkeit zu genießen und den vom Mondschein verklärten herrlichen Opernplatz gleichsam unter einem italienischen Himmelsstriche und mit römischer Begeisterung zu überschauen.

Es ist nur ein Schritt von der Hintertür dieses Gartens in die physisch und moralisch Letzte Straße von Berlin.

»Mit dem ersten Schritte
Sind die andern Tritte
Zum nahen Fall getan.«

Ich hatte mir vorgenommen, diese gefährliche Linie von Anfang bis Ende durchzugehen und die Bilder meiner Phantasie nach der sonderbaren Verwirrung der Gegenstände in diesem Revier zu ordnen.

Keine Straße der großen Königsstadt wird diese Mischung von großen und kleinen, nützlichen und schädlichen, ehrwürdigen und verächtlichen Ansichten aufweisen können.

Hinter mir das fürstliche Palais, vor mir die Akademie, die Sternwarte und Anatomie – ein paar Schritte weiter das verrufenste aller verrufenen Häuser und gegenüber ein Tanzboden für Domestiken, der das Echo des benachbarten größeren Konzertes ist – in etwas weiterer Entfernung die musikalische Ressource, deren Töne nichts weniger als ganz rein sind – in der Nähe ein Predigerwitwenhaus – gegenüber eine weibliche Pensionsanstalt – noch weiter die Freimaurerloge R[oyal] Y[ork] und in einem Seitengebäude derselben die Gesellschaft der Freunde der Humanität, die ihre Aussicht auf den Neustädter Kirchhof an der Straße hat.

Nahe dabei der Auswurf der weiblichen Menschheit in scheußlichen Schlupfwinkeln, welche die Luft verpesten, alle Augenblicke den Einsturz und jedem Verirrten den Untergang drohen – seitwärts endlich das Schlachthaus. Ein Nebenweg an der Ecke der Loge führt auf den sogenannten Katersteig und an der anderen Seite in die goldene – Mittelstraße. Prediger, Ärzte und Chirurgen durchschneiden die zerstreuten Wohnungen der Kupplerinnen und Freudenmädchen; erbärmliche Garküchen lassen sich den Geruch bezahlen; ein Gipsgießer liefert schlechte Kopien von noch schlechteren Originalen; ein Friseur stellt zum Schein die Haare wieder her, die Krankheit und Verzweiflung so häufig in dieser Straße ausreißen; ein Maler zeichnet Hogarthsche Szenen nach dem Leben; ein Pferdevermieter führt die Amazonen dieser Gegend zur Schau aus; ein Schmied sorgt für die verlorenen Hufeisen, ein Tischler für Bettstellen und Wiegen und ein Viktualienhändler für die hungrigen Wölfinnen dieses Viertels.

Als Lehrbursche in der Goldwerkstatt
Karl Friedrich von Klöden (1786 - 1856), Geograph und Historiker, seit 1824 Direktor der Friedrichswerderschen Gewerbeschule

Gold- und Silberarbeiter oder Goldschmiede. Im Jahr 1804 zählte man 173 in Berlin, nämlich 61 Gold- und Silberarbeiter,

66 Silber-Arbeiter und 47 Bijouterie-Arbeiter, welche mit in dieser Innung begriffen sind. Mehrere von diesen haben ansehnliche Bijouterie-Gold- und Silberhandlungen, und ihre Waaren sind auf das geschmackvollste gearbeitet. Nach gesetzlicher Vorschrift darf hier nur 12-löthiges Silber verarbeitet werden. Zum Zeichen des Gehalts wird das berlinische Wappen, ein Bär, darauf gedruckt. Das Gold bekommt einen willkührlichen Gehalt. Außer diesen giebt es hier noch eigene Bijouterie-Fabriken.

Aus: Berlin 1806, Das Lexicon von Johann Christian Gädicke, Seite 123

Gesellen hatte mein Oheim nicht, er arbeitete allein; es war also nur eine kleine Werkstatt. Gleich in den ersten Tagen verdarb ich es mit meiner Tante und ihrer Mutter dadurch, daß ich von dem »Handwerk der Goldarbeiterei« sprach. Da kam ich schön an! Sie fuhren auf, als hätte sie eine Wespe gestochen. Es sei kein Handwerk, hieß es, sondern eine »Kunst« oder ein »Amt«. Die Goldarbeiter seien Künstler; es gäbe darin keine Meister, sondern Herren, denn wenn ein Geselle sich seßhaft machte, werde er Herr, und wenn die Herren zu einer Beratung zusammenberufen würden, hieße es: das Amt komme zusammen. Wie ich ferner den Ausdruck »Goldarbeiterei« gebrauchen könne? Das sei herabwürdigend; es gäbe wohl eine Schinderei, aber keine Goldarbeiterei; meine Äußerungen seien ganz unbesonnen.

Täglich mußte ich ein paarmal nach denselben Läden gehen, um von den Arbeits-materialien dies oder jenes zu holen, z. B. Schlaglot; jedesmal wurde nur für einen Groschen gekauft. Hätte der Onkel für fünf Groschen auf einmal holen lassen, so wäre ich in der Woche nur einmal dahin geschickt worden, jetzt mußte ich fünfmal gehen, und ebenso war es in vielen anderen Fällen. Es fehlte an Geld, solche Auslagen zu machen, und deshalb kam es auf meine Zeitversäumnis nicht an.

Die Wohnung bestand aus einer Stube vorn heraus, in welcher gearbeitet wurde und welche zugleich Wohnzimmer der Familie war, und einer Stube nach dem Hofe, in der die Großmutter wohnte. Zwischen beiden lag die kleine Küche, welche ihr Licht mittels eines Zwischenfensters aus dem Zimmer der Großmutter empfing und daher sehr dunkel war, zumal der Rauch die Fensterscheiben weit öfter trübte, als sie gereinigt wurden. Dicht unter jenem Zwischenfenster stand der große Amboß und an der Seite die Ziehbank. Der Tür gegenüber lag der Feuerherd, gänzlich im Finstern. Da nun beinahe täglich Gold und Silber geschmolzen und zu Blech oder Draht gehämmert und gezogen wurde und da viel vergoldet werden mußte, Geschäfte, welche sämtlich mir oblagen, so brannte meist auf dem Herd Kohlenfeuer oder auch die danebenhängende Lötlampe und neben dem Kohlenfeuer Holz und Torf zur Bereitung der Speisen. Bei dem Lichte dieser Feuer mußten die Arbeiten verrichtet werden, was in dem Rauche und der nie weichenden Dämmerung oft kaum möglich war.

Gearbeitet wurde im Sommer von des Morgens 6 Uhr bis abends um 7 Uhr, im Winter von des Morgens um 7 Uhr bis abends 8 Uhr, also 13 Stunden ohne Unterbrechung. Des Morgens erhielt ich zwei Tassen Kaffee, mittags um 12 Uhr wurde ein Gericht, meistens mit etwas Fleisch, genossen; doch öfters mußte ich mir, um satt zu werden, noch ein Stück Brot erbitten, das mir sehr unwillig und meist mit spitzen Bemerkungen über meinen guten Appetit gereicht wurde. Um 4 Uhr durfte ich mir zur Vesper ein Stück Brot abschneiden und Salz darauf streuen. Um 8 Uhr wurde zu Abend gegessen, zwei »Stullen« (Schwarzbrot) mit wenig Butter oder »Pellkartoffeln« mit einer Probe von Butter und Salz. Nur beim Mittag- und Abendbrot saß ich am Tisch, doch nicht früher, als bis das Essen darauf stand, und sobald der letzte Bissen genommen war, ging es wieder an den Werktisch. Frühstück und Vesper wurde an dem Werktisch verzehrt, ohne die Arbeit zu unterbrechen. War viel zu tun, so wurde in die Nacht hinein, nicht selten auch des Sonntags gearbeitet. In der Regel aber war der Sonntag frei, und bei schönem Wetter wurde eine Landpartie auf einen ganzen oder halben Tag gemacht, wobei ich mit hinzugezogen wurde, nicht meiner Person wegen, sondern weil ich den Korb mit Lebensmitteln tragen mußte. Eine genaue Einteilung und schmale Bissen waren im Hause meines Oheims allerdings notwendig, denn er brachte seine reine Jahreseinnahme selten auf 400 Taler, von denen 90 Taler allein für Miete abgingen...

Ich wurde des Sonntagsnachmittags zuweilen veranlaßt, mit der Familie auszugehen. Lieber aber blieb ich zu Hause, denn bei den Spaziergängen konnte ich mich höchstens mit den Kindern beschäftigen, von welchen die älteste Tochter durch die Groß-mutter, deren Liebling sie war, ganz verzogen wurde. Wir gingen eines Tages Unter den Linden, ich neben meinem Oheim. Da kam Jettchen an mich heran und sagte:»Du mußt nicht mit uns in einer Reihe gehen, der Borsche gehört hinten hin!« Ich tat, als hätte ich es nicht gehört; aber ich wußte sehr wohl, wer der Souffleur dieser Worte gewesen war. Daß dies meine Lust, die Familie zu begleiten, nicht vermehrte, war natürlich ...

Unterdessen rückte der Winter heran und mit ihm neue Plagen. Noch immer war ich Lehrbursche, Hausknecht, Bedien-ter, Dienstmädchen und Küchenmagd in einer Person. Als nun die Tage kalt wurden, konnte ich nicht mehr auf meinem lieben Boden sitzen und verlor damit meine Sonntagserholungen; zudem mußte ich jetzt auch die Öfen heizen und abends vorher mir das Holz dazu besorgen und kleinhacken sowie den Torf und die Kohlen herbeischleppen. Ich durfte des Abends kein Licht auf den Boden nehmen, sondern mußte mich im Finstern aus- und ankleiden. Das hätte wenig geschadet, aber ich schlief nicht viel besser als im Freien. Wenn es schneite, mußte ich den Schnee von Kopfkissen und Deckbett abschütteln; bei starker Kälte fror das Bett vor meinem Munde steif. Das schlimmste aber waren die Zeiten, wo der ganze Boden voll nasser Wäsche hing, durch wel-che ich mich im Finstern oft kaum hindurchfinden konnte und dann während des Schlafes von ihr ringsumher dicht umgeben war. Bei nasser Witterung hing die Wäsche oft wochenlang, ehe sie trocknete, und so lange hatte ich die Pein, so zu schlafen.

Leben in der Schneiderwerkstatt
Eduard Dürre (1796 - 1879), Pädagoge und einer der Begründer der Turnbewegung

Unsere Wohnung war eigentlich für zwei Familien eingerich-tet, so daß das ganze Stockwerk in der Mitte des Hausflurs zwei einfenstrige Küchen enthielt. Der rechte, über Devarannes Wohnung liegende Teil umfaßte vorn die Gesellenstube mit zwei Fenstern nach der Straße, auf dem Hofe ein Zimmer, zu dem mehrere Stufen führten, und zwischen beiden das ganz kleine Geschäftszimmer meines Vaters mit einem Fenster nach des Nachbars Hofe. Außerdem die Küche mit einem Fenster. Daran lehnte sich ein dunkler Raum, der rechts in meines Vaters durch eine Bretterwand abgeschlossenes Zuschneidezimmer, links durch einige Stufen in ein zweites Gesellenzimmer führte, das nur für die ständigen Gesellen für die Regiments-Kommisarbeit, den Zuschneider Pape und die zwei Arbeiter Winkler und Hübner, bestimmt war. Es stand übrigens in derselben noch ein Bett für die Magd wie auch früher für die kleinen Geschwister. Daran lehnte sich ein großer unheizbarer Raum, in dem das Material zu der Kommisarbeit lag und in welchem Pape während des Sommers seinen Zuschneidetisch hatte. Alle drei Gesellen waren verheiratet, Pape erhielt im Winter sein Essen durch eines seiner Kinder, die beiden anderen, näher wohnenden gingen zu Tisch nach Hause. Auf der linken Seite des Hauses war die gleichfalls etwas höher liegende Hinterstube, unser Wohn- und teilweises Schlafzimmer, die vordere große Stube, die sogenannte Putzstube, und zwischen beiden ein dunkler Alkoven, der nur durch Glastüren vorn und hinten aus den beiden Zimmern Licht erhielt. Die Küche wurde nicht als solche gebraucht, sondern diente als Schlafzimmer für die Magd und als Platz für Flaschen, Geschirr und Küchengerät. Eine spanische Wand, aus einem großen Wachstuche bestehend, deckte Schornstein und Herde, sowie das hinter dem Vorhang versteckte Gerümpel. Vor der Wachsleinwand stand zur Sommerzeit ein altes Kanapee, das aus der Wohnstube, um mehr Raum zu schaffen, dorthin gebracht wurde. Seine Rücklehne war aus Rohr wie der Sessel geflochten. Außerdem deckte ein ehemaliger Klapptisch, an dem aber damals die Klappen fehlten, eine Anzahl dichtgedrängter Weinflaschen.

Von diesem als Küche unbenutzten Räume führten zwei Stufen in unser zwar an sich geräumiges, durch allerlei Möbel indessen verstelltes Wohnzimmer. Hinter der nach innen sich öffnenden Eingangstür stand, nicht allzuweit vom Ofen, ein kleiner

Tisch mit einem Tassenkorbe, worin die im gewöhnlichen Gebrauch befindlichen Tassen sich befanden. Für die regelmäßige Samstagsreinigung der Kinder diente zudem dieses Tischlein als Waschtisch. Der Ofen mußte, weil sein Rohr in den Küchenschornstein ausmündete, an dieser schmalen Wand zwischen genannter und der Alkoventür stehen. Zwei an der Westwand liegende Fenster erhellten das Zimmer. Wir hatten, sobald die Sonne sich über das gegenüberstehende Hintergebäude erhob, von Mittag an den direkten Sonnenblick. Von den zwei undurchbrochenen Wänden stieß eine an eine Art uns nicht gehöriger Vorratskammer, deren Eingang von der Brauerei ausging. Diese Wand war fast ganz mit schönen, in Mahagonirahmen gefaßten Kupferstichen bedeckt. Es waren darunter Landschaften nach trefflichen Meistern, auch historische und kirchliche Bilder, wie sie mein Vater von einem alten französischen oder italienischen Bilderhändler erstanden hatte. Später wurde ein großes Pastellkniebild, mich als kleinen Knaben vorstellend, in der Mitte der Wand aufgehängt. Darunter befand sich ein mit großer Sorgfalt ausgeführtes sogenanntes Quodlibet, eine Menge durcheinandergeworfener Zeitungs- und anderer Blätter darstellend. Mich hat diese Arbeit oftmals unterhalten, da ich darin eine Anzahl mir unklar gebliebener Rätsel zu lösen versuchte. Es gehörte diese zeitraubende Spielerei zu dem durch französische Schreibmeister gepflegten Schreibunterricht damaliger Zeit.

An dem Fenster in der mit der Bilderwand geformten Ecke stand ein mit grünem Tuch überzogenes verschließbares Schreibpult und hinter demselben in diesem Teile der Fensterbrüstung die ziemlich großen und zum Teil dicken Rechnungsbücher meines Vaters, für deren Führung er verschiedene Buchhalter nacheinander angestellt hatte. In der Mitte der Bilderwand stand das schon bei der Küche erwähnte kleine Sofa, bevor ein für meine ältere Schwester angeschafftes Piano den Raum einnahm. Auf diesem Kanapee hielt ich gewöhnlich vor dem Zubettgehen ein Vorschläfchen. In der östlichen Ecke der Bilderwand befand sich ein großes Himmelbett, in dem zwei Kinder schliefen und an der Ostwand selbst ein zweites für meine Eltern. Beide hatten ein sich über dem Bette wölbendes Gestell, das mit einem kleinblumigen weißen Himmelsvorhang bedeckt war. Weiter reihte sich an dieses Bett ein großer braungefirnißter, sehr geräumiger Kleiderschrank mit zwei Schubladen unten, in denen allerlei Schuhzeug lag. Auf dem Boden des Schrankes befand sich ein mit Silberzeug und dem etwa eingenommenen Gelde gefülltes Kästchen. An dieses Gerät lehnte ein sogenannter Großvaterstuhl, unter dessen beweglichen Kissen allerlei Lappen und Stecknadeln usw. aufbewahrt wurden. Über demselben hing ein Bild von London und später der Empfang des russischen Kaisers durch die königliche Familie. Das war das Wohnzimmer.

Eine immer offen stehende Glastür führte an der Nordwand in einen ziemlich dunklen Alkoven mit zwei Bettladen, einer kleinen, in der ich eine Zeitlang schlafen mußte, und einer großen zweischläfrigen, die nach Umständen verschieden benutzt wurde. Im Wohnzimmer hing zwischen den Fenstern ein sehr guter in Goldrahmen gefaßter Spiegel. Vor ihm stand ein Klapptisch mit heruntergelassenen Klappen, denen im Notfalle noch zwei Ansätze angeschoben werden konnten. Doch war der in die Mitte des Zimmers zum Mittagessen gerückte Tisch auch ohne diese Ansätze groß genug, um den gewöhnlich unsere Tischgemeinde bildenden acht bis zehn Personen Raum zu gewähren. In der verschließbaren Schublade, in der indessen der Schlüssel immer steckte, befand sich das Tischgedeck, Tischtuch und Servietten, dazu die im Gebrauch befindlichen silbernen Löffel – wir hatten keine anderen – und der sogenannte Messerkorb.

Die Putzstube, besonders die frischgescheuerte, war uns verboten. Dieselbe enthielt einen aus weißem Eichenholze gefertigten Sekretär mit Aufschlagepult und darin befindlichen Kästchen, unten drei Kommodenschubladen und oben einen etwas schmäleren Wäscheschrank. Über einem daneben stehenden sehr schönen Kanapee hingen die Pastellbilder meiner Eltern in einer damals nicht mehr modischen Tracht, später die Bildnisse meines Bruders Karl, meiner Schwester Henriette und meines Vetters Jean. Vor dem Kanapee stand gewöhnlich ein schöner runder Mahagoni-Klapptisch, später ein anderer, noch größerer in einer Ecke aufgeklappt. Ein sehr großer in Mahagonirahmen gefaßter Spiegel bedeckte die Wand zwischen den Fenstern und diente den

Offizieren, die ihre Uniform anprobierten, um sich von oben bis unten zu beschauen.

In dies Putzzimmer führte vom Flur aus, dicht an der halsbrechenden Treppe, eine zweite Tür, durch welche die Gäste eintraten. Eine alte Wäscherin und Putzfrau, die alte Lowise (Luise) genannt, ein ganz ungeniertes plumpes Bauernmädchen, konnte sich, wenn sie gerade dazu kam, nicht enthalten, die Herren Offiziere tüchtig auszuschelten, daß sie in die von ihr mit so vieler Sorgfalt gescheuerte Stube auf ungesäuberten Stiefeln eintraten. Die rhetorische Kost war so hausbacken, daß die durch dieselbe Gefeierten oft in entsetzliches Lachen gerieten. Freilich bestand immer ein großer Abstand zwischen der Treppenfarbe und der Weiße des Bodens in dem Putzzimmer. Doch ein Offizier von den Gensdarmen konnte sich daran nicht kehren. Unnütz vergeudeter Schweiß eines Bauernmädchens kam ja überall auf dem Lande vor, also nicht in Beachtung. Der Hausflur war der Haupttummelplatz meiner frühen Kindheit. Hier sah ich alle Leute, die zu meinen Eltern und in die oberen Stockwerke kamen. Zudem stand in einer Ecke, wie in den meisten Berliner Häusern, ein Verschlag mit einem Nachtstuhl, und in der linken Ecke befand sich das sogenannte Bügelbrett zum Abschleifen der Bügeleisen. Den Abtritt benutzten freilich nur die Glieder der Familie, das Bügelbrett alle Gesellen. Sie holten ihre Eisen aus der Küche, wo in der Mauer oberhalb des Herdes zwei starke eiserne Haken die zum Erhitzen gebrachten Eisen aufnahmen.

Zu den meine Bildung beinflussenden Erziehungsmotoren gehörte denn auch die »Gesellenstube«. Drei »Werkstellen«, je zu vier Sitzen, mit einem Werkkasten in der Mitte, auf welchem bei der Lichtarbeit ein breiter blechener Teller das Licht trug, standen so nebeneinander an der Fensterfront, daß nur zwischen denselben ein schmaler Raum hindurchzog. Ein Brett war an der Tür als Windschirm befestigt, um Zugbelästigung beim Öffnen der Türe den Gesellen der ersten Werkstatt zu vermeiden. Hinter der Tür und neben dem alten weißen Kachelofen stand eine alte Kommode mit drei immer geöffneten Schubladen, worin alles mögliche halbfertige und getrennte Zeug beisammenlag. In der dem Ofen gegenüberstehenden Ecke stand ein großes weiß gefirnißtes Spind mit zwei Flügeltüren zum Aufhängen der fertigen Arbeit, vor diesem Schrank ein mit einem breiten Brett bedeckter Kleiderschrank. Auf ihm standen am Sonntag, wenn nicht gearbeitet wurde, die Werkkasten, während die gescheuerten Werkstellen mit den vier bedeckten Öffnungen eher niedrigen Tischen als Sitzplätzen ähnlich sahen. Der vor dem Kleiderschrank befindliche Bügeltisch war eigentlich eine für den ehemaligen Lehrburschen bestimmte Schlafstätte, die an einer Seite offen war und deren Deckel, der eigentliche Bügeltisch, gehoben und so in der Höhe befestigt werden konnte. Jetzt war das Innere eine sogenannte »Pröhlbude«, mit durcheinander liegenden Bügelhölzern, Bügeleisen, Bügellappen usw. angefüllt. Für uns Knaben war das Verstecken in diesem Bügeltisch ein absonderliches Vergnügen, wurde aber schon wegen schmieriger Stiefel von den Gesellen nicht immer gern gesehen. Zu Zeiten starker Arbeitstätigkeit stand noch eine vierte Werkstelle im Zimmer zwischen dem zurückgestellten Bügeltisch und den anderen Werkstellen ...

Wichtig, sehr wichtig war mir die einfenstrige eigentliche Küche meiner Mutter. Auf dem sehr großen Herde mit gußeiserner, aber nicht von unten erwärmbarer Platte ward das Feuer unter den auf Dreifußen stehenden Töpfen, Pfannen und Kasserollen geschürt. Große, mehrere Maß enthaltendeTöpfe dienten für Fleisch und Gemüse. Nach üblicher Weise waren sie von unten bis oben mit Draht beflochten und hielten, auf solche Weise gebunden, auch wenn sie etwas geborsten waren, lange aus. Kochendes Wasser unterhielt ein großer kupferner Teekessel, mußte aber, weil unser Brunnenwasser sehr viele erdige Teile enthielt und ansetzte, von Zeit zu Zeit, wie man sagte, ausgeklopft werden. Wandernde Kesselflicker durchzogen von Zeit zu Zeit mit dem merkwürdigen Singsang »Teekessel auszuklopfen, Schmortiegel zu löten, Löffel zu gießen«, wobei sie jeden Gegenstand eine kleine Terz tiefer abfallen ließen, durch die Straßen, um sich sodann, nach gefundener Arbeit, zu derselben an einer Ecke oder einem Hause zum Geschäft niederzulassen. Doch ließ meine Mutter, weil sie wenig Vertrauen zur Kunst solcher Schnurranten besaß, bei einem im sogenannten »Durchgange« wohnenden Kupferschmied Bär ausklopfen, fand aber, wenn die entkalkten Stellen des Teekessels zu dünn oder löcherig wurden, oft Gelegenheit zum Schelten ...

Noch zweier alljährlich vorkommender Ereignisse muß ich erwähnen. Wir hatten in der Küche ein Fäßchen, in welchem die Knochen aufbewahrt wurden, und in dem Stalle ein Gelaß für allerlei Fett. Bei der Masse von Lichtern in vier Zimmern kommen natürlich viele Talgabfälle. Dazu brachte das jährliche Ochsenschlachten eine weitere Menge Fett. Da wir nur gutes Holz brannten, ward auch im Stall ein sogenannter Escher gehalten und aus demselben Lauge gezogen. So kam denn auch alljährlich ein Seifensieder ins Haus und sott Seife. Das Gekoch wurde dann in zwei Waschkübel gegossen und nach einigen Tagen ausgeschüttet und getrocknet. Meine Mutter verbrauchte aber nur die mehrere Jahre auf Lager gewesene Seife, nachdem sie die einzelnen sehr starken Stücke mit dem Beil zerschlagen hatte. Die Abgänge wurden zu Seifenbrühe verkocht. Viel mehr Lärmen verursachte aber das Schlachten des Ochsen und auch einmal eines Schweines. Wir teilten den Ochsen mit einem Vetter Ohse und seiner zahlreichen Familie. Bei uns wurde das Fleisch eingesalzen, so daß es alle Donnerstage abends oder über Mittag Pökelfleisch und Erbsen gab. Als Königsberger hatte mein Vater eine große Vorliebe für grüne Erbsen, ließ daher von Zeit zu Zeit – damals eine viel schwerere Aufgabe bei dem langsamen Verkehr – ein Fäßchen seiner Heimatkost kommen, zu nicht großer Freude von uns an diese Kost nicht gewöhnten Kindern. Übrigens bestand bei unseren Mahlzeiten eine gewisse Regelmäßigkeit. In der Woche gab es selten etwas Gebratenes, doch zierte ein Kalbsbraten oder zur Wildzeit ein Stück Wildbret den Sonntagstisch. Es gehörte dazu auch die den Franzosen so lächerlich vorkommende Beigabe des Gerichts gedorrter Zwetschen oder im Herbst frischen Obstes. Unsere Tafel war aber gewöhnlich nur aus Suppe, Gemüse und Fleisch zusammengesetzt. In den glücklichen Tagen meines Vaters fehlte dabei ein gutes Glas Wein niemals. Ein Fäßchen Weißwein kam von Zeit zu Zeit in den Keller und wurde dann, in Flaschen verzapft – was mein Vater selbst besorgte –, auf einer sogenannten Stellage aufbewahrt. Einmal kam auch ein Fäßchen Aßmannshäuser an und erregte bei unserem Hauswirte, dem nur Bier und Schnaps zu Gebote stand, einige aus Neid geborene Sticheleien. Der Herr Hauswirt gehörte nicht zu unseren Gästen, wenn mein Vater einmal sonntags abends einige Familien zur großen Tafel in die Putzstube lud. Da ging es dann fröhlich her, und es wurden allerlei Lieder gesungen.

Garnison in Berlin. Die hiesige Garnison besteht etatmäßiginclusive der Unteroffiziere und Spielleute, von welchen aber in Friedenszeiten die Beurlaubten, welche nur zur Revuezeit anwesend sind, abgerechnet werden müssen, aus folgenden:

60 Compagnien Musquetier 9.440 Mann
12 Compagnien Grenadier 2.316 Mann
20 Compagnien Fuß-Artillerie 3.960 Mann
6 Compagnien reitende Artillerie 1.196 Mann
6 Compagnien Pontoniere 54 Mann
3 Compagnien Garde du Corps 225 Mann
10 Compagnien Gens d' Armes 820 Mann
5 Esquadrons Husaren 755 Mann
1 Commando reitende Feldjäger 22 Mann
Summa 18.788 Mann

ohne Offiziere, den Unterstab, Frauen und Kinder, und ohne das Cadetten- und Invaliden-Corps. Ein Regiment Landmilitz wird nur in Kriegszeiten zur Bestellung der Wachen zusammengebracht, jedoch die Ober- und Unteroffiziere und Spielleute werden auch in Friedenszeiten beständig besoldet. Rechnet man zu obigen die Frauen und Kinder und alle zum Militär gehörige Personen, so kömmt eine Summe von mehr als 40.000 Personen heraus. Beurlaubte sind von jeder Compagnie 60 Mann erlaubt.
Aus: Berlin 1806, Das Lexicon von Johann Christian Gädicke, Seite 112

Das Militär in Berlin vor Napoleon
Eduard Dürre (1796 - 1879), Pädagoge und einer der
Begründer der Turnbewegung

Vor 1806 verhielt es sich im Militär und besonders bei dem
Regiment Gensdarmes ganz anders als nach dem Kriege. Die
Offiziere hatten, wie die Studenten, einen eigentümlichen Com-
ment, eine gewisse Lebens- und Verhaltungsweise; nur bestand
bei den Offizieren, neben der großartigen Anmaßung der sogenannten »bürgerlichen Kanaille« gegenüber, eine ziemliche Portion Unwissenheit. Unter den Unteroffizieren, welche in das
Kommis-Arbeitszimmer häufig kamen, befand sich auch ein gewisser Bredow, der Geheimschreiber seines Rittmeisters und
Schwadronschefs. Dieser konnte die Feder nur schlecht führen,
war überhaupt des Schreibens nicht mächtig; kurz, Bredow
mußte überall mit seiner Handschrift für den Herrn Rittmeister
eintreten in Privat-, wie in Geschäftssachen. Wie konnte man sich
darüber nur wundern? Was die Herren Kadetten (cadet heißt der
jüngere, vom Erbteil ausgeschiedene Sohn) in den damaligen
Kadettenhäusern lernten, konnte unmöglich Bedeutendes sein.
Durften sie bei der Unteilbarkeit der Güter kein eigentlich bürgerliches Geschäft unternehmen, so blieb ihnen, da das standes-
mäßige Verbleiben auf der Universität immer viel Opfer verlangte, kaum etwas anderes übrig als die Militärkarriere. Aber was
war diese Kadettenerziehung? Die Hauptsache drehte sich um
den militärischen Schick und um die Haltung gegen die Vorgesetzten. Das Lernen war sehr beschränkt...
Tollheiten begingen die Gensdarmesoffiziere noch genug zu
meiner Zeit. Abgesehen von dem zu allen Zeiten üblichen Verkehr derselben mit jungen Bürgermädchen, mit Tänzerinnen
und Schauspielerinnen, mit Kammerdamen und höherge-
stellten Persönlichkeiten, übten diese Herren auch in Aufzügen,
öffentlichen Theatern und Maskeraden ein bedeutendes Korps-
gebaren ...
War es damals eine Seltenheit, daß Bürgerliche zu Offizieren
ernannt wurden, so konnte auch den geistig unbedeutendsten
Kadetten selbst bei mangelnder Bildung eine Stelle nicht entge-

hen. Die kleinen Kadetten, deren Degen, um Unfug zu vermeiden, eingenietet gewesen sein sollen, genossen im Publikum keine besondere Achtung, so daß allerlei Geschichten über sie, welche man »Kartüschchen« nannte, erzählt wurden. So kam ein junger Kadett zu einer Hökerin, um sich Obst zu kaufen. Nachdem er hin und her an der Ware gemäkelt und dann gehandelt hatte, hob die Händlerin zornig ihr Maß in die Höhe und rief: »Du Endeken von Militär, ick schlage Dir mit die Viertelmetze auf 't Hauptquartier, det de janze Armee wackelt!« Diese Drohung, ob wirklich ausgeführt, ob erfunden, lebte im Munde des Volkes.

»Ein Endeken von 't Militär«, hieß es bei jedem kleinen Kadetten. Daß die preußischen Offiziere damals keine rechte Standesbildung besaßen, erweiset sich daraus, daß, als man vor der Schlacht von Jena den Offizieren Karten von Thüringen aus der Weimarschen Handlung (geogr. Institut) verteilte, die Mehrzahl nicht wußte, was damit anzufangen. Es wurde damals sogar erzählt, daß unsere Truppenabteilungen, nachdem sie geschlagen waren, statt ostwärts auf Berlin zu marschieren, die Richtung nach Erfurt einschlugen ...

Das Spießruten- oder Gassenlaufen war noch sehr gewöhnlich. Bei einem solchen in der Stallgasse, der Straße zwischen Letzte Straße und Georgenstraße in der Fortsetzung der Universitätsstraße, ausgeführten Strafverfahren mußte ich Zeuge sein, da mich unsere neugierige Magd mitnahm und auf dem Arme hinzuführte. Mir ist noch heute die Aktion erinnerlich, bei welcher der halbnackte Sträfling zwischen zwei Profossen ging, von denen einer den Degen nach hinten, der andere nach vorn gegen den Gehauenen gerichtet hatte, damit er nicht entrinnen konnte. Von beiden Seiten hieben Soldaten mit ihren Ruten herzhaft auf den bloßen Rücken des Ächzenden ein. War diese Strafe vorüber, so wurde der Sträfling auf die Wache gebracht, mit irgendeiner Flüssigkeit eingerieben und konnte möglicherweise, wenn er die Zahl seiner Gänge durch die Gassen nicht vollendet hatte, später die Plage fortsetzen. Außerdem war das Fuchteln eine auf bestimmte Fälle ausgesetzte Strafe. Eine sogenannte Fuchtelklinge wurde auf dem

Eiselenschen Fechtboden aufbewahrt. Sie war so biegsam und zugleich elastisch, daß man die Spitze bis zu dem Korbe biegen konnte und daß sie, wenn der Druck nachließ, wieder in ihre vorige Stellung zurückschnellte. Beim Gebrauch dieser Waffe als Strafmittel wurde der untere Teil der Klinge beim Hiebe auf die eine Schulter angesetzt, schlug dann über den Rücken und mit der Spitze über den Arm auf die Brust. Ich habe eine solche Strafübung nie gesehen, doch von erfahrenen Leuten gehört, daß bei nicht festen Personen solches Treffen der Brust durch die Degenspitze häufig Brustkrankheiten erzeugt hätte. Und wie oft waren solche Strafen die Folgen von Zerrissenheit des Gemüts in dem Soldaten! Zu unserem Hauswirt kam bisweilen ein Gensdarm mit Namen Radecke. Man hatte ihn gern und bedauerte ihn, als man hörte, daß er sich die Ungunst eines Vorgesetzten zugezogen und, eine harte Strafe fürchtend, sich im letzten Hause der Mittelstraße erschossen habe.

Die wilde Sommerschlittenfahrt der Militärs im Juli 1806
August Ludwig Ferdinand Graf von Nostitz (1777 - 1866)

Wir saßen eines Abends im Wachtzimmer im Kreise beisammen und verplauderten die Zeit, der Schwanke gedenkend, welche wir und noch mehr vor Jahren unsere berüchtigten Vorgänger ausgeführt. Dabei wurden die mancherlei öffentlichen Aufzüge und Mummereien nicht vergessen, darin sich die Gensdarmen-Offiziere in den Straßen Berlins gezeigt hatten. »Man müßte mal wieder so einen Spaß machen!« – »Aber welchen, wie?« – »Natürlich einen Aufzug zu Pferde.« Nach längerem Hin- und Herreden schlug der Rittmeister Königseck vor, das dazumal in Berlin häufig aufgeführte Spektakelstück Werners, Weihe der Kraft, zu einer Mummerei und einem Aufzug zu wählen. Der Vorschlag gefiel, und es wurde folgende Parodie des Stücks entworfen. In einem Auftritt desselben wird in Wittenberg ein Nonnenkloster aufgehoben, und der diese Handlung vollziehende sächsische Kanzler sagt den Frauen: »Geht in die Welt und wirket!« Alle verlassen hierauf das Kloster, und es ist im Stück keine

Rede mehr von den in die Welt gestoßenen Nonnen, nur Katharina von Bora bleibt auf der Szene, um später Luthers Frau zu werden. Die Parodie sollte nun ergänzend das fernere Schicksal der übrigen Nonnen darstellen. Diese nämlich, so ward angenommen, ziehen, um einen Wirkungskreis zu suchen, nach Berlin und finden hier in Madame Etschern (einer bekannten Kupplerin) die Vorsteherin, unter der sie zu wirken anfangen. Als Luther solches vernimmt, reist er in Begleitung seiner Hausfrau nach Berlin, um die neue, nutzbar gemachte Frauenanstalt zu besuchen. Hier machte er eines Tages zur Erholung eine Schlittenfahrt mit den ehemaligen Lebensgefährtinnen seiner geliebten Katharina und ihrer neuen Vorsteherin, der Madame Etschern, die auch auf Beachtung der Klosterregel zu halten hat und ihre pflegebefohlenen Jungfrauen nicht ohne Aufsicht in die Welt lassen kann.

Der also gemachte Entwurf dieses etwas rohen Spaßes, wobei wir, zu unserer Entschuldigung sei's gesagt, nur den Wernerschen Dr. Luther, nicht den geschichtlichen Riesen und Glaubenshelden ins Auge faßten, wurde belacht und ausführbar gefunden. Damit aber am anderen Tage das ausgesonnene Stückchen nicht wie ein verschollenes Gespräch vergessen würde, schlug ich eine Unterschrift vor und erbot mich zur tätigen Inswerkstellung des Ganzen. Dies ward auch beliebt, und bald standen auf meinem Blatte dreizehn bis fünfzehn Unterschriften (bloß Gensdarmen-Offiziere). Nachdem wir uns hierauf Stillschweigen zugesagt, ging ich ans Werk. Ich ließ einen Schlitten auf niedrige Räder setzen und diese mit herabhängendem grauem Tuche bedecken. Vier rüstige Pferde konnten dieses Fuhrwerk bequem ziehen. Darauf wurden folgende Verhaltungsregeln aufgesetzt: Jeder Teilnehmer stellte vier bis sechs Vorreiter, alle reich gekleidet, in Jacken mit Gold- und Silbertressen, wie solches bei großen Schlittenfahrten üblich ist. Ferner versieht er sich mit einem wohlangepaßten und anständigen Frauenanzug, sowie mit einem Damensattel für sein Pferd. Aus der Theatergarderobe wird die Tracht Dr. Luthers, sowie seines Famulus und der Katharina von Bora entlehnt oder gekauft. Desgleichen wird ein Anzug angeschafft, der nach dem gewöhnlichen Hauskleide der Madame Etschern gemacht ist, dazu eine Punschkelle und ein

Bund Schlüssel. Alle Offiziere als Frauen gekleidet, kommen auf ihren Paradepferden, nur derjenige, der Madame Etschern agiert, reitet ein kleines Pferd, Langschwanz, mit aufgesteckten Esels- ohren. Im Schlitten sitzt Luther mit seinem Famulus, der in der Hand seines Herrn Flöte hält, die lächerlich lang sein muß. Katharina reitet auf der Pritsche, in der einen Hand eine Fackel, in der anderen eine Hetzpeitsche haltend. So lautete das Pro- gramm, dem getreulich nachgehandelt ward.

Am 24. Juli 1806 sammelten sich sämtliche Teilnehmer in meiner Wohnung, die Offiziere als Frauen gekleidet, Graf Herz- berg in der Tracht Luthers, Leutnant Ziethen in den Kleidern der Etschern, ein Junker vom Regiment als Famulus vermummt. Ich endlich, der Riesenhafte, stellte die zarte Katharina von Bora vor. Prachtvoll gekleidete Vorreiter mit Fackeln fehlten nicht.

Plötzlich, als alles rasch gerichtet, die Fackeln entglommen waren, brach der Zug in der vorgezeichneten Ordnung, von einem Lichtmeer übergossen, aus der Charlottenstraße unter die Linden hervor und bewegte sich mit gemäßigter Eile durch die zusammeneilenden Haufen von Zuschauern, die zuerst mit Verwunderung den Glanz des Zuges angafften, dann, wenigstens zum Teil, die Bedeutung der Gestalten erkennend, die Anspie- lungen belachten und laut das helle Schaugepränge bejubelten.

Aber bald sprengten Husaren und Polizeidiener zu Pferde heran, die der Gouverneur von Berlin, Feldmarschall Möllendorf, geschickt hatte, um der Posse zu wehren und den Zug aufzuhal- ten. Indessen es war solches schon zu spät, die Schaarwache diente nur dazu, die uns hemmenden Haufen der Zuschauer zu lichten, und wir durchzogen eine Stunde lang mit zunehmender Schnelligkeit die Straßen, bis der Zug in sausendem Galopp in eine entlegene Straße sich verlor und die Fackeln verlöschten.

Wir glaubten damit auch den ganzen Schwank verlöscht zu haben und jubelten im stillen über die glückliche Ausführung der Posse, als nach mehreren Tagen, wie schon unter uns keine Rede davon war, ein königlicher Parolebefehl die strengste Untersu- chung gegen die Anstifter und Teilnehmer jenes Skandals anbe- fahl. Dieses Ungewitter verhängte über uns der einflußreiche Kabinettssekretär Beyme, der, heimlich angetrieben von seiner

Frau, deren, wie so vieler anderen Mißfallen ich mir durch mein keckes Wesen zugezogen hatte, in dem lustigen Streich einen Angriff auf die Heiligkeit und Unverletzlichkeit der Kirche sehen wollte. Des Königs Unmut traf den erschrockenen Chef, den strengen Kommandeur und, im Gegenschlag, das ganze Regiment, so daß wir Schuldbewußte, durch freimütige Angabe unserer Namen, den allgemeinen Sturm beschwören zu müssen glaubten.

Wo viele gesündigt, können einige hoffen, frei durchzuschlüpfen, ohne der Strafe zu verfallen. So widerfuhr es uns. Der älteste Teilnehmer an der Mummerei, dem Range nach, der Stabsrittmeister Alvensleben, mein Freund, büßte am härtesten. Er ward nach Schlesien zum Kürassierregiment Holtzendorf versetzt. Die nach der Anciennität [Dienstalter] ihm zunächststehenden drei Offiziere kamen in Arrest auf dem weißen Saal im Schlosse, wo seit dem unglücklichen Katte, dem Jugendfreunde Friedrichs II., kein Gensdarmen-Offizier gesessen hatte. Den anderen Offizieren wurde ihrer Jugend wegen und in Hoffnung reuiger Besserung nachgesehen.

Kuriere aus Paris
Johann Jakob Otto August Rühle von Lilienstern (1780 - 1847), preußischer Generalleutnant, Adjoint im preußischen Generalstab 1806/07

In der Mitte des Erntemonats, als noch jedermann mit Ungeduld die Beendigung der zwischen Preußen und Schweden entstandenen Mißhelligkeiten herbeiwünschte und als man im Begriff war, die ernsthaftesten Anstalten zur Belagerung von Stralsund [In schwedischem Besitz; Schweden hatte bereits im April die Blockade über alle Ostseehäfen verhängt und preußische Schiffe gekapert.] zu treffen, ereignete sich plötzlich eine nur von wenigen scharfsehenden und in die geheimen Machinationen der Kabinette eingeweihten Köpfen vorausgeahnte totale Umwälzung aller militärischen Anordnungen und des gesamten bisher von Preußen öffentlich beobachteten politischen Systems.

In einer Stadt wie Berlin kann eine Revolution im Kabinett nicht lange ein Geheimnis bleiben. – Es waren mehrere Kuriere von Paris angelangt; die Minister und geheimen Räte sah man auf der Chaussee von Charlottenburg [Dort hielt sich der preußische König auf, heute Straße des 17. Juni] kommen und gehen; in dem Bureau des Grafen Haugwitz herrschte eine ungewöhnliche Tätigkeit; die Zimmer des Kriegskollegiums waren bis tief in die Nacht erleuchtet, und kurz, aus tausend kleinen Anstalten, die dem neugierig-gaffenden Publikum selten entgehen, sah man, daß irgendein wichtiges Phänomen am politischen und militärischen Horizonte im Aufgange begriffen sein müsse.

Der geheimnisvolle Schleier lüftete sich schnell genug. Schon zwei oder drei Tage nach dem ersten Wahrnehmen dieser Gärung wußte die ganze Stadt, was im Werke sei.

»Unser Gesandter in Paris«, flüsterte man an allen Ecken, »hat Lärm geblasen; wir sollen Hannover wieder herausgeben, Bayreuth, Mark und Ostfriesland abtreten; das tut der König nicht, und es gibt Krieg gegen die Franzosen, gegen die Franzosen!« Wenige waren geneigt, der wahrgenommenen Betriebsamkeit diese unwahrscheinliche Deutung zu gestatten, aber hier erschien ein Stallmeister, dort ein Bedienter oder Sekretär mit Operationsplänen und Truppenverteilung in der Hand, um den neuen Glauben zu predigen; sie wußten genau, wie stark jedes Armeekorps sei, von welchen Generalen sie angeführt werden würden, was ihre Bestimmung sei, wo und wie stark man die Lieferungen ausschreiben wolle, mit einem Worte alles, was sonst und an anderen Orten erst spät nachher, oft gar nicht, ins Publikum kommt und allerdings hinreichend schien, die störrigen Ketzer zu bekehren. Die Herren Beyme und von Haugwitz bemühten sich ihrerseits durch persönliche Versicherung, dem Gerüchte Glauben zu verschaffen, und man wußte bald aus ihrem Munde, daß ein Krieg mit Frankreich unvermeidlich sei, weil das preußische Kabinett beschlossen habe, die Integrität des vaterländischen Staats und der mit ihm so nah und bald noch näher verwandten nordischen Hälfte Deutschlands mit bewaffneter Hand gegen die gewalttätigen Eingriffe des transrhenanischen [Jenseits des Rheines = Frankreich] Kolossen aufrecht und unangetastet zu erhalten.

Doch dem allen zum Trotz schüttelte noch immer der größere Teil des Publikums ungläubig den Kopf; man wollte es nicht glauben, daß Preußen, eben dieses Preußen, das neun oder zehn Monate früher sich nicht hatte entschließen gekonnt, der Koalition der beiden östlichen Kaiserhöfe ernstlich beizutreten, das noch bis diesen Augenblick den schwedischen Neckereien einen unbegreiflichen Langmut entgegensetzte und das soeben, zugunsten Frankreichs, an England den Krieg erklärt und dabei, ohne einen Schwertstreich getan oder ein Gran Pulver verplatzt zu haben, dreißig Millionen Taler ruhig eingebüßt oder vielmehr in die Hände geliefert hatte – daß eben dieses Preußen, sage ich, jetzt mit einem Male die Farbe wechseln und ganz allein, von aller fremden Hilfe entblößt, an den Ufern des Mains und der Weser einen blutigen mißlichen Kampf, einen Kampf um Leben und Existenz beginnen werde.

Man hielt es um so mehr für ein leeres Gerücht oder wähnte irgendeine andere geheime Absicht hinter dem vermeintlichen Gaukelspiel, je mehr eben die Männer, deren entschiedene Anhänglichkeit für die französische Partei bekannt genug war, sich's angelegen sein ließen, das Publikum zu überreden, sie seien die Urheber dieser plötzlichen Metamorphose.

Es häuften sich indessen täglich die Bestätigungen aus glaubhaftigeren Quellen. Man wußte, daß verkleidete Feldjäger insgeheim nach Oehringen geschickt worden waren, um den Fürsten Hohenlohe aufs schleunigste nach Berlin zu berufen. Der General Rüchel traf von seinen Gütern, der Obrist Massenbach von der Armee aus Pasewalk daselbst ein. Der Graf Goetzen, der im Jahre zuvor die Allianz mit Sachsen betrieben hatte, wurde nach Dresden geschickt, und von seiten des Kurfürsten von Hessen erschien der Minister von Waitz in Berlin. An alle Regimenter, die nicht bereits auf dem Feldetat standen, mit Ausnahme der ostpreußischen Inspektionen, war durch die Post der Befehl ergangen, sich unverzüglich mobil zu machen; die Beurlaubten wurden eingezogen, und die Lieferungen nahmen ihren Anfang. Jetzt war die Gewißheit der Kriegsrüstung entschieden; Krieg gegen Frankreich war längst der Wunsch der Menge, und sobald man sich überzeugt hatte, daß nun der Krieg gewiß sei, bedurfte es eines geringen Grades von Einbildungskraft, um sich auch mit der Vorstellung vertraut zu machen, daß es ein ehrenvoller und glücklicher Krieg sein werde.

Louis Ferdinand tot, der Orkan braust heran

Garlieb Merkel (1769 - 1811). Merkel mußte beim Einzug der Franzosen Berlin verlassen, weil er mit seiner Wochenschrift »Ernst und Scherz« (später mit Kotzebues »Freimütigen« vereinigt) seit 1803 Napoleon bekämpfte.

Während des Sommers wurden der Regierung mehrere Pläne zur allgemeinen Volksrüstung und zur Verteidigung von Berlin übergeben. Man sprach von den Anerbietungen mehrerer Provinzen, Freikorps zu errichten. – Die Regierung, im Mittelpunkte des ganzen Staates, mußte natürlich die Rätlichkeit derselben am besten beurteilen können und fand nicht für gut, sie auszuführen. Ihre freundliche Ablehnung wurde indes vom Volke mißverstanden, das größtenteils darin nur Mißtrauen, Geringschätzung und die Erklärung sah, daß es sich um die Sache, die es bereit war, mit Gut und Leben auszufechten, nicht zu bekümmern habe. Mich dünkt, dies erklärt hinlänglich, wie der Enthusiasmus sich späterhin in so bittere Gleichgültigkeit verwandeln konnte. Es erklärt, wie jene Gleichgültigkeit hier und dort sogar in noch verwerflichere Empfindungen übergehen konnte als der Versuch, die Sache durch das Heer allein auszufechten, so sehr mißlang und nun das Volk die Folgen trug, zu deren Abwendung es so gern mitgewirkt hätte.

In Berlin erhielt sich die Teilnahme am längsten; sie verwandelte sich sogar wieder in Enthusiasmus, als die Armeen sich nun einander näherten; aber auch dieser ging wieder in Ärger über, als nach Entfernung des Hofes durchaus keine Nachrichten mehr nach Berlin gesandt oder doch nicht bekanntgemacht wurden. »Man hält uns nicht der Mühe wert, uns etwas erfahren zu lassen«, hörte man häufig sagen, selten ohne eine beigefügte Verwünschung gegen den Kabinettsrat Lombard, der sich einmal Haß und Argwohn beim Publikum zugezogen hatte.

In trüber, unruhiger Erwartung schmachtete man vom Morgen bis zum Abend und wieder vom Abend bis zum Morgen Nachrichten entgegen, die nicht einliefen. Schon ganz früh eilten viele von einem Bekannten zum anderen, um nachzufragen, oder warfen sich beim Anbruch der Nacht noch einmal in die Kleider, um wieder nachzuforschen. Der einfache Umstand, den ein Reisender erzählte, er habe den König in Weimar sehr heiter spazierenreiten sehen, erheiterte und beschäftigte die ganze große Residenz einen Tag lang.

Endlich verbreitete sich das Preußische Kriegsmanifest. Man hatte sich so sehr danach gesehnt, die Regierung über diese Angelegenheiten sprechen zu hören, daß man es mit Entzücken las, es für ein Meisterstück der Beredsamkeit erklärte.

Wieder eine peinliche Stille. Am 13. Oktober lief eine Nachricht ein, aber nur durch einen Privatbrief. Der Fürst von Hohenlohe hatte einer Prinzessin geschrieben, General Tauentzien habe sich glücklich bis Orlamünde zurückgezogen und werde tags darauf zu ihm stoßen. – Tausend Abschriften liefen von dieser unbedeutenden Nachricht umher, und Tauentzien war der gefeierte Held des Tages: er hatte doch etwas getan; man wußte doch etwas von ihm.

Diese Freude wurde schon am folgenden Tage durch die Nachricht von der Niederlage und dem Tode des Prinzen Ludwig Ferdinand im Vorhutgefecht bei Saalfeld (10. Oktober 1806) hundertfach verbittert. Anfangs wollte niemand daran glauben. Auf Märkten und Gassen, in den Klubs und Kaffeehäusern, sah man große Haufen stehen, und wer in ihnen zu Worte kommen konnte, bewies die Unmöglichkeit des Ereignisses. Mit immer wachsender Überzeugung hörte man ihn an, bis etwa jemand hinzutrat, der noch einen Umstand des Vorganges zu dem schon Bekannten hinzufügte, der alle Beweise vom Gegenteil zu Boden schlug. Traurig und schweigend schlich dann die Versammlung auseinander. – Als die Gewißheit von dem Tode des Prinzen sich nicht bestreiten ließ, brach eine allgemeine Trauer aus: er galt für ein Nationalunglück. Alte Frauen, die den Prinzen nie mochten gesehen haben, zerrauften auf offener Gasse ihr graues Haar darüber; und ernste, feste Männer, die mit dem Prinzen in keiner

Verbindung standen, sprachen mit Händeringen von seinem Verlust.

Die Vaterlandsliebe, die durchaus nicht fürchten wollte, kämpfte auch diese Erschütterung nieder. Man überlegte die Umstände der Niederlage; bald zürnte man mit dem Prinzen, daß er die erhaltene Order übertreten, und hätte man Zeit gehabt, man wäre vielleicht zu Verwünschungen gegen ihn gekommen. Aus Potsdam brachte man, dort werde ein sehr entfernter Kanonendonner gehört. Bald erfuhr man, auch in einer Gegend von Berlin hörte man ihn. Geisterbleich strömte die Menge hinaus, ihn zu hören, und auf den Gassen sah man häufig Menschen langsam gehen und leise auftreten und dabei nach dem Boden lauschen, ob nicht auch unter ihren Füßen die furchtbaren Bebungen wie unvernehmliche Geisterstimmen vom Heil oder Untergang verkündeten. Endlich lief die Nachricht ein, der Kanonendonner entferne sich. Also Sieg! schloß man, die Feinde fliehen! – Es scheint das Gefecht bei Halle gewesen zu sein, das man hörte; denn auch von diesem kam, ungeachtet der Nähe von Halle, keine Nachricht nach Berlin.

Auch ich gehörte zu den immer wieder Ermutigten, die aus Grundsatz hofften. Ruhig lag ich früh an einem der schönsten Herbstmorgen – ich glaube, es war am 17. Oktober – am Fenster und sann auf einen recht kräftigen Schluß für einen Aufsatz, der an demselben Tage gedruckt werden sollte. Am Abend vorher waren dunkle Gerüchte von einer verlorenen Schlacht umgelaufen. Desto gewisser, dachte ich, kommt es jetzt zu einem Aufruf an das Volk, der dem Kriege eine andere Gestalt und zum Eintreffen fremder Hilfe Zeit schaffen muß. Indem sah ich einen Kurier langsam die Friedrichstraße herauffahren. Ein langsamer Kurier konnte kein Freudenbote sein. Ich kleidete mich schnell an und ging zu dem Geheimrat T – r. Er war schon seit zwei Stunden bei dem Gouverneur, Minister Schulenburg. Ich folgte ihm dahin. Vor dem Hause stand ein dichtes Gedränge von Menschen; aber ein Gorgonenhaupt schien darin zu walten: jeden Augenblick gingen Menschen mit lebhaft gespannten Gesichtern hinein, und andere kamen gesenkten Hauptes, mit erloschenem Blick wieder heraus. Der Vorsaal, war mit Beamten gefüllt. T – r war unter ihnen. Er sagte mir mit erzwungener

Fassung: »Wir haben eine Schlacht verloren!« und reichte mir eine Bekanntmachung. Ich nahm sie mit der festen Überzeugung, sie sei ein Aufruf zu den Waffen und las – die so famos gewordenen Zeilen: »Ruhe ist die erste Bürgerpflicht!« Die Hände sanken mir, und ich las nicht weiter. Erst auf der Straße wurde ich hernach auf den ferneren Inhalt aufmerksam, als ein alter Mann seiner Frau vorlas, alle Prinzen seien wohl; und sie ihm antwortete: »Aber was macht unser Jakob?«

Ich fragte nach dem Minister, und T – r flüsterte mir zu, er sei ausgegangen, um selbst Anstalten zur Räumung von Berlin zu treffen. Ich zog mich in eine Fensterblende zurück, um meine Lage zu überdenken. Während des Sommers hatte ich wegen meiner Aufsätze gegen Frankreich anonyme Warnungen und endlich gar Drohungen erhalten, die mich immer bewogen, nur noch heftiger zu schreiben. Mit den Pariser Zeitungen war ich längst darüber in offenem Kampf; denn ich hatte härtere Sachen gegen sie und ihr Treiben drucken lassen als der unglückliche Palm, den Bonaparte vor acht Wochen in Freundesland arretieren und erschießen ließ. Zudem war ich ein Fremder, ein Russe, und konnte keine Autorisation vom Preußischen Hofe aufzeigen. Man hätte mich für einen Emissär [Kundschafter] erklärt, und das gelindeste Los, das ich erwarten durfte, war, in harter Gefangenschaft nach Frankreich geschleppt zu werden.

Eben trat der Minister herein. Ich bat ihn um einen Paß. »Ja«, sagte er, »Ihnen ist wohl zu raten, daß Sie sich entfernen. Aber eilen Sie. Ich werde bald verbieten, Pferde hinauszulassen.«

Betäubt von dem Vorgang, den schnell unterzeichneten Paß in der Tasche, geh ich fort Aus einer Seitengasse tönt Gesang. Ich lausche hin. Die Kurrendeschule [Almosen ersingend] steht vor einem Hause und singt aus einem Schlachtliede:

Auf, Jüngling, auf! und Greis und Mann!
Kühn unserm Recht vertraut!
Zu Kampf und Sieg heran!
Für Preußens Thron und alten Ruhm!
Für Weib und Kind und Eigentum!
Der Bräut'gam für die Braut!

Die Trommel ruft! Die Fahne weht!
Es gilt fürs Vaterland!
Heran zur Schlacht für's Vaterland!

Ich verwünschte den hämischen Zufall und eilte zu dem
Verleger meines »Freimütigen«, um ihn zu bitten, da er besser
darüber Bescheid wissen mußte als ich, die Bestellungen zu meiner Abreise zu machen. Ich fand den armen Mann ganz außer
sich und selbst zur Flucht entschlossen. Wir wurden bald einig,
gemeinschaftlich zu reisen. Ein Freund versah ihn mit einem
schon bespannten Wagen bis zur nächsten Station; aber er war so
eilig, daß er mir nicht einmal Zeit ließ, meinen Koffer zu packen
Ich ließ ein kleines Bündel von Kleidern und Wäsche in den
Wagen werfen, und wir traten die Reise an. Die öffentlichen
Plätze waren schon mit Wehklagenden gefüllt. Wir sahen viele
Bekannte darunter, aber der einzige Gruß, den wir erhielten oder
gaben, bestand im Aufheben der Hände und traurigen Achsel-
zucken. Wie so ganz anders, dachte ich, wäre die Physiognomie
dieser Stadt gegenwärtig, wenn statt der Ermahnung zu Ruhe ein
zürnender Aufruf zu den Waffen erlassen worden wäre!

Der Weg zum Tor führte uns durch eine abgelegene Stadtgegend. Hier war die Schreckensbotschaft noch nicht hingelangt,
und das Alltagsleben zeigte noch überall sein ruhiges, nichtssa-
gendes Gesicht. Mir, der den heranbrausenden Orkan schon
hörte, der dies alles zusammenwerfen würde, war auch die ge-
meinste Szene anziehend. Nicht bloß die Mutter, die vor der Tür
sitzend auf ihren Säugling herablächelte, auch die Buben, die sich
haschten und rauften, selbst ein Jude und ein Hausknecht, die um
eine alte Jacke feilschten, schienen mir idyllische Gruppen.

Franzosen in der Friedrichstraße
Ludwig Rellstab (1799 - 1860), Redakteur der
Vossischen Zeitung

Als eines Vormittags die Nachricht in die Schulklasse drang, die
Franzosen rückten wirklich ein und ein Regiment Chasseurs mar-

schiere die Friedrichstraße herunter, so ergriff uns mehr eine freudige Aufregung und erfüllte uns mit der Lust einer endlich befriedigten Neugier, als daß wir von schmerzlichem Gefühl ergriffen gewesen wären. Die Schule wurde natürlich sogleich geschlossen, damit jedes Kind in die Obhut seiner Eltern komme, da man nicht ohne Besorgnis vor blutigen Auftritten in den Straßen, selbst vor Plünderungen war. Allein wir vereitelten diese Maßregel der Vorsicht dadurch, daß wir, statt nach Haus zu eilen, sämtlich unseren Weg dahin nahmen, wo wir die Franzosen sehen konnten. Es war an der Kronen- und Friedrichstraßenecke, wo ich die ersten französischen Soldaten, Chasseurs des Chevaux-Legers-Regiments [leichte Reiterei] erblickte. Sie ritten zu zweien in lockeren Distanzen, wodurch sich einige hundert Mann Kavallerie natürlich zu einer überaus großen Linie ausdehnen. So erschien uns denn auch ihre Anzahl unermeßlich; vielleicht war es in Absicht, einen solchen Eindruck auf die Bevölkerung hervorzubringen, denn in einer Stadt von damals 180 000 Einwohnern (ohne Militär) konnte doch durch die aufgeregten Massen leicht ein nachteiliger Konflikt geschehen. Indes ging alles, wie man weiß, ruhig ab; eine dumpfe, totenartige Ruhe herrschte in den Straßen. Wir Knaben gingen, eifrig disputierend, immer noch in Streit über die Löwenstärke dieser Reiter, deren im ganzen kleine, schmächtige Gestalt uns doch sehr in Verwunderung setzte, nach Hause.

Die Franzosen ziehen ein

George, 1805, historischer Roman aus dem Jahr 1841

Am 25. Oktober frühmorgens war ganz Berlin gespannt auf den Einmarsch der französischen Scharen, im Rondell [dem heutigen Mehring (Belle-Alliance)-Platz] am Halleschen Tore versammelten sich die Neugierigen, und viele Ungeduldige gingen abermals zum Tore hinaus.

Es vergingen einige Stunden, in der Ferne hörte man die Trommeln wirbeln, der Schall kam näher, und der Weg nach Tempelhof blitzte von Tausenden von Bajonetten. Der Magistrat in corpore die Schlüssel der Stadt bereithaltend, war versammelt;

jetzt erschütterte Trommelschall und rauschende Musik die Luft, und aller Augen richteten sich nach dem Tore. Der erste französische Infantrist trat ein, ich habe ihn oft im Leben abgezeichnet, es war ein langer, hagerer Mann mit blassem Gesicht, das wildes, schwarzes Haar bedeckte, der erste Gegenstand unsers Erstaunens, die wir an wohlgepuderte, egale Locken und steife Zöpfe bei Soldaten gewöhnt waren. Noch mehr erstaunten wir ob sein Anzuges: ein fahler kurzer Mantel bedeckte den Leib, den Kopf ein kleiner verwitterter Hut, mehr rot als schwarz und von unbeschreiblicher Form, dabei so schief und pfiffig aufgesetzt, daß dieser Kopf und Hut uns schon eine hohe Merkwürdigkeit dünkte. Die Beinkleider waren von schmutziger Leinwand, stark zerrissen, die Füße nackt, mit zerrissenen Schuhen bekleidet; ein zottiger Pudel, den er am Strick führte, blickte aufmerksam ihm nach dem Munde, mit dem er von einem großen Stück Brot abbiß und mitunter dem Pudel etwas zuwarf, man denke sich, ein Soldat mit einem Hunde am Leitseil und, was noch mehr war, auf dem Bajonett ein halbes Brot aufgespießt, am Pallasch eine Gans hängend und auf dem Hute statt des Feldzeichens einen blechernen Löffel. Diese originelle Figur kam allein voran, mit einem gewöhnlichen leichten Schritt, blickte aber mit großen schwarzen Augen wie ein König auf die Hunderte, die ihn wieder höchst neugierig anstarrten; fünfzig Schritt hinter ihm fesselten aber neue Figuren die Aufmerksamkeit.

Hohe Männer, durch große Bärenmützen mit roten Federbüschen noch vergrößert, mit braunem Gesicht, langen, schwarzen Bärten, die bis auf den Magen reichten und grell gegen ein langes, schneeweißes Schurzfell abstachen, blinkende Äxte auf der Schulter, Gewehre auf den Rücken geschnallt, zogen zum Tore ein; es waren die Sappeurs, und ein Grausen befiel uns, als wir diese Gestalten, von denen wir nie eine Idee gehabt, erblickten, hinter ihnen folgte ein schöner, schlanker Mann, in sauberem Anzuge, mit goldnen Epauletts, den großen Hut mit Goldtressen verziert, er warf einen Stock mit dickem Knopfe in die Luft und fing ihn wieder, darauf gab das Echo den Schall von unzähligen Trommeln zurück, und das Ohr ward erschüttert von dem gewaltigen Lärm, mit dem die türkische Musik, vermischt mit dem Wirbel der Trommeln, uns betäubte.

Es war der Siegeseinzug des Davoutschen Korps, und die ersten Eintretenden imponierten gewaltig; als aber die Soldaten folgten, sich ohne Tritt zum Tore eindrängend, in unordentlichem Anzüge, die Hüte kreuz und quer aufgesetzt, auf denen ihre Zierde, der Löffel, selten fehlte, verlor sich die hohe Idee, die die Voraufgehenden erregt hatten, und man flüsterte sich fragend ins Ohr, wie es möglich sei, daß diese abgemagerten, kleinen Männer unsere stolzen Krieger sollten überwunden haben. Die Offiziere waren nicht egal gekleidet, ihnen fehlte Schärpe und Portepee, zwei Dinge, ohne die wir uns Offiziere nicht denken konnten, nur ein kleiner Ringkragen zeichnete sie als solche aus. Jetzt erscholl ein lautes Kommando, wiederholt von unzähligen Stimmen, die Franzosen begannen ein Rennen, als wäre es ein Wettlaufen, und marschierten jetzt auf in breiten Zügen, den Schritt taktmäßig bewegend.

Wieder Ungesehenes! Ein Soldat, in Reihe und Glied rennend, das war mehr, als man je geträumt hätte, und machte auf die Berliner den wunderlichsten Eindruck. Unsre Soldaten freilich, wie hätten die jemals rennen können, mit ihren knappen Stiefeletten, gepreßten Uniformen und engen Beinkleidern.

Ja, hieß es im Volke, das ist eine Kunst, die haben unsre Armee ausgelaufen, aber schon stiegen neue Hoffnungen auf, daß die gravitätischen Krieger, vor kurzem noch von uns auf derselben Stelle gesehen, bald wieder mit ihren gemessenen Schritten einrücken könnten und die leichtfüßigen Franzosen verjagen möchten.

Ein Regiment folgte dem anderen; es waren, irre ich nicht, deren zwölf, welche einzogen, mitunter durch lange Züge von Artillerie unterbrochen. Die größte Aufmerksamkeit ward immer den Sappeurs und den Regiments-Tambours zuteil, von denen letzteren stets einer den anderen übertraf an kunstfertiger Handhabung des Stockes; auch nicht wenig bewunderte man die französischen Trommeln, weit um die Hälfte kleiner als die preußischen, und die Tambours bewaffnet mit Gewehren. Die Voltigeurs [Leichte Fußsoldaten] hatten Trompeter vor sich,

^ *Wachparade der Bürgergarde (nach 1806)*

die in schmetternden Tönen ihre Instrumente gebrauchten, und das Ganze war ein Schauspiel so unerwartet neu und reich, daß des Erstaunens kein Ende war. Was noch für Truppenteile gefolgt mögen sein und wo sie an diesem Tage ihr Unterkommen gefunden, werden wenige wissen, die unglaubliche Zahl aber und das Getümmel, das alle Straßen, alle Plätze Berlins erfüllte, machte diesen Tag zu dem denkwürdigsten der Stadt seit vielen Jahren.

Eine Bürgerkompanie übt Wachablösung am Schloß
Karl Friedrich von Klöden (1786 - 1856), Geograph und Historiker, seit 1824 Direktor der Friedrichswerderschen Gewerbeschule

Um 5 Uhr erfuhren wir, daß wir morgen gegen Mittag von den Franzosen abgelöst werden würden, welche von da ab die Schloßwache beziehen sollten. Unser Bürgerhauptmann, ein ziemlich alter Mann, geriet in eine lächerliche Furcht, daß wir den Franzosen gegenüber eine schlechte Figur spielen möchten, und ganz unrecht hatte er darin nicht. Bei den Bürgerkompanien

199

hatten nur die sogenannten Offiziere eine Art Uniform, blau mit gelben Unterkleidern und dreieckigem Hut. Alle anderen gingen, wie sie waren, in beliebigen Kleidern, mit Büchse, Flinte, Muskete bewaffnet, mit oder ohne Säbel, Degen oder Pallasch, groß, klein und verwachsen, bunt durcheinander. Die Dienstordnung war die gewöhnliche; von allen Toren wurden täglich die Rapporte wegen der einpassierten Fremden nach der Schloßwache und von hier an den Kommandanten abgeliefert, Rapporte, die unser Hauptmann oft nur mit Mühe lesen konnte. Alle Wachtposten waren ohne Ausnahme die alten geblieben, selbst die überflüssigsten, nur waren sie durch Bürger statt durch Militär besetzt. Unser Hauptmann wußte nicht, was er anfangen sollte. Es zeigte sich, daß er fürchtete, die Franzosen könnten sich versehen, uns für preußisches Militär und somit für Feinde halten, und wir wären doch nicht imstande, uns zu wehren. Wir suchten ihn darüber zu beruhigen, und es gelang uns; denn eine Bürgerkompanie – gewöhnlich mit dem Spottnamen der »Rauhbeinigen« belegt – für Militär zu halten, wäre wirklich ein Kunststück gewesen. Eher hätte man sie für Nachtwächter nehmen können. Jetzt aber meinte unser Hauptmann, es sei durchaus notwendig, den Franzosen, wenn sie die Wache besetzten, die militärischen Ehren zu erweisen, und wir müßten das Gewehr präsentieren, wenn sie kämen. Auf gehaltene Nachfrage ergab sich, daß nur ein einziger Mann vorhanden war, ein alter Schustergeselle und ehemaliger Soldat, der imstande war, das Gewehr zu präsentieren. Da alle erklärten, bis morgen um 11 Uhr sei das Präsentieren nicht mehr zu erlernen (wie auch sofort eine Probe ergab), so wurde beschlossen, der Schustergeselle solle den Posten vor dem Gewehr erhalten, alle übrigen sollten nach dem Kommando das Gewehr nur mit beiden Händen fassen und vor sich ausgestreckt halten, der Schustergeselle aber sollte im Namen aller vollständig mit allen Griffen präsentieren. Auch dies wurde probiert und ging so ziemlich. Wie man sich aber gegenseitig verständigen und den Franzosen die zu besetzenden Wachtposten angeben und sich bei der Ablösung derselben verhalten sollte, war sehr zweifelhaft und noch nicht entschieden, als die Franzosen anrückten. Viel zu schnell kam dieser Zeit-

punkt heran; wir hörten sie schon von der Hundebrücke [Schloß-
brücke] her trommeln, und ein ausgestellter Posten machte die
Mitteilung, sie kämen. Unser Hauptmann, nachdem der Schustergeselle möglichst stark »Raus!« gebrüllt hatte, kommandierte
zitternd, das Gewehr anzufassen. Die Franzosen, zwei Kompanien, zogen durch das Portal der Schloßfreiheit mit vielen Trommeln, die auf dem schallenden Hofe einen furchtbaren Lärm hervorbrachten. Die Franzosen stellten sich am Portal in drei
Gliedern auf, machten aber sofort rechtsum und gingen, sobald
ihre Tête sich mit uns in gleicher Linie befand, mit linksum auf
unsere Reihen los. Der Hauptmann kommandierte: »Präsentiert's
Gewehr!« Wir machten unsere Übungen, aber ehe wir fertig
waren, wurden wir schon ohne Umstände von der linken Flanke
her aufgerollt; unsere ganze Kompanie stob wie eine Herde ge-
scheuchter Tauben auseinander, und die Franzosen nahmen unsere Plätze ein, von uns aber gar keine Notiz. Sie besetzten unsere Posten nach eigenem Belieben, ohne uns zu fragen, keiner von
uns wurde abgelöst, und jeder lief nach Gutdünken davon. Unser
Hauptmann schüttelte den Kopf und meinte: »Imposant war die
Geschichte, aber grob.«

Ich habe Napoleon vielfach gesehen
*Karl Friedrich von Klöden (1786 - 1856), Geograph und
Historiker, seit 1824 Direktor der Friedrichswerderschen
Gewerbeschule*

Den französischen Kaiser hatte ich, solange er in Berlin ver-
weilte, im Oktober und November vielfach, auch an der Spitze
seiner Garden gesehen, besonders wenn er im Lustgarten Revue
hielt. Er stand dann im grünen Frack oder grauen Überrock, nur
mit dem Stern der Ehrenlegion dekoriert, sehr unscheinbar vor
der glänzenden Suite der goldbeblechten und mit Orden überla-
denen französischen Marschälle und der übrigen hohen Offiziere
in allen möglichen Uniformen und aus allen Nationen, und doch
richtete sich jedes Auge nur auf ihn. Er wohnte im Schlosse nach
dem Lustgarten hinaus eine Treppe hoch, das dritte Fenster von

der Ecke, so daß der goldene Adler auf der jetzt in dieser Gegend stehenden Säule hätte in seine Fenster blicken können. Hier habe ich ihn von unten einige Male im Zimmer, die Hände auf dem Rücken, diktierend auf und ab gehend gesehen. Wenn er nach dem Lustgarten hinabsteigen wollte, schlug eine Anzahl Tambours auf dem Korridor des Schlosses, wo er vorüber mußte, einen gewaltigen Marsch, bis er unten war. Wenn die Bataillone bei ihm vorüberzogen, tönte ein stetes: »Vive l'Empereur!« Auch ausreiten sah ich ihn einige Male. Bei den Revuen machte stets der Vorüberzug der von ihm errichteten kostbar uniformierten Berliner Bürgergarde zu Pferde und zu Fuß den Beschluß. Kein Preuße konnte diese Dinge mit ansehen, ohne sich schmerzlich bewegt zu fühlen.

Jetzt die Waffen abgeben
Ludwig Rellstab (1799 - 1860), Redakteur der
Vossischen Zeitung

Die erste Einquartierung traf ein und erfüllte uns Kinder mit neugierigem Staunen. Wir mußten einen Offizier, eine Anzahl Infanteristen und eine Anzahl Dragoner samt den Pferden gleichzeitig aufnehmen, denn in dem Hause meines Vaters befanden sich ansehnliche Stallräume. Sein Wohlstand hatte ihm erlaubt, früher selbst Pferde und Wagen zu halten, auch war das Haus mit zwei Höfen, einem Hinterhof mit nicht unbedeutenden Stallungen und einer großen Wagenremise versehen. Daß, wenn alle Einnahmen stockten, so ungeheure Belastungen kaum zu ertragen waren und dem Vorsichtigsten und in allen Verhältnissen Geordnetsten fast der Untergang drohte, ist einleuchtend. Inzwischen ordnete sich das Einquartierungsverhältnis später, und wir hatten in der Regel nur einen Kapitän mit seinem Dienstboten aufzunehmen.

Die zweite Maßnahme, deren ich mich erinnere, war das Gebot, alle Waffen abzuliefern. Mein Vater besaß nichts als einen alten Galanterie-Degen, der uns Kindern stets sehr merkwürdig gewesen war. Diesen lieferte er gewissenhaft ab. Ich begleitete ihn auf dem Gange zum Zeughaus, wo im Hofe ein großer Haufen von ähnlichen sehr unschuldigen Waffenstücken aufgeschichtet war, auf den dann auch unser schöner Degen mit dem brillantierten Stahlgefäß geworfen wurde. Ich begriff kaum, wie mein Vater dieses Opfer so gleichmütig ertrug, während die schön uniformierte Einquartierung mit ihren Helmen, Pferden, den schwarzen Schnurrbärten, den munteren Gesängen, dem lachenden Scherz, den sie trieben, ihm so viel Sorgen und Kummer machten!

Das Zeughaus voller Waffen für die Franzosen
Friedrich von Cölln (1766 - 1820), 1805 Kriegs- und Domänenrat, Redakteur des »Preußischen Staatsanzeigers«, wegen seiner rücksichtslosen Darstellung der Schwäche der preußischen Staatsverwaltung 1808 in die Festung Glatz verbracht

Das königliche Zeughaus ward unterdessen geöffnet, und wie staunte man, den leer geglaubten Raum noch ziemlich mit Geschütz, Waffen und Kriegsvorräten jeder Art gefüllt zu sehen. Nein wahrlich, die Auerstädter Schlacht hatte doch auch in der Entfernung gar zuviel Köpfe hinweggenommen. Vom 16. bis zum 24. Oktober waren mit den vorhandenen Pferden, auf den gegenwärtigen Schiffen Privatpersonen geflüchtet, die ganz ruhig bleiben durften; alte Möbel fortgeschafft worden, die auch der habsüchtigste Marodeur nicht angerührt hätte, und die wichtigsten Kriegsbedürfnisse, das notwendigste Eigentum des Staates, gerade das, womit man den erlittenen Verlust einesteils ersetzen und die Totalvernichtung aufhalten konnte, das eben ließ man in der Hand des schon gewaltigen Siegers.
Ein bei dem Zeughaus angestellter Offiziant, den man früher an die Fortschaffung der Effekten im Innern erinnerte, antwortete: Man lasse mich in Ruhe, weiß ich doch ohnehin nicht, wo mir der Kopf steht! Freilich, er stand ihm längst einige Dutzend Meilen weiter nach Norden, wo Schußsichertheit war.

Kunstraub und gänzliche Verarmung
Hedwig v. Olfers (1799 - 1891), Tochter des
preußischen Staatsmanns August Stägemann

Bei Herrn Schickler war ich in Gesellschaft französischer Beamten, unter anderen des Herrn Denon, der sich die gehörigen Kunstschätze bei uns aussucht. Was du in Berlin, Potsdam, Sanssouci von Kunstwerken nicht schon gesehen hast, wirst du künftig in Paris sehen. Der Kurfürst auf der Langen Brücke bleibt hier. Dagegen hat der Kaiser im hiesigen Schloß eine Marmorstatue des Großen Kurfürsten gefunden, die Herr Denon für ein Meisterwerk erklärt hat. Sie soll im Arbeitszimmer des Kaisers in St. Cloud aufgestellt werden. Ich habe sie nie gesehen.

Seit die Last der Einquartierung vermindert ist (doch ist General Oudinot mit seinen Grenadieren und überhaupt wohl noch ein Korps von 10 000 Mann hier), sieht man wieder hin und her heitere Gesichter. Doch ist eine gänzliche Verarmung der Stadt und des Landes nicht zu verhüten. Die Folgen werden sehr bald sichtbar werden.

Ich sollte für die Franzosen Falschgeld drucken
Friedrich Wilhelm Gubitz (1786 - 1879); Holzschneider
und Journalist, seit 1817 Herausgeber des »Gesellschafters«

Um die Aufrüstung gegen Frankreich finanzieren zu können, hatte die preußische Regierung Papiergeld gedruckt, sogenannte Tresorscheine, die jederzeit in Silbergeld einwechselbar sein sollten. Friedrich Wilhelm Gubitz, ein Holzschneider, hatte jedoch nachgewiesen, daß diese Scheine nicht fälschungssicher waren. Davon hatten die Franzosen Wind bekommen. Diese Tresorscheine waren die ersten preußischen Banknoten. Ausführlich dazu: Helmut Caspar: »Vom Taler zum Euro«, Seite 75 mit Abbildungen der Tresorschein nach einem Druckbogen aus dem Geheimen Preußischen Staatsarchiv, siehe Anzeige am Ende dieses Buchs.

An einem der ersten Tage des Dezembers 1806 bestellte mir ein französischer Offizier höflichst die Einladung, sogleich zum Gouverneur General Clarke zu kommen, und ich mußte eilend von dem Boten mich nach dem königlichen Schlosse begleiten lassen. Dort führte mich der Offizier zu Clarke, und bei ihm war der gelderpressende Minister Estêve. Jener sprach etwas Deutsch, Estêve nur Französisch, das mir nicht geläufig war; denn was ich davon erlangte, hatte ich mir auf verschiedene Weise eingesammelt und selbst gelehrt, weil mein Schulunterricht die Umgangssprachen fast gänzlich ausschloß. Estêve erklärte mir ohne Umschweif, anfangs in feinem Schliff: man habe preußischerseits von der Bank fünfzehn Millionen Taler bürgerliches Eigentum mitgenommen, und es sei notwendig, zur Schadloshaltung der Beteiligten und zum Vorteil des Geldumflusses die Tresorscheine als Anweisung auf das widerrechtlich Entführte in solcher Summe zu vermehren, wobei ich als »Fabricateur« möglichst rasch beförderlich sein sollte. Betroffen, ja erschreckt, zögerte ich mit der Antwort bei abweisender Gebärde, wonach mir Estêve sehr redselig einleuchtend machen wollte, es wäre »irrémissible et irréfragable« [Unabweislich und unbedingt notwendig], dem Handelsverkehr besagte fünfzehn Millionen wieder zuzuwenden.

Etwas gefaßter erwiderte ich, daß ich vom Handelswesen gar keine Kenntnis habe, nicht alleiniger »Fabricateur«, auch alles, was zur Beschaffung der Tresorscheine notwendig, an die bezügliche Regierungsbehörde abgeliefert sei. Befangener wurde ich im Erstaunen, als ich erfuhr, daß Estêve Kenntnis hatte von dem Erbieten, die Nachahmlichkeit der Tresorscheine beweisen zu wollen, und nun blieb mir nur übrig, unumwunden auszusprechen: erstens wäre doch eine Nachahmung an sich sehr zeitraubend, zweitens müsse ich entschieden verweigern, bei einem verbrecherischen Geschäft Mithelfer zu werden. Estêve schnaubte mich heftig an, Clarke, bis dahin wortkarg, äußerte sich jetzt besänftigend, was mich ermutigte; endlich hatte Estêve die gnädige Unverschämtheit, mich mit 20 000 Talern oder mehr für seinen Zweck erkaufen zu wollen und mir im glatten Nebenspiel einschüchternder Drohungen vierundzwanzig Stunden Bedenkzeit zu geben. – Ich verbrachte einen düsteren Tag mit schlafloser

Nacht; der Gedanke an Flucht vor Gewaltsamkeit mußte verschwinden in der Familiensorge und bei dem Mangel an Geldmitteln; auch schöpfte ich Hoffnung aus dem Benehmen Clarkes, und alles Überlegen endete mit dem Ausruf: Zwang ist hier unmöglich! – Da man für eine zweite Zusammenkunft keine Stunde bestimmt hatte, erwartete ich das Kommende, wurde wieder höflichst nach dem Schlosse geholt, und Clarke fehlte nicht, was mir die innere Beklemmung etwas milderte. Kaum aber war notgedrungen mit aller Entschlossenheit meine Weigerung erneuert, da zeigte Estêve schrankenlose Hitze, erlaubte sich auch, von unkluger Jugend zu reden; ich wurde angesteckt vom Aufbrausen, und als er zwischeninne fragte: wenn ich nicht wolle, wer es dann könne?, fiel mir unzeitig das im vorigen Monat veröffentlichte »Blockade-Dekret« [die Kontinental-Sperre, am 21. November 1806] Napoleons gegen die Britischen Inseln ein. Vorschnell erwiderte ich: »Künstler in London könnten es, da aber ihr Kaiser England so verschlossen hat, daß nichts hinein noch heraus kann, so ist dieser Weg nicht empfehlenswert.« Durch mein unbehilfliches Französisch wurde vielleicht der Sinn dieser Worte stachlichter, als ich wußte, und indem Clarke lachte, geriet Estêve in so flammende Wut, daß er »wegen Beleidigung des Kaisers« meine sofortige Verhaftung befahl. Das schien für Clarke empfindlich, er winkte mir lebhaft, seitwärts zurückzutreten, verhandelte mir unverständlich eine Weile mit Estêve, und achselzuckend verurteilte mich dann Clarke bei fühlbarem Wohlwollen zu eintägiger Haft. Noch im Beisein des Zornsprühenden wurde ich durch einen erklingelten Kriegsmann abgeführt nach einem nicht gerätlosen Zimmer, von dessen vergittertem Fenster ich den dritten Schloßhof übersah. Dort sperrte man mich ein in der zweiten Stunde nachmittags; der Schall des Auf- und Abgehens machte mir bemerklich, daß man mich trotz des Verschlusses draußen noch bewachte. – Die Domuhr hatte bereits fünf geschlagen, da besorgte ein Gendarm Erleuchtung durch zwei Wachslichte, ein geschürzter Küchendiener trug ein reichliches Mahl auf, dem bald auch der Wein nicht mangelte. Von dem Gendarmen wurde ich gefragt, ob ich »Lektüre« wünsche, und als ich ja gesagt hatte, erhielt ich ein Heft französischer Schlachtberichte, die mich in der Sprachübung beschäftigten. Es war dann wieder eine ruhelose Nacht, besonders weil ich die Familie ohne Nachricht lassen und immer an ihre Angst denken mußte. Am Morgen gleich nach neun tischte man mir ein verschwenderisches »Dejeuner« [Frühstück] auf, das ich nicht berührte; wenig später, nachdem meine Gefangenschaft ungefähr einundzwanzig Stunden gedauert hatte, führte man mich in gestriger Weise nochmals zu Clarke, der mir wegen übereilter Rede mehr freundlich als herrisch einen mäßigen Verweis verlautbarte, den ich ohne Widerspruch annahm, auch nicht vergaß, für die an offenbarer Vermittelung Clarkes erkenntliche, von ihm betonte »bienveillance« [Wohlwollen] mich zu bedanken; denn eine »precipitation« [Überstürzung] wie sein Ausdruck war, hätte ich vermeiden sollen, obschon sie mir vielleicht vorteilhaft war zur schnellsten Abweisung eines frechen Antrages.

Die Soldaten klagten über die ewige Mühsal des Krieges
Ludwig Rellstab (1799 - 1860), Redakteur der
Vossischen Zeitung

Von den sonstigen öffentlichen Zuständen blieben mir natürlich wenig Eindrücke zurück, da sie mir in ihrem Zusammenhange ganz unverständlich sein mußten. Nur der Haß gegen die fremden Unterdrücker und gegen ihren Führer, der sich damals mit der Luft einatmete, erfüllte auch die Kinderherzen. Doch richtete sich dieses Gefühl nur gegen die Feinde als ein Ganzes; gegen die einzelnen trat ein völlig anderes, sogar eins der Liebe und Freundschaft ein. Die Franzosen folgten im Grunde schon damals nicht mit ihrem Herzen den ruhm- und machtdurstigen Zügen des Kaisers. Wie laut auch die öffentlichen Stimmen in den unter unbedingtem Befehl stehenden Journalen das Gegenteil sagten, beständig dem Enthusiasmus widerhallten, mit dem die Franzosen den fliegenden Fahnen folgten: die Krieger selbst waren, und je tiefer sie im Rang standen, je mehr, des unfruchtbaren Kampfes, der sie in die fernsten, für ihre Lebens- und Anschauungsweise unwirtbarsten Weltgegenden trieb, herzlich müde. Bei denen höheren Ranges, denen die Feldzüge bequemer wurden und die der höheren Stufe, Marschallstäbe, Herzogstitel, Königsthron sogar, näherstanden, mochte es anders sein. Diejenigen dagegen, welche diese höchsten Stufen schon erreicht hatten, waren nach zwölf bis vierzehn Jahren des Krieges herzlich satt und hätten gern die Früchte ihrer Mühseligkeiten in Ruhe genossen.

Meine Mutter, die, wie ich erwähnt, das Französische ganz geläufig beherrschte, vermittelte leicht ein Verhältnis freundlichen und wohlwollenden Verständnisses der Einquartierung mit unserem Hause. Fast immer hatten wir mit bescheidenen Leuten zu tun; nur einer oder zwei der jüngeren Offiziere zeigten das trotzige, gewaltsame Benehmen des Feindes. Von den gemeinen Soldaten wurde kein einziger Unfug irgendeiner Art begangen. Sie waren höchst beglückt, daß man ihre Sprache mit ihnen redete und sie sich ausschwatzen konnten. Dabei aber gaben sich denn auch bald ihre innersten Gesinnungen kund. Die Soldaten seufzten und klagten über die ewige Mühsal des Krieges und hatten nicht die mindeste Lust, ihre Kräfte und ihr Leben fortwährend den ehrsüchtigen Zwecken des Kaisers zu widmen.

Biwakieren und Waffen putzen im Lustgarten
Ludwig Rellstab (1799 - 1860), Redakteur der
Vossischen Zeitung

Der Schauplatz eines dieser Erinnerungsbilder war der Lustgarten in Berlin; damals in ganz anderer Gestalt als jetzt. Nach der Museumseite umgab ein hoher Bretterzaun den schönen Platz, verdeckt durch eine Allee schöner Kastanien, die sich auch auf der Seite dem Zeughause gegenüber fortsetzten; die anderen beiden Seiten waren durch eine stolze Pappelallee begrenzt; auf der Parallelseite mit dem Schlosse, in der Mitte etwa, stand die Bildsäule des alten Fürsten Leopold von Dessau. Die ganze Ebene des Platzes war mit dem schönsten Gras bewachsen, ein Eigentum der Kommandantur. Das Betreten desselben war streng untersagt, so daß einst ein Soldat, der nur gestattet hatte, daß eine Dame sich den Hut, der ihr vom Winde auf den Platz geworfen war, wieder holte, durch den damaligen Kommandanten von Berlin, General von Götze, hart bestraft wurde.

So galt uns der Platz für einen gewissermaßen geheiligten, und es schien uns ein schweres Vergehen, ihn mit einem Fuß zu betreten. Wie erstaunte ich daher, als ich ihn bei einem Spaziergange mit meinem Vater ganz bedeckt von Soldaten sah! Es waren die französischen Garden, welche, in Begleitung des Kaisers einmarschiert, dort biwakierten! Dieser Frevel dünkte mich ein gar nicht zu rechtfertigender! Was allen so streng verboten war, hatten diese sich in solchem Maße gestattet!

Es war in der Nachmittagsdämmerung, als wir dahin kamen. Auf dem ganzen Platz loderten Biwakfeuer; ein mir neuer, mich mit Staunen erfüllender Anblick. Frei, mitten in der Stadt, auf diesem Platz! Über den roten Flammen erhob sich der dunkle, in Gewölk ziehende Rauch. Die stattlichen Krieger bewegten sich in dem unsicheren, rötlichen Licht der Flammen, das hell von den Waffen der aufgestellten Gewehrpyramiden widerblitzte. Auch diese waren uns eine neue Erscheinung, von der die alte Kriegssitte nichts wußte. Hier nun glaubte ich die Franzosen zu sehen, deren persönliche Kraft und Kühnheit die wunderbaren Siege des Kaisers erfocht. Lauter hochgewachsene Leute, schwarze Bärte, blitzende Augen! Dazu die sehr schöne Uniform, die hohen Bärenmützen, die weißen Beinkleider. Aber ganz besonders wunderbar, als fast der Fabelwelt angehörige Gestalten, erschienen uns die Sappeurs mit ihren bis an den Gürtel reichenden prächtigen Bärten, dem Schurzfell und der blinkenden Axt. Sie kamen mir wie Zauberer oder Berggeister von Rübezahls Gattung vor. Das ganze Gemälde wurde somit ein höchst romantisches und würde es noch heute sein. Ein dumpfes Murmeln schwebte über dem Platz; das Volk musterte denselben angaffend. Wir gewannen endlich Mut, uns etwas tiefer in das bewegte Kriegslager hineinzuwagen. Einzelne Gassen wurden uns aber durch ernste Schildwachen stumm, durch einen Wink der Hand versagt. Sie mußten wohl annehmen, wir würden ihre Sprache nicht verstehen. Die Krieger verrichteten ihre Geschäfte ruhig, still; man hörte kein leichtes Geschwätz in französischer Weise. Sie putzten ihre Waffen, schürten im Feuer, sahen nach den Kochgeschirren und taten andere Lagerarbeit mehr. Mit stillem, halb furchtsamem Staunen betrachtete ich das alles; die Gesamtheit dieser ernsten, fast stummen Scharen machte einen tiefen Eindruck auf mich. Auch mein Vater, dem das Herz wohl noch anders bewegt sein mußte, schwieg. So durchwanderten wir den Raum, soweit es gestattet war, und kehrten dann bei völlig eingebrochenem Dunkel zurück, hinter uns das verworrene Brausen des Lagers, die rot aufflammenden Feuer, die schwarz emporwirbelnden Rauchsäulen, darüber den Ungewissen hellen Schimmer, der über solchen Lagerstätten schwebt, und über diesem die Sterne der hellen Oktobernacht. Im Hintergrund die Reihe hell erleuchteter Fenster des Schlosses, wo der Kaiser die Gemächer unserer angestammten Könige innehat und seine Dekrete nach allen Gegenden Europas sandte!

Im Durchschnitt wöchentlich 6 bis 10 Selbstmorde

Johann August Sack (1764 - 1831), Geheimer Oberfinanzrat
Sack, zunächst Leiter des durch Napoleon errichteten »Comité administratif«, dann von August 1807 bis Mai 1808 Leiter der Friedensvollstreckungskommission, berichtete regelmäßig an die preußische Regierung in Königsberg über die Lage in Berlin. Die Besatzungstruppen verließen das Land nach der Unterzeichnung des Friedensvertrags von Tilsit am 9. Juli 1807 noch nicht, weil zunächst die volle Kontributionssumme aufgebracht werden mußt. Berlin blieb bis zum 3. Dezember 1808 besetzt. Der Bericht stammt vom 7. November 1807.

In dieser Woche waren die Einquartierungen wegen der durchziehenden Bayern und Polen etwas häufiger; doch man gesteht sich gern, wie froh man bei allem Elend noch ist, die deutschen Truppen bald loszuwerden, denn diese haben sich vorzugsweise sehr viel Exzesse zuschulden kommen lassen. Das Elend vieler einzelner Familien, die sich gegen den Winter zu immer unglücklicher fühlen müssen, wird, soviel es der großen Wohltätigkeitsliebe der Berliner möglich ist, zwar erleichtert, aber es ist dennoch unbeschreiblich; die französischen Behörden antworten den unglücklichen Pensionären auf keine ihrer wiederholten flehentlichen Vorstellungen und betrachten die Auszahlung dieser durch das kaiserliche Wort feststehenden Pension höchstens als eine Nebensache, um die man sich nicht viel bekümmern müsse.

Desto mehr häufen sich zur Last der Einwohner die ohne Arbeit bloß hier ihren Lüsten nachlebenden Employés aus dem Zivil, denen der Aufenthalt hierselbst als eine Art Bejahnung, trotz aller Vorstellungen, gestattet wird. Dabei leben die französischen Autoritäten, von denen viele ihre ganze Familie sich haben nachkommen lassen, sehr brillant und würden noch besser leben, z.B. Bälle geben pp., wenn sie nicht mit Gewißheit im voraus darauf rechnen könnten, von dem besseren Teil der Einwohner auf ihre Einladungen gar keine oder abschlägige Antworten zu erhalten.

In dem Zeughaus wird ganz erstaunlich viel gearbeitet, und es sind sehr viele Schmieden darin angelegt; auf die dringendsten Vorstellungen sind 2 000 Taler Reparaturkosten für dasselbe bewilligt.

So verdienen einige gewerbetreibende Klassen noch hier und da, aber bei alledem fallen hier und in Potsdam doch im Durchschnitt wöchentlich 6 bis 10 Selbstmorde vor, wovon zum Teil Erwerbslosigkeit, zum Teil Schwermut die hervorspringendsten Ursachen sind.

Beim Fest im Nationaltheater bleiben die Berliner aus
Hermann Granier, Historiker und Archivar

Den am 27. v. M. im Saal des National-Theaters (heute Konzerthaus) durch die Administration desselben arrangierten Ball haben 375 Herren, meistenteils junge französische Offiziere und Employés und einige 20 hiesige öffentliche Mädchen mit ihrer Gegenwart verherrlicht, obgleich nichts verabsäumt worden war, die Sache durch Verzierung des Hauptsaales mit Laubgirlanden in oben der Art, wie es auf den ehemaligen Maskenbällen geschehen war, auch für ein anständigeres Publikum lockend zu machen.

Man hat die Absicht gänzlich verfehlt, welches der Stadt Berlin sehr zur Ehre gereicht und vielleicht nicht übel dazu mitwirken wird, das alberne Zeug zu widerlegen, was in auswärtigen Blättern wohl gegen dieselbe und das Betragen ihrer Einwohner in den Tag hineingeschrieben wird. Das Publikum ist über diesen allerdings vorherzusehenden Ausgang um so mehr erfreut, als es sehr erbittert gewesen ist, seinen Namen bei der Ankündigung zu dem Ball gemißbraucht gesehen zu haben; es freut sich laut darüber, denn es will mit seinen ungebetenen Gästen keine anderen Berührungspunkte haben, als die es der Lage der Sache nach schlechterdings nicht vermeiden kann. Auch ein als Mädchen verkleideter Judenjunge von etwa 14 Jahren war auf dem Ball und spielte seine Rolle so täuschend, daß er stets ein ganzes Heer französischer Anbeter um sich versammelt sah, die sich sehr beschämt fühlten, als sie, jedoch erst beinahe gegen Ende des Balles, entdeckten, daß es ein Judenjunge sei, und sich dadurch rächten, daß sie ihn arretieren und zum Kommandanten führen ließen, wo er aber entlassen worden ist.

»Die vom Feinde niedergehaltene Fahne deutschen Volkstums aufpflanzen«
Johann Gottlieb Fichte in seinen Reden an die deutsche Nation
Karl August Varnhagen von Ense (1785 - 1858) preußischer
Diplomat, Historiker, Biograph und intensiver
Tagebuchschreiber

Fichte begann im Dezember seine Vorträge, und ich verfehlte nicht, ihnen beizuwohnen, die in dem runden Saal des Akademiegebäudes vor einer zahlreichen Versammlung von Herren und Frauen gehalten wurden. Der treffliche Mann sprach mit kräftiger Begeisterung dem gebeugten und irr gewordenen Vaterlandssinne Mut und Vertrauen zu, schilderte ihm die Größe der Vorzüge, die sich der Deutsche durch Unachtsamkeit und Entartung habe rauben lassen, die er aber gleichwohl jeden

Augenblick als sein unveräußerliches Eigentum wieder ergreifen könne, ja solle und müsse, und wies dafür als das wahre, einzige und unfehlbare Hilfsmittel eine von Grund aus neu zu gestaltende und folgerecht durchzuführende Volkserziehung an. Sein strenger Geist ging auf vollständige Umschaffung unserer Zustände aus, wobei er nichts weiter verlangte, als daß überall das Wesentliche im Sittlichen wie im Geistigen gefördert und ausgebildet, das Scheinsame und Hohle dagegen aufgegeben und seinem eigenen Absterben überlassen würde, dann, meinte er, werde sich ohne gewaltsame Umkehr, durch bloße Entwicklung, aus dem Vorhandenen und Bestehenden die ganze Kraft und Herrlichkeit, deren die Nation seufzend entbehre, unmerklich und unverhinderlich von selbst hervorbilden. Dabei war er billig genug, seiner sonstigen Art entgegen, welche sogleich alles oder nichts gegeneinander stellte, auch jeden geringsten Keim des neuen Lebens, jeden teilweisen noch so kleinen Anfang der gebotenen Entwicklung dankbar aufzunehmen und schon mit solchem fürerst begnügt sein zu wollen. Sein geistig bedeutendes, mit aller Kraft der innigsten und redlichsten Überzeugung mächtig ausgesprochenes Wort wirkte besonders auch durch den außerordentlichen Mut, mit welchem ein deutscher Professur im Angesicht der französischen Kriegsgewalt, deren Gegenwart durch die Trommeln vorbeiziehender Truppen mehrmals dem Vortrag unmittelbar hemmend und aufdringlich mahnend wurde, die von dem Feinde umgeworfene und niedergehaltene Fahne deutschen Volkstums aufpflanzte und ein Prinzip verkündigte, welches in seiner Entfaltung den fremden Gewalthabern den Sieg wieder entreißen und ihre Macht vernichten sollte. Der Gedanke an das Schicksal des Buchhändlers Palm war noch ganz lebendig und machte manches Herz für den unerschrockenen Mann zittern, dessen Freiheit und Leben an jedem seiner Worte wie an einem Faden hing und der durch die von vielen Seiten an ihn gelangenden Warnungen, durch die Bedenklichkeiten der preußischen Unterbehörden, welche Verdruß und Schaden für sich von den Franzosen befürchteten, so wenig wie selbst durch den Anblick eingedrungener französischer Besucher sich in dem begonnenen Werk stören ließ. Man konnte sie nicht ohne

Ergriffensein und Begeisterung anhören, diese Reden, welche mit Recht über den Kreis der unmittelbaren Zuhörerschaft hinaus sich als Reden an die deutsche Nation erklärten, als solche weit und tief gewirkt und seitdem stets als eine der frühesten und stärksten Erregungen der volkstümlichen Ansprüche und Betriebe in Deutschland gegolten haben.

Deutsches Nationaltheater: Iffland blieb in seinem festen Gang

Julius von Voß, (1768 - 1832), Schriftsteller, Neu-Berlin oder vaterländische Ideen über Wiedergedeihen und Empor-blühen der Hauptstadt, Berlin 1811

Ifflands Wert als Direktor ist unübersehlich. Zu welcher Höhe brachte er nach einigen Jahren seines Hierseins die Gesamt-wirkung, wieviel haben ihm Wahl, Richtigkeit, Geschmack der Kostüme zu danken, mit denen es vor seiner Zeit nur zu unvoll-kommen stand! Wir haben Vorstellungen von Schillers Trauer-spielen gesehen, gegen die man zu Wien in weiter Entfernung zurückblieb. Ebenso eifrig für das Singspiel besorgt, hat Iffland aus dem traurigen Stümperwesen von Orchester, das er antraf, unter Webers sachkundigem Beistand einen rühmlichen Wett-eifer mit der Königlichen Kapelle erzogen, die vielleicht gegen-wärtig an Einübung und Zusammenklang durch das Orchester des National-Theaters übertroffen wird. Die deutsche Oper leiste-te (vor dem Ableben der unvergeßlichen Schick) soviel, daß jene feinen und in Paris verwöhnten Kenner, welche sich zwei Jahre hindurch bei uns aufhielten, sich überrascht fühlten und dies auf eine schmeichelhafte Art eingestanden. An Dekorationen steht allein unsere Bühne dem Operntheater in Paris und den Hof-theatern in Wien nach, dies kann jedoch nicht befremden, wenn die verschiedenen Summen, über welche dort und hier geboten werden kann, in eine billige Erwägung gezogen werden.

Iffland hatte in Berlin viele Kämpfe zu bestehen. Dies endet auch jetzt noch nicht. Im Anfang suchten Flecks Verehrer seinen Ruhm zu beengen, die Launen des gesamten Publikums, die

Frivolität einzelner aus der Menge legten ihm manche Hindernisse in den Weg. Still, unbefangen, nie Unwillen verratend, suchte er sie zu ebnen, indem er immer allgemeiner befriedigte. Manches herrlich gelungene Werk fand laue Aufnahme, schiefe übelwollende Krittelei setzte das Gute herab, übersah die Nebenumstände, forderte Befriedigungen für den einseitigen Geschmack, wo es doch zur Erhaltung des Ganzen das Ganze ins Auge zu nehmen galt, verlangte das Ausschweifende, oft Unmögliche – Iffland blieb in seinem festen Gang und beschämte durch neuerrungene Vollkommenheiten der geleiteten Kunstanstalt. Manche Schriftsteller von tiefer als mittelmäßigem Talent drangen mit ihren traurigen Lustspielen oder lächerlichen Tragödien auf ihn ein, begehrten Darstellung, und meinte Iffland, diese weder vor dem Publikum noch vor den Musen verantworten zu können, so äußerten sie unartige, selbst gröbliche Empfindlichkeit in Briefen, welche sie zu übersenden sich nicht entblödeten, oder suchten auch in Journalaufsätzen, Iffland und seine Verwaltung schmähend, Rache zu üben. Wie oft konnten sie tief gedemütigt werden, wenn er, der Meister, in öffentliche Zergliederungen der Arbeiten hätte eingehen wollen, worauf die Eigenliebe so trotzte. Es gibt keinen Fall, wo Iffland sich dergleichen – oft nur gerechte – Genugtuungen erlaubte, manche hingegen, wo er solchen Angriffen nicht allein ruhige Nachsicht, sondern gelegentlich Gefälligkeiten, sogar Wohltat entgegenstellte ...

Der Krieg, uns alle weniger oder mehr unsanft berührend, traf auch das Theater mit drückendem Nachteil mancher Art, verwickelte die Direktion in eine herbe, von nur zu vielen Seiten schwierige Lage ...

Der Winter von 1806-1807 häufte Bedrängnisse aller Art. Der Hof mit seinem Gefolge hatte sich entfernt. Die Garnison, ehedem der Bühne so einträglich, war nicht mehr vorhanden. Eine Menge von Staatsbeamten oder anderen wohlhabenden Einwohnern, hatte sich nach Königsberg begeben. Was zurückblieb, suchte Einquartierungen und andere Kriegslasten heim, Sorgen aller Art, ungewisse Zukunft, stockende Nahrung machte das Kargen und Beschränken fast allgemein. Man könnte, nicht mit Unrecht, behaupten, daß im Laufe dieses Winters die Bühne von den

Einnahmen, welche ihr durch die Bewohner von Berlin zuflössen, noch ihrem Bedarf an Lampenöl nicht hätte genügen können. Die feindliche Besatzung nahm anfangs häufig freien Eintritt, und wenn diesem Mißbrauch in der Folge auch gesteuert wurde, so hatte man doch viele Logen und andere unentgeltliche Entreen zu geben. Hierzu kam die Schwierigkeit, den Fremden in ihrem Geschmack zu willfahren. Sie war nicht klein, da kaum ein Zehntel von ihnen unsere Sprache verstehen mochte. Sie war dringend, weil man sich bedroht fand, ein französisches Theater nach Berlin gerufen zu sehen, was unter den damaligen Umständen sogleich die Auflösung und den Untergang des deutschen zur Folge haben mußte.

Verhaftet, weil Agenten bewußt falsch übersetzten
Friedrich Wilhelm Gubitz (1786 - 1879); Holzschneider
und Journalist, seit 1817 Herausgeber des »Gesellschafters«

Am 11. Mai 1808 morgens zwischen sechs und sieben, als ich mit der Familie bei dem Frühstück saß, wurde ich verhaftet; zur Untersuchung meiner Papiere blieben Beauftragte in meiner Wohnung, und mich brachten zwei Gendarmen, höflicherweise in einer Kutsche, nach der Kommandantur ...

Nach meiner Verhaftung durchforschten die französischen Sendlinge alle zu entdeckenden Papiere, vorher aber hatte meine wackere Schwester Wilhelmine, mit meinen sämtlichen Verbindungen vertraut, die Geschicklichkeit, eine gefährliche Mappe zu entfernen, deren Inhalt sie in ihrer Angst auf dem Feuerherd verbrannte. Aus dem zweiten und dritten Heft der Zeitschrift »Das Vaterland« läßt sich schon deutlich ersehen, daß ich von den Führern der verschiedenen Freikorps, auch aus Königsberg und Memel, Nachrichten mußte empfangen haben; das meiste Schriftliche dorther hatte ich vernichtet, doch geschah es nicht mit allem: das argsinnige Trachten hätte noch genügsamen Stoff gefunden. – Als ich zwischen den beiden Gendarmen im Wartezimmer der Kommandantur stand, wußte ich nichts von Beseitigung jener Mappe, sehr viel aber von den Gewalttaten der

216

Unterdrücker deutschrechtlicher Gesinnung; ich konnte es mir nicht verbergen, daß ich unrettbar sei, waren meine Papiere sämtlich in Feindeshand. Begreiflich erschütterten mich schwer belastende Gedanken: der Gang des drohungsvollen Ereignisses ließ mich jedoch in seltsam zusammentreffenden Einflüssen die Allmacht höchster Leitung tief empfinden.

Eben veränderte sich das französische Beamtentum, und die Kommandantur hatte nur einstweilige Oberverwaltung, wobei ein Abfinden nötig war, was ich nicht deutlich erfahren, überhaupt diesen Umstand nebenher fast nur erraten habe. Während ich nun auf Weiteres im Widerwärtigen harrte und mir möglichst den Mut zusammensuchte, trat aus einem Seitenzimmer ein glänzend bekleideter Mann auf mich zu und sagte hastig:»Sie sind mir Herr Gübiß genannt, sind Meister im Holzschnitt, Christian von Mecheln hat mir Abdrücke nach Paris geschickt; wodurch sind Sie in Anklage?« Mit Dank für die günstige Meinung erwiderte ich: es sei mir völlig rätselhaft, weshalb man mich verhafte. Schweigend zog er einen der Gendarmen ein paar Schritte mit sich fort, sprach eine Minute mit ihm und ging dann zurück. Derselbe Gendarm brachte mir jetzt einen Stuhl, ich fragte ihn: »Wer ist der Herr?« und er antwortete: »Herr Staatsrat Bignon!« – der in jenen Tagen leitender Machthaber war. Mutmaßlich eine ganze, entsetzlich lange Stunde saß ich da, bis sich dieselbe Tür wieder öffnete und ich die Bitte vernahm, daß ich eintreten möge. Sich selber nennend, sagte er dann: »Ich habe mich in Kenntnis gesetzt, habe wenigstens bewirkt, daß ich mich über Ihre Affäre unterrichte«, und, mir beschriebene Blätter zureichend, fragte er: »Sind Sie Verfasser dieser ‚Expectorations'?« [Auslassungen]

– Ich sah das Empfangene eine Weile an erkannte bald die absichtlich boshafte Zusammenstellung und rief empört aus: »Das ist schändliche Übersetzung, so lautet es, so verbindet es sich im Deutschen nicht!« – Bignon zuckte die Achseln und entgegnete: »Also, Sie bekennen sich zum Verfasser? – das wäre sehr übel, denn die Order zu Ihrer Verhaftung ist streng!« Seine sich anfügenden Erörterungen machten mir begreiflich, daß ich der Schmähung des französischen Kaisers und Heeres bezichtigt sei; zufolge der mir eingehändigten schriftlichen Vorlagen war eine solche Absicht auch kaum zu bestreiten. – In der genannten Zeitschrift befinden sich viel Züge der Tapferkeit preußischer Krieger, und daß dabei »der Feind« nicht die Ehre davontrug, versteht sich von selbst. Über Gewaltherrschaft ist ebenfalls allerlei bemerkt, und vermöge der trügerisch gewendeten, mit den gesteigertsten Ausdrücken behafteten Übertragung allgemeiner Bezüglichkeiten in persönliche, schien vom französischen Standpunkt aus die Anklage gerechtfertigter, als sie sein konnte nach richtigem Maß. Für den Augenblick blieb mir aber nur das in solcher Bedrängnis sehr schwache Mittel des entschiedenen Einspruchs gegen verleumderische Fälschung dessen, was ich drucken ließ, und obwohl ich zu entdecken glaubte, Bignon wolle mir nützen, konnte ich doch auch wahrnehmen, daß er verlegen wurde. Da eben kam die Hilfe, die ich immerdar als weltgebietenden Einfluß betrachtet habe und betrachten werde.

Ein Bündel des aus meinem Arbeitszimmer Entnommenen wurde gebracht – die gefürchtete Mappe sah ich nicht, schon dies verminderte die Gefährlichkeit. Zugleich wurde Herr von Mecheln gemeldet, mit dem ich nicht nur in geschäftlicher, auch in freundschaftlicher Verbindung war, und da ich unter dem Erplünderten die Hefte meiner Zeitschrift erblickte, rief ich Bignon an: »O wenn Sie erlauben möchten, daß dieser Schweizer, der unfehlbar beider Sprachen mächtig ist, eine der mißhandelten Stellen übersetze, das würde Ihnen die arge Tücke gegen mich enthüllen!« Bignon gewährte diesen Wunsch und ließ den Angemeldeten – nach meiner jetzigen Ansicht Herbeigerufenen – eintreten. Der damals Einundsiebzigjährige, rasch meine Verwickelung begreifend, zeigte sich – ohne unsere traulichen Verhältnisse zu berühren – dem Geschäft eilend bereit, wobei er, eifrigst seinen dreieckigen Hut und langen Stock ablegend, meines Lobes voll war, besonders auch in Hinsicht auf meine, »ihm durch die öffentliche Stimme bekannt gewordene Familiensorge«.

Hatte der Ankläger nur verschwärzende Farben gebraucht, Mecheln mischte sie in seiner Übersetzung reichlichst mit Weiß, ohne auffallend abweichend zu sein von dem mir Eigentümlichen. Nachdem Bignon, der sich anderweitig beschäftigte während der emsigen Bemühung des alten Herrn, aus dessen zitternder Hand die beschleiernde Schrift empfangen, sie still gelesen und zuweilen mit der des Angebers verglichen hatte, sagte er, wie es mich anmutete in heiterem Erstaunen: »Ah, der Unterschied ist unzweifelhaft sehr überraschend, sehr bedeutend!« »Ah, la difference est sans doute très surprenant, très signifiant!« zugleich umfaßte er Mecheln und führte ihn bis zum Fenster. Dort sprachen beide leise mehrere Minuten miteinander, bis Bignon sich wieder zu mir wandte, dabei Mecheln stark betont zurufend: »Sie bürgen also dafür, daß Herr Gübiß ein abgefordertes Wort, die Stadt nicht zu verlassen, halten würde?« und tief erschütterte mich die Antwort des sehr aufgeregten Mecheln: »Ich verbürg es mit meiner Ehre und meinem Leben!« – Ich gab mein Wort; danach – es war nun schon der Mittag vorüber – Isagte Bignon zu mir: »Erwarten Sie mich heut abend acht Uhr in Ihrer Wohnung und halten Sie sich dort vorsichtig ‚caché'*.« [Verborgen] – Nicht nur an diesem Tage kam Bignon, er kam noch an zwei Abenden, um mir Ratgeber zu sein für Verhöre, die ich überstehen mußte vor fünf Personen, von denen drei Offiziere waren. – Daß ich ganz ohne widrige Endfolge dem Unheil entkommen könne, hatte mir Bignon verneint; man verurteilte mich zu sechswöchiger Hausvogteihaft, die man mir aber zeitweise, auf mein Versprechen, mich wieder zu stellen, vertagte, sie dann gar nicht mehr beachten wollte, so daß ich, zusammengerechnet, höchstens vier Wochen Gefangener war in einer lichten Stube, wo ich bei steter Tätigkeit selten gestört wurde.

Ein Kollaborateur wird höhnend verfolgt
Ludwig Rellstab (1799 - 1860), Redakteur der
Vossischen Zeitung

Bis zu welchem Grade aber ein Mann gehaßt und verachtet wurde, den Eigennutz oder Vorteil auf die Seite des Gegners zog, davon ist mir besonders ein Beispiel erinnerlich. Es gab einen Menschen in Berlin, Lange hieß er, der ein Journal im Sinne der Franzosen herausgab; ob direkt oder indirekt von ihnen besoldet, ist mir nicht erinnerlich. Gegen diesen richtete sich der äußerste

Haß, Wut möchte man sagen, und die schwerste Verachtung. Jeder Schulknabe kannte seinen Namen und bezeichnete mit ihm das äußerste Maß des Nichtswürdigen. Er durfte sich, wie sehr ihn die französische Gendarmerie in Schutz nahm, kaum auf der Gasse sehen lassen, ohne insultiert [Beleidigt] zu werden. Ich erinnere mich, daß ich ihn eines Tages in der Friedrichstraße, mit einem dreieckigen Hut bedeckt (ich glaube, er trug eine Art von französischer Ziviluniform), gehen sah, während ein Schwarm von Knaben ihn höhnend verfolgte. Lange Zeit hindurch hing eine trotz der strengen Überwachung durch die französischen Behörden erschienene Karikatur auf ihn in meinem Zimmer. Sie stellte ihn dar mit einem Strick um den Hals, den der Teufel mit einer Zange gefaßt hatte, um sich nicht an ihm selbst zu besudeln; als Unterschrift las man die Worte des Satans: »Pah! der wird mir den Höllenpfuhl verstänkern!«

Ein Lorbeerkranz: Die Franzosen gehen, das Freikorps Schill kommt

Tobias von Faudel, Preußischer Geheimer Finanzrat

Der 10. Dezember 1808 ist ein Tag größter Freude für die Bewohner Berlins.

Gegen Mittag haben die frühere Garnison von Kolberg — annähernd 3 800 Mann – und das Freikorps Schill ihren Einzug gehalten. Alles, was gehen konnte, war auf den Straßen. Die Schüler hatten schulfrei. Es herrschte allgemeine Freude, und die Rufe »Es lebe das Freikorps Schill! Hoch die Preußen!« wurden vom Militär mit »Hoch die Berliner!« (oder die Einwohner von Berlin) beantwortet. Die Musik der Regimenter war nicht mehr zu hören. In der Königsstraße, durch die die Truppen zogen, erzitterten die Fenster, Läden und Türen unter der Last der Zuschauer. Man ließ Herrn von Schill am Stadttor von schön gekleideten jungen Mädchen einen Lorbeerkranz überreichen, und der Menschenandrang in den Straßen, durch die er zog, war so groß, daß er des öfteren anhalten mußte, obwohl er von einem großen militärischen Geleit umgeben war.

Um den Truppen einen guten Empfang zu bereiten, hat der Magistrat große Vorbereitungen getroffen. Unter anderem wird man auf Kosten der Stadt den Offizieren ein Galadiner im Theatersaal geben, bei dem die obersten Verwaltungsbeamten die Honneurs machen werden und zu dem der Minister Herr von Voß und mehrere andere hohe Staatsbeamte eingeladen sind.

Der französische Generalstab über die Lage in Berlin
Generalstabsbericht vom 31. März 1809 an Marschall Davout

Fast alle Kinder benehmen sich unverschämt. Sie bringen häufig ihre Abneigung gegen die Franzosen zum Ausdruck. Nicht selten kommt es vor, daß sie einen dreist anstarren und einem von weitem Schimpfworte zurufen

Um über den Geist der Berliner Bevölkerung besser Aufschluß geben zu können, teile ich sie in drei Gruppen ein: die Bürger, die Militärs und das Volk.

Unter den Bürgern gibt es sehr verständige Leute, deren ausschlaggebende Meinung sich auf eine fast sichtbare Weise bemerkbar macht – und das ist ein Glück für Berlin; ohne sie würde die Stadt binnen kurzem einer völligen Anarchie anheimfallen.

Ohne sehr in Erscheinung zu treten, sind diese Leute die Herren der öffentlichen Meinung und lenken sie. Sie seufzen über ihre Schwäche in der Vergangenheit. Sie bedauern, daß sie zu leicht dem Geschrei derjenigen, die den letzten Krieg, dessen Folgen für sie so unheilvoll waren, herausforderten, nachgegeben haben. Deshalb halten sie die Leute aus dem Bürgertum, aus dem Militär und aus dem Volk fest im Zaum, deren ungestümer Geist danach trachtet, Zwietracht zu nähren; und sie haben Erfolg damit. Das übrige Bürgertum, das eine heftige Abneigung gegen die Franzosen hegt, denkt wie die Militärs und der größte Teil des Volkes.

Das Unglück hat die Militärs nicht gewandelt. Sie haben ihren stolzen, überheblichen Geist nicht verloren, der stets kennzeichnend für sie war, und bezeigen mit Vorliebe Verachtung für die Franzosen. Keiner ihrer Posten grüßt einen französischen Offizier mit Auszeichnungen. Sie versuchen, die Schmach ihrer Niederlage zu bemänteln, indem sie sagen, sie seien betrogen und nicht besiegt worden. Sie sind im allgemeinen höflich, aber nicht bescheiden. Sie tun nichts, um sich mit den Franzosen auszusöhnen. Ihr Herz ist zu sehr mit Verachtung und Abneigung gegen die Franzosen angefüllt, was sie im engeren Kreis auf heftige Art zum Ausbruch kommen lassen. Damit man begreift, wie sehr sie uns hassen, brauche ich nur folgendes anzuführen: Ein preußischer Offizier, der beim Sturm auf eines der Stadttore von Lübeck verwundet und in dasselbe Haus wie ich gebracht wurde, dem ich manchen Gefallen erwiesen habe und mit dem ich mehr als sechs Monate in derselben Wohnung lebte, wagte es nicht, mich zu grüßen, wenn er mir auf einer öffentlichen Promenade begegnete, weil er Angst hatte, von seinen Kameraden beschimpft zu werden. Es gibt keinen unter ihnen, der nicht wieder gegen die Franzosen in den Krieg ziehen möchte. Dieser kriegerische Geist, der dem Haß gegen die Franzosen im Einklang steht, behagt manchen Bürgern und dem größten Teil des Volkes so, daß er durchaus von Einfluß auf die öffentliche Meinung ist. Es ist indessen nicht anzunehmen, daß er die geringste Auswirkung haben könnte, denn die verständigen Bürger mißbilligen ihn nachdrücklich und sagen, daß sie ihn für sehr lächerlich halten.

Das Volk in Berlin ist durchaus ungebildet und treibt dorthin, wo es seinen Vorteil sieht. Diejenigen, die durch den Aufenthalt der Truppen in der Hauptstadt Geld verdient haben, würden sich freuen, wenn die Franzosen wiederkämen. Die andern – und das ist die Mehrzahl – lassen sich von der Meinung der Militärs einnehmen, weil diese ihrer Abneigung gegen die Franzosen schmeichelt.

Das Betragen der acht- bis zwölfjährigen Kinder aller Stände verdient hervorgehoben zu werden. In diesem Alter der Offenherzigkeit läßt man seiner Art zu denken freien Lauf. Man wird durch keinerlei Erwägungen zurückgehalten, und die Art zu denken bildet sich in diesem Alter nach dem, was die Kinder täglich innerhalb der Familien hören, wo man sich ungezwungen unterhält. Deshalb benehmen sich die Kinder fast alle unverschämt. Sie bringen häufig ihre Abneigung gegen die Franzosen zum Ausdruck. Nicht selten kommt es vor, daß sie einen dreist anstarren und einem von weitem Schimpfworte zurufen, ohne daß die Passanten darauf achten oder sie gar daran hindern.

Die Preußen glauben im allgemeinen an den Krieg. Den guten Bürgern täte es leid, daran teilzunehmen. Die Offiziere aber würden sich sehr darüber freuen; sie nehmen jedoch nicht an, daß es dazu kommen wird. In Berlin werden viele Rekruten ausgehoben, die alle Tage exerzieren. Die Garnison läßt man häufig Übungen abhalten.

Die Bürgergarde dient weiter wie zu der Zeit, als die Franzosen Berlin besetzt hielten, und ohne sie würde die kleine preußische Garnison für den täglichen Dienst nicht ausreichen. Die Bürgergarde erweist sich sehr nützlich bei der Unterstützung der hohen Polizei. Der größte Teil der Truppen ist nach Schlesien verlegt worden.

Augenblicklich ist die Anordnung der Regierung, die jedem Privatmann vorschreibt, sein Silberzeug abzuliefern, Gegenstand aller Aufregungen. Um sich dieser Anordnung zu entziehen, haben die Möllendorffs, die Bonins und andere reiche Besitzer ihr Silberzeug nach Mecklenburg geschafft. Wer es nicht versteckte, hat es zu niedrigem Preis an Juden verkauft, die es in Barren an die Hamburger Bank schicken. Diese Maßnahme wird der Regierung nicht die Gelder einbringen, die sie sich davon versprochen hat. In keinem Hause benutzt man mehr Silberzeug, und diese Anordnung, die alle Köpfe verwirrt und die öffentliche Meinung untergräbt, bewirkt, daß es in Zukunft keines mehr geben wird.

Die begüterte Schicht, die der Regierung zugetan war, kann nicht ruhig zusehen, wie man ihr ihre einzige und letzte Hilfsquelle wegnimmt, und die ärmeren Schichten sehen ohne Kummer, wie eine Maßnahme durchgeführt wird, welche die ihnen auferlegte Last der Steuern erleichtern soll.

Erinnerungen

an den Kaiser Napoleon

aus den Tagen seines Aufenthalts

in Potsdam u. Berlin

im Jahre 1806.

Von einem Augenzeugen

———

DER DIENER DES KAISERS

von
Michaela Schönheit und Arne Krasting
www.Zeit-Reisen.de

Auf der Suche nach Quellen über die Zeit Napoleons stießen wir auf eine Rarität. »Erinnerungen an den Kaiser Napoleon aus den Tagen seines Aufenthalts in Potsdam und Berlin im Jahre 1806. Von einem Augenzeugen« – so heißen die handschriftlichen Erinnerungen, welche das Landesarchiv Berlin 1989 ersteigerte und die nun erstmals vollständig im Druck vorliegen.

Verfasser der Erinnerungen ist der Italiener Tamanti. Über ihn ist nicht mehr bekannt, als er selbst in seinen Erinnerungen preisgibt. Er war Kammerdiener am Hofe Friedrich Wilhelms III. und wohnte mit seiner Familie in Potsdam.

Tamantis Kenntnisse der französischen Sprache waren hervorragend. Das qualifizierte ihn für die Betreuung des französischen Kaisers als Kammerdiener. In Potsdam erreichte ihn im Oktober die Nachricht, er möge sich bei Hofe einfinden, um Napoleon während dessen Aufenthalt in Potsdam und Berlin zu dienen.

Einen Monat lang, vom 24. Oktober bis 24. November, befand er sich nun in der unmittelbaren Umgebung des Kaisers. Die daraus entstandenen Aufzeichnungen liefern ein beredtes Zeugnis dieser Zeit. Tamanti erzählt dabei nicht von den großen politischen Ereignissen, sondern vom Alltag Napoleons. Er begleitete den Kaiser auf dessen Streifzug durch das Stadtschloss in Potsdam. Dessen ausführliche Besichtigung sowie der französische Wunsch nach Beute fielen dabei zusammen. Nicht wenige der Artefakte, die Tamanti dem Kaiser erklären mußte, traten bald darauf die Reise nach Paris an.

Tamanti war aber auch für Napoleons Frühstück zuständig, half ihm in Personalfragen, empfing Boten und wohnte den kaiserlichen Abendgesellschaften bei. Der Kammerdiener erlebte Napoleon im Gespräch mit Gesandten, seinen Generälen und einer kränkelnden Prinzessin – und legt damit ein Zeugnis ab von der Art des Umgangs des französischen Militärs miteinander und mit den preußischen Untertanen.

Lediglich auf Ausflügen begleitete Tamanti Napoleon nicht. Dem ausführlich beschriebenen Besuch des Kaisers in der Garnisonskirche und am Grab Friedrichs II. wohnte er nicht persönlich bei. Im Vergleich mit anderen zeitgenössischen Quellen zeigt sich aber, dass auch diese Ereignisse wahrheitsgemäß erzählt wurden. Offenbar verfügte Tamanti über zuverlässige Informanten.

Beim allem aber, was er teilweise pedantisch genau berichtet, wahrt Tamanti äußerste Diskretion. Er beschließt seine Aufzeichnungen mit der Geschichte einer dramatischen Begegnung in Berlin. Die Zusammenkunft Napoleons mit Gräfin Hatzfeld ist Höhepunkt des Berichts. Der Gatte der Fürstin, Franz-Ludwig Hatzfeld, war beim Sieg Napoleons Civil-Gouverneur in Berlin. In dieser Eigenschaft sandte er am 24. Oktober, drei Tage vor dem Einmarsch des Kaisers in Berlin, einen Bericht an den beim König weilenden Major Knesebeck über den Anmarsch der Franzosen. Dieser Brief war in die Hände Napoleons geraten und wurde offenbar missverstanden. Beim Einzug in Berlin, am 27. Oktober, ließ der Kaiser Hatzfeld auf Grund eben dieses Briefes unter dem Vorwurf der Spionage verhaften. Mit Rührung schildert Tamanti, wie die fürstliche Gattin in ihrer Verzweiflung auf das Berliner Schloss eilte und bei Napoleon um Gnade für ihren Mann flehte. Die Großmütigkeit des Kaisers schien einen tiefen Eindruck auf alle Beteiligten gemacht zu haben. Das Ehepaar Hatzfeld war seit diesem Tage außerordentlich franzosenfreundlich, und auch der italienische Kammerdiener zeigte sich vom Kaiser tief beeindruckt. Nach knapp einem Monat endet dieser besondere Dienst, den Tamanti »mit der größten Anstrengung meiner Kräfte, Tag und Nacht gehabt hatte«.

Wir danken Sabine Preuß vom Landesarchiv Berlin, die uns auf diesen Text aufmerksam machte, ihn uns zur Verfügung stellte und mit Rat zur Seite stand.

TAMANTI
BEGLEITET NAPOLEON
DURCH POTSDAM

Die Tagebuchaufzeichnungen des Kammerdieners
24. Oktober bis 24. November 1806
Erstveröffentlichung

Erinnerungen an den Kaiser Napoleon aus den Tagen
seines Aufenthalts in Potsdam und Berlin im Jahre 1806.
Von einem Augenzeugen.

Vorrede

In einer Zeit, in der so viele Schriften über Napoleon heraus-
kommen, in denen sich oft das Wahre vom Falschen schwer unter-
scheiden läßt, machte sich der Verfasser der folgenden Notizen um
so weniger Bedenken mit denselben hervorzutreten, da er durchge-
hends als Augenzeuge schreibt. Er erhielt nämlich im October 1806,
als der Kaiser der Franzosen in Potsdam erwartet wurde, den Befehl, sich auf dem Königlichen Schlosse daselbst einzufinden, um
bei demselben als Kammerdiener zu functioniren. Dieses Amt,
welches ihm vom 24ten October bis 24ten November ununterbro-
chen verblieb und ihn in die nächste Umgebung Napoleons brachte, machte es ihm möglich die folgenden Bemerkungen zu sammeln, welche er hiermit den geehrten Lesern, so wie er sie schon
damals niederschrieb als einen kleinen Beitrag zur Kenntniß jener
verhängnißvollen ewig denk- und merkwürdigen Zeit übergiebt, in
der Hoffnung, daß sie ansprechen werden, und mit dem belohnen-
den Gefühle unserm vortrefflichen Könige mit treustem Herzen
ergeben dem Vaterlande , soweit es der ihm angewiesene Beruf ge-
stattete, nicht erfolglos die redlichsten Dienste geleistet zu haben.

Es war am 24ten October Vormittags halb elf Uhr als der Kaiser Napoleon Bonaparte auf der grünen Rampe im Lustgarten von Potsdam vom Pferde stieg. »Hier werde ich also wohnen? fragte er den Marshall Duroc: Ja Sire entgegnete dieser, Euer Majestaet werden die Zimmer bewohnen, welche der russische Kaiser bewohnt hat. __

Nachdem hierauf der Kaiser befohlen, daß die Wachen seiner Garden, wenn sie kämen im Königlichen Schlosse ebenso aufziehen sollte wie dies bey der Anwesenheit des Königs von Preußen geschehen sey, trat er in den Marmorsaal, um seine Zimmer in Augenschein zu nehmen. Er fragte mich: »was ich für eine Bedienung habe? worauf ich erwiederte, daß ich Kammerdiener Sr. Majestaet des Königs von Preußen sey. Hierauf zeigte ich dem Kaiser die zu seiner Wohnung bestimmten Zimmer.__

Eingetreten in das sogenannte gelbe Zimmer, wo sich zwei Kammerdiener befanden fragte er mich »Wer sind diese und sprechen sie französisch? welches ich der Wahrheit mit Nein beantwortete: »Sind sie ein Franzose? Nein Sire! mein Vaterland ist Italien. Sie bleiben bei mir zum Dienst, erwiederte der Kaiser in italienischer Sprache. Seine Zimmer fand Napoleon alle schön und prachtvoll. In dem für ihn bestimmten Schlafzimmer fragte er, ob in demselben Bette, der Kaiser von Rußland geschlafen habe? welches ich bejahte.

Er befahl hierauf, daß sogleich einige Tische gebracht werden möchten zu Aufspannung seiner Karten, welcher Befehl augenblicklich erfüllt wurde.__

Nach einer halben Stunde verlangte der Kaiser sein Frühstück, welches er mit den Prinzen Hieronymus und Murat einnahm.

Mittlerweile war die Königliche Garde angekommen, ich sandte daher jemand mit, um die beiden Hauptwachen zeigen zu lassen. Die Garde marschierte darauf durch das Portal am Lustgarten, und besetzte die beiden Hauptwachen sowie den Marmorsaal. Im sogenannten blauen Zimmer nahe der Wohnung Napoleons hielt sich der dienstthuende General auf, im Bronce-Saal aber mehrere Officiers d´ordonance und Adjudanten die zur kaiserlichen Ehrenwache gehörten. Als der Kaiser Nachmittags zwei Uhr in den Bronce- Saal trat, fragte er mich: »was das für Gemälde wären? /:er zeigte auf die über dem Kammin hängenden:/ Ich erwiederte, daß sie dem König von Pohlen und Friedrich Wilhelm den ersten König von Preußen darstellen sollten. Er fügte hinzu, daß dies wohl derjenige sey? welcher das alte Grenadier- Bataillon errichtet habe?__ » Sind die Schlösser Sanssouci und das neue Palais weit von hier entfernt?«_ Nein Sire!_ Beide Schlösser will ich noch heute sehen! »Wo hat in diesem Schloße Friedrich der Große gewohnt?«_ Auf dem anderen Flügel des Schlosses nach der langen Brücke zu.«_ »Ich will dessen Wohnung sogleich besehen!__ Ich ließ daher sogleich dem Kastellan melden, daß er die Zimmer Friedrichs des Großen öffnen möchte. Als der Kaiser in den Marmorsaal trat, fragte er, was dies für ein Saal sey? ich gab zur Antwort, daß dies der Saal sey, in welchem Friedrich der Große einrangirt habe.__ »Und was ist dies für ein Gemälde?__ » Er stellt die Geschichte aus den Zeiten der Churfürsten von Brandenburg vor. Der Kastellan trat in den Marmorsaal, um zu melden, daß die Zimmer Friedrichs des Großen geöffnet wären.

Als Napoleon in das erste Zimmer trat, fragte er mich: Ist dies schon ein Zimmer Friedrichs des Großen? und was sind das für Gemälde und Kupferstiche, die hier an der Erde liegen? Ich antwortete, daß dies ein Zimmer des großen Königs sey, die Gemälde aber unser König auf der Berliner Kunst- Ausstellung gekauft habe.

Jetzt waren wir in den Kammern Friedrichs des Großen angekommen.

Wo hat Friedrich der Große geschlafen? ich zeigte den Ort.__ »Wo ist das Bett in welchem Friedrich geschlafen hat?« Diese Frage konnte ich nicht bestimmt beantworten, that sie daher an den Kastellan, welcher berichtete, daß der König Friedrich Wilhelm II. jenes Bett seinem geheimen Kämmerer Rietz geschenkt habe, welches ich dem Kaiser in französischer Sprache wiederholte__. Der Kaiser schloß in einem Zimmer Friedrich des Großen einen Glasschrank auf, worin sich Werke desselben befanden, nahm einen Band heraus, und sagte zu seinen Generalen: »Meine Herren! hier ist ein Werk welches Friedrich der Große selbst geschrieben hat, so wie ein von ihm selbst geschriebener Catalog.« Hierauf befahl er den Bücherschrank wieder zu-zuschließen und fragte mich: Hat dieser Mann, auf den Kastellan zeigend, auch Friedrich dem Großen gedient?_ »Dieser Kastellan, sagte ich, »ist viele Jahre lang Laquai Friedrichs gewesen, von demselben aber nachher zum Kastellan ernannt worden. Hierauf wandte sich der Kaiser zu seinen Generalen und sagte: Sehen Sie meine Herren! hier ist noch Musik von Friedrich dem Großen wel-cher selbst geblasen hat. Er war ein großer Musicus!_ Und was ist das für ein Degen der hier auf dem Tische liegt?« Es war der Degen Friedrichs des Großen, den man ebenso wie ein in demsel-ben Zimmer befindliches Kästchen mit dem Ornate des Regi-ments, welches Friedrich in Petersburg gehabt in der Bestürzung beiseite zu schaffen vergessen hatte. Da dieser Degen schon seit vielen Jahren mehreren französischen Militairpersonen bekannt war, und dies sogar einer der umgebenden Adjudanten äußerte, so war man in die Nothwendigkeit versetzt, zu antworten, daß es ein Interimsdegen des unsterblichen Königs, und der dabey liegende schwarze Adler- Orden, von Friedrich dem Einzigen nur interimi-stisch getragen worden sey._

Hierauf fragte er: »Hat denn Friedrich der Große einen so klei-nen Degen getragen?« Ich bejahte diese Frage und der Kaiser nahm den Degen in die Hand und zeigte ihn seinen Generalen, wobey er sagte: »Wenn der König noch lebte, der diesen Degen getragen hat, würden wir uns nicht hier befinden._

An der Seite des Tisches, worauf der Degen lag, stand ein spa-nisches Rohr mit einem goldenen Knopfe. Der Kaiser fragte: »Gehörte dieser Stock auch Friedrich dem Großen? Ich antworte-te: daß diesen Stock Friedrich Wilhelm II. getragen habe. _

Ueberhaupt erkundigte sich der Kaiser sehr genau nach allen im Zimmer befindlichen Gegenständen, nach ihrer Bestimmung, ihren vormaligen Besitzern pp. Er ging darauf ins dritte Zimmer, worin die Maschienentafel befindlich ist, besah dieselbe und frag-te, ob nach dem Thode Friedrich des Großen etwa Verände-rungen in dieser Wohnung vorgenommen wären? Worauf ich erwiederte, daß Friedrich Wilhelm II. und der jetzige König nicht daran hätten verändern lassen. Da meinte der Kaiser: »Diese Wohnung verdiene zum Andenken unverändert zu bleiben.

Hierauf verließ Napoleon die Zimmer Friedrich des Großen und begab sich nach den seinigen zurück, nachdem er den Befehl ertheilt, jemanden zu schaffen, der französisch spreche und mit ihm ausreiten, und ihm die Wege zeigen könne.__

Ich schickte zu dem Königlichen Bereiter Müller, welcher sich bald nachher einfand, ich hatte geglaubt, daß derselbe französisch spräche, was jedoch nicht der Fall war.__

Kurz darauf setzte sich der Kaiser nebst seine Generalen zu Pferde, um Sanssouci und das neue Palais zu besehen, und kehrte in einigen Stunden wieder auf das Schloß zurück.__ An demselbigen Tage kurz nach der Ankunft des Kaisers in Potsdam kam der Hofschlächter Giesmann zu mir auf das Königliche Schloß und klagte, daß ihm französische Truppen auf dem Wege von Berlin über Charlottenburg alles Vieh, sogar Wagen und Pferde genommen hätten. Der Prinz Berthier, den ich diesen Vorfall vortrug, erwiederte mir, daß diese Sache sich klären lasse, nur müße man bestimmt angeben können, zu welchem Corps diese Truppen gehörten. Ich ermittelte dies und benachrichtigte den Prinzen Berthier, daß es das Bernadotsche Corps gewesen sey, worauf derselbe befahl, daß 2 Gen d´armes den p. Giesmann begleiten, ihn zu dem Corps führen, und ihm zur Wiedererhaltung seines ihm genommenen Viehes und die übrigen Sachen behilflich zu sein. Der p. Giesmann begab sich mit den 2 Gen d´armes in das Lager der Truppen, und erhielt wirklich alles ihm genommene bis auf ein Schwein zurück, welches bereits geschlachtet und zum Theil zerlegt war.

Desselben Tages bekam ich ein Schreiben von dem Kastellan der Pfaueninsel, daß sich französische Militairs mit einem Kahne übergesetzt hätten, und sich das dortige Vieh zueignen wollten, man möge ihm daher sogleich eine Sauvegarde heraussenden.

Alsbald ging ich zum Prinzen Berthier , und bat diesen um die verlangte Sauvegarde. Der Prinz schickte mich zu dem General René, Commandanten von Potsdam, welcher sogleich dem Platzmajor den Befehl ertheilte, schleunig eine Sauve- Garde, nebst einen Postillon, welcher derselben den Weg zeigen könnte hinauszuschicken.__

Der Postillon stieß in der Nähe der Pfaueninsel in sein Horn, damit die Sauve- Garde übergesetzt würde, da sich aber niemand weder hören noch sehen ließ, auch die Sauve- Garde ohne Jemanden zu erblicken zwei Stunden in der Nacht gewartet hatte, mithin wieder fort, und begab sich nach Glienecke, einem Gute des Oberstallmeisters Grafen von Lindenau, welchem ich auch zwei Mann Sauve- Garde ausgemittelt.

Am 25ten October befahl mir der Marschall Duroc im Namen des Kaisers die Deputation nebst den Landständen um 11 Uhr auf das Königliche Schloß zu bestellen, um sich dem Kaiser zu praesentieren. Sobald sich nun der Fürst Hatzfeld nebst den Praesidenten von Berlin und den Landständen im Marmorsaal befanden, zeigte ich es an, worauf der Marschall Duroc zum Kaiser ging, und diesen meldete, daß die Deputationen von Berlin angekommen wären, um die Schlüssel dieser Stadt zu überreichen.__

Im gelben Zimmer, in dem der Kaiser sich eben befand, empfing er die Deputation. Der Fürst Hatzfeld sprach mit dem Kaiser, der ihm erwiederte, er bedürfe seiner Hülfe nicht!«__

Eines Morgens kam ein gewisser Heshe, einer von denen, welche schon mehrere Tage vorher den französischen Truppen bis Wittenberg entgegen gefahren waren, der aber hier nicht den Kaiser, sondern die Marschalle Davout und Savary gesprochen hatte, auf das Königliche Schloß, auf dem Corridor der sogenannten neuen Kammern. Ich erblickte denselben als ich eben in das blaue Zimmer gehen wollte.

Er fragte mich in französischer Sprache, ob ich dem Kaiser angehöre? worauf ich antwortete: »daß ich dem König von Preußen diene. Er sagte hierauf, er habe einen Brief an den Kaiser abzugeben, und wünsche einen Adjudanten desselben zu sprechen, um den Brief an den Kaiser selbst abgeben zu können. Da er indeß keinen Adjudanten nennen, und ich ihn nicht mit hinein nehmen konnte, so sagte ich es dem diensthuenden General, welcher nach einer Weile herauskam, dem obgedachten Heshe den Brief abnahm, und sagte, »Wenn seine Majestaet der Kaiser es für nöthig halten wird, so werden Sie Antwort bekommen!« Der General Gaidan überreichte den Brief an den Kaiser, derselbe erbrach ihn und sagte zu dem General »Ist es möglich! Kaum hier angekommen werde ich gebeten, eine Summe Geldes auszahlen zu lassen, die seine Majestaet der König von Preußen zur Unterstützung einer Fabrik versprochen hat.«_ »Das ist ein Patriot!!!«

Desselben Morgens nach elf Uhr wurde ich durch die Schildwache, die im Marmorsaal stand, herausgerufen, und von derselben benachrichtigt, daß sich ein Dessauer Jagdjunker eingefunden, welcher einen Brief von seinem Fürsten abzugeben habe. Ich sprach mit dem Jagdjunker, und sagte ihm, es sey unmöglich, daß er den Brief an den Kaiser selbst abgebe, indeß würde ich ihn zum Prinzen Berthier führen lassen, durch dessen Vermittelung sein Brief bestimmt in die Hände des Kaisers gelangen würde._

Da ich aber im ersten Augenblick Niemanden hatte, der ihn zu diesem Prinzen führen konnte, so nahm ich ihn mit in den Bronce- Saal, und ersuchte ihn dort, so lange, bis sich ein Führer für ihn zeigte zu warten._

Gleich darauf trat der Kaiser aus dem blauen Zimmer in den Bronce- Saal, wurde den Jagdjunker gewahr und fragte mich: wer dieser sey? ich sagte dem Kaiser, daß es ein Abgesandter des Fürsten von Dessau, welcher einen Brief an seine Majestaet abzugeben habe._ Der Jagdjunker war in der größten Bestürzung. Nachdem ich demselben durch Zeichen begreiflich gemacht hatte, daß dies der Kaiser sey, trat er ihm näher, und brachte bey Abgabe des Briefes im Namen seines Fürsten eine mündliche Fürbitte um Schonung des durch starge Truppenmärsche leidenden Landes an._

Der Kaiser erwiederte hierauf: »ich wünsche Ihnen eine glückliche Reise und werde Ihrem Fürsten auf seinem Brief antworten.«

Den Nachmittag ließ der Kaiser seine Garden und reitende Artillerie manövrieren, welches wohl einige Stunden dauerte, darauf setzte er sich mit seinen Generalen zu Pferde und ritt nach der Garnison- Kirche um das Grabmal Friedrich des Großen zu besuchen. Nachdem er es lange Zeit schweigend betrachtet hatte, sagte er »Wenn man auch todt ist, so ist doch der Ruhm unsterblich!«

Er verließ die Kirche, ritt um die Stadt herum und begab sich gegen 5 Uhr wieder auf das Schloß!__

Am 26ten Nachmittags halb drei Uhr setzte sich der Kaiser nebst seinen Generalen zu Pferde, um nach Charlottenburg zu reiten. Bei dieser Gelegenheit wandte ich mich an denselben und sagte obgleich seine Majestaet befohlen, daß die königl. Schlösser gegen alle feindliche Angriffe und kriegerischen Gewaltthätigkeiten gesichert bleiben sollten, man dennoch im neuen Garten vieles demolirt, und die dort wohnenden Leute geplündert habe, auch hätte ich seine Majestaet schon ein Bittschreiben überreicht, worin die dort wohnenden Leute den Schaden, welchen sie schon erlitten, und noch immer erleiden müßten, angezeigt hätten.

In der That aber war es blinder Lärm, nur Brennholz war genommen worden.__ Der Kaiser antwortete, allen diesen Schaden werde ich ersetzten, auch habe ich befohlen, daß in jedem Schlosse Sauve- Garden sein sollen.

Ich erkundigte mich, wie es damit stünde, und erfuhr, daß der Marschall Duroc Ordre ertheilt habe, daß sich in jedem Schlosse Sauve- Garden befinden, und wie sie sich verhalten sollten. Mit der schriftlichen Ordre diesen Inhalts vom Marschall Duroc begab ich mich zur Schloßwache auf dem Königlichen Schlosse, und ließ mir 4 Mann Sauve- Garde geben, die ich um vier Uhr in den neuen Garten hinnausführte, und dem Kastellan übergab, ihnen die Stellung anzuweisen. Während dieser Zeit hatte der Kaiser seinen Weg nach Spandow fortgesetzt. Als derselbe an das Potsdamer Thor kam, ritt er den Stadtwall hinunter, besah die Citadelle, ritt in die Festung, sodann zum Oranienburger Thor wieder hinaus und traf gegen 6 Uhr auf dem Schlosse zu Charlottenburg ein.__

Am 27ten October gegen 4 Uhr Nachmittags, ritt der Kaiser von Charlottenburg ab, und begab sich nebst seinen Generalen nach Berlin.__

Die Stadt war diesen Abend erleuchtet. Der Kaiser ritt wohl eine Stunde lang in derselben umher, und begab sich sodann auf das Königl. Schloß.__

Er bewohnte die Seite nach dem Lustgarten zu, und zwar die Kammern Friedrich Wilhelm des zweiten. In der Spiegelkammer, in der Nähe der Wohnung des Kaisers, befand sich ein dienstthuender General, und im Pfeilersaal verschiedene Officiers d´ordonance, und Adjudanten die zur kaiserlichen Ehrenwache gehörten. Die Garden des Kaisers zogen im Garde- du- Corps- Saal auf, und besetzten ihre Posten.

Am 28ten October, Mittags 11 Uhr begaben sich alle Departements von Berlin auf das Königliche Schloß, um sich dem Kaiser zu praesendieren. Es befanden sich darunter auch viele Deputirte, welche durch den dienstthuenden General dem Kaiser vorgestellt wurden.

Um 12 Uhr ließ der Kaiser die Wachparade aufziehen sowie täglich die angekommenen Regimenter Revue passiren, und avancirte diejenigen welche sich im Feldde ausgezeichnet hatten.＿

An eben diesen Tage stattete der Kaiser Visite bei Sr. Königlichen Hoheit, dem Prinzen Ferdinand von Preußen ab, und ließ sich nachher auch bei der Churprinzessin von Heshen- Cashel anmelden. Ihre Königl. Hoheit ließ sich indeß, von einer Unpäßlichkeit noch nicht hergestellt entschuldigen.＿

Eines Morgens ließ der Kaiser den Feldmarschall von Möllendorf zu sich rufen. Als er erschien, meldete ich dem Kaiser seine Ankunft, der ihm sehr freundschaftlich die Hand reichte, ihn in sein Zimmer aufnahm, und ihm sagte: ich freue mich sehr, einen solchen braven Feldmarschall kennen zu lernen« worauf er sich mit Demselben ein gute Stunde lang unterhielt. Einige Tage später zog er ihn auch zur Mittagstafel, bey welcher verschiedene Prinzen mitspeisten, und unterhielt sich während der Tafel fast stets mit dem Feldmarschall.

Gegen 8 Uhr Abends fand sich der Kaiser nebst allen Prinzen, seinen Generalen und mit dem Feldmarschall von Möllendorf in der Spiegelkammer ein, und ließ den Musicis befehlen, daß Concert anzufangen.＿

Der Marschall Duroc stellte dem Kaiser den Kapellmeister Himmel vor. Napoleon fragte ihn nach seinem Vaterlande, worauf er erwiederte, daß er ein Preuße sey, und daß ihn Sr. Majestaet Friedrich Wilhelm II. nach Italien habe reisen lassen, um seine Talente daselbst zu vervollkommnen.＿

Der Marschall Duroc stellte darauf einen Sänger des Königs von Baiern Namens Bricci vor. Der Kaiser fragte ihn, aus welchem Lande er gebürtig sey? Bricci nannte Bologna als seine Vaterstadt. Der Kaiser sprach italienisch mit ihm, und sagte, daß die Bolognesen gute Leute wären.__

Zuletzt wurden noch der Königliche- Preußische Opersänger Tambolini und die Opernsängerin Marchetti vorgestellt, welche letztere der Kaiser fragte: »wie lange sie hier in Königlichen Diensten wäre? Mme Marchetti antwortete 14 Jahr. So sind Sie gewiß eine deutsche geworden, erwiederte Napoleon.

Hierauf begann das Concert, worin sich die Virtuosen hören ließen, und in der Folge hatte der Kaiser alle Abend in den französischen Kammern ein Vocal- Concert, währenddessen er mit dem dienstthuenden General eine Parthie Schach spielte.__

Eines Nachmittags, als der Kaiser nebst seinen Generalen nach Friedrichsfelde zur Revue geritten war, kam die Fürstin Hatzfeld auf das Königliche Schloß in den Saal, vor welchem zwei französische Schildwachen standen, der eine davon rief mich hinaus, und sagte zu mir: es sey eine Dame da, die Einen aus der Umgebung des Kaisers sprechen wollte. Ich ging hinaus, und führte die Fürstin in den Saal ein, die mich jetzt fragte: wer sind Sie, mein Herr? Ich antwortete, daß ich Kammerdiener des Königs von Preußen wäre, und den Dienst beim Kaiser verrichtete.__

Die Fürstin fragte weiter, ob man nicht wisse, wo ihr Gemahl sey? Da ich der Fürstin Niedergeschlagenheit wahrnahm, wollte ich ihr Anfangs die Wahrheit nicht sagen, sie bat indeß so dringend, daß ich mich nicht enthalten konnte, ihr zu sagen: »ich hätte gehört, daß der Fürst verhaftet sey!«__

Ist der Kaiser zu sprechen? fragte sie heftig erregt.__

Ich muß ihm einen Brief überreichen. Der Kaiser, sagte ich, ist vor einer Stunde weggeritten, und kömmt vor Anbruch des Abends nicht zurück, und nun trat der Courier des Kaisers hinzu und fragte mich, wer diese Dame wäre? Als ich ihm dies beantwortet ging der Courier zu der Fürstin und sagte, Madame! Sie müssen fortgehen und können hier nicht bleiben!_ Ich sagte auf deutsch zu der Fürstin, daß sie auf dem Schlosse Bescheid genug wisse, um eine Gelegenheit zu finden, den Brief dem Kaiser selbst zu überreichen.__

Zu gleicher Zeit kam der Marschall Duroc aus dem Pfeilersaal, die Fürstin sprach ihn an, worauf er sagte: Madame! Nehmen sie es nicht übel, ich habe nicht einen Augenblick Zeit, denn ich bin zu sehr beschäftigt. Und so fuhr sie nach Hause zurück._

Gegen 6 Uhr kam Napoleon auf dem Schlosse an, und stieg auf der Seite des Domportals ab. Die im Garde- du Corps- Saal befindliche Wache zog, wie gewöhnlich herein bis an die Treppe, mit welcher der Kaiser einging._

Ich sah mich jetzt nach der Fürstin Hatzfeld um, und erblickte sie im Garde- du- Corps- Saal, woselbst sich auch der, der Fürstin zur Begleitung beigegebene Kammerherr der Prinzessin Ferdinand von Preußen aufhielt, und stellte sie an dem Zimmer in welchem der Kaiser eintreten müßte.

Kaum war derselbe eingetreten, als auch schon die Fürstin niederkniete und um Gnade für ihren Mann flehte.

Der Kaiser, dem dies unerwartet kam, stand still, und nahm den Brief der Fürstin aus der Hand, in welchem auch die Prinzessin Ferdinand von Preußen für sie bat.

Wer sind sie Madame? fragte der Kaiser._ Sie antwortete: » ich bin die Fürstin Hatzfeld, und bitte um Gnade für meinen Gatten!« Der Kaiser nahm seinen Huth ab, und sagte zu der Fürstin: »Stehen sie auf Madame!« Die Fürstin war einer Ohnmacht nahe: »Nehmen sie die Fürstin in die Arme, sagte Napoleon zu den Marschällen Duroc und Segur._

Ich begleitete den Kaiser darauf in sein Zimmer, und nachdem derselbe den Brief durchgelesen hatte, befahl er mir, die Fürstin zu holen. Ich meldete dies der Fürstin_

In der größten Angst ging sie begleitet von mir bis in das Vorzimmer des Kaisers, wo der dienstthuende General sie meldete. Sie trat herein, und nichts wissend von der Ursache der Verhaftung ihres Gemahls, bat sie den Kaiser flehentlich um Gerechtigkeit gegen ihren Gatten, da nur Verleumdung, nicht aber Schuld, ihm seine Lage zugezogen haben könne.

Der Kaiser reichte ihr statt aller Antwort den Brief des Fürsten. Zitternd ergreift ihn die Unglückliche. Sie liest, sie erkennt ihres Mannes Handschrift, die Schuld gegen den stolzen Sieger ist klar wie der Tag. Unaussprechlicher Seelenschmerz im Antlitz und Haltung, unterbricht sie die schreckliche Pause blos durch die Worte: Ja Sire, wir sind unglücklich._

Nun Madame! sagte Napoleon, urtheilen sie selbst, ist das Verleumdung? Thränen stürzen der Fürstin die Wangen herunter._

Sie war in einer bejammernswerthen Lage und Mitleid malte sich auf jedes Umstehenden Gesicht. »Madame!_ sagte der Kaiser, nachdem er ihr den Brief wieder abgenommen. Dieser Brief allein enthalt die Beweise gegen Ihren Gemahl! wir wollen ihn verbrennen! damit warf er ihn ins Feuer._

Ich begnadige Sie Madame! Holen Sie sich Ihren Gemahl!«_ Der Marschall Duroc, der den Befehl zur Entlassung des Fürsten hatte, fuhr mit der Fürstin zu ihrem Gemahl, um diesen den Kaiserlichen Befehl zu seiner Entlassung anzukündigen. Der Fürst und die Fürstin setzten sich sodann in ihren Wagen und fuhren nach ihrer Wohnung.

Alle Sonntage ließ der Kaiser in seinem Zimmer die Messe lesen, wobei verschiedene Generale zugegen waren. Da sich jetzt die Unpäßlichkeit der Churprinzessin von Hessen- Cassel gehoben hatte, so ließ dieselbe bei dem Kaiser durch den Prinzen von Isenburg anfragen, wann sie ihre Aufwartung machen könne?

Der Marschall Duroc trug mir auf dem Kammerherrn der Churprinzessin zu sagen, daß der Kaiser die Prinzessin erwarte.

Der Kammerherr erwiederte mir auf meinen ... Bericht: ich möge dem Kaiser sagen, daß die Prinzessin schon ausgefahren sey._ Ich antwortete indeß, daß, da der Wagen der Prinzessin vor der Wendeltreppe halte, und des Kaisers Reitpferd sich auf demselben Schlosshofe befinde, ich mich keiner Verlegenheit aussetzen möchte, indem er Kaiser ausreiten wolle, und sich bestimmt nach dem Zwecke des Wagens der Prinzessin erkundigen werde. Ich ging darauf zur Churprinzessin um hochderselben zu sagen, daß der Kaiser sie erwarte, und daß mir ihr Kammerherr gesagt hätte: ich solle dem Kaiser sagen: Ihre Königl. Hoheit wären schon ausgefahren. Ihre Königliche Hoheit bemergten aber, daß sie keinen Führer habe. Ich ging darauf zum Prinzen von Isenburg, der sich in der Spiegelkammer befand, und sagte ihm, daß es der Prinzessin an einem Führer fehle, da der Kammerherr derselben wider Vermuthen nicht angezogen sey.__

Der Prinz ging mit mir sogleich zur Prinzessin und führte sie nebst ihren beiden Kindern und ihrer Oberhofmeisterin zum Kaiser, welcher im Pfeilersaal der Prinzessin entgegen kam und sie sehr freundschaftlich empfing. Er nahm den Arm der Prinzessin, führte sie nebst ihren Kindern in sein Zimmer, und unterhielt sich sehr lange mit derselben.

Hierauf führte der Kaiser die Prinzessin aus seinem Zimmer heraus, und begleitete sie bis in den Pfeilersaal. »Begleiten Sie die Prinzessin!« sagte er zu seinen Generalen, welche erstere bis in ihre Wohnung brachten._

Am 13ten November Mittags nach 1 Uhr ertheilte der Kaiser dem Verwaltungs- Comité von Berlin den Befehl, in Rücksicht alles dessen, was zur Truppen- Verpflegung gehört, Bericht abstatten zu lassen._

Am 23ten November gegen Abend mußte ich den Kaiser zu der Churprinzessin von Heshen- Cashel führen, bey welcher er seinen Abschiedsbesuch abstattete und sich lange aufhielt_

Am 24ten November Morgens 3 Uhr fuhr der Kaiser von Berlin ab, nach Cüstrin, nachdem er hinterlassen, daß er in 4 Tagen wieder in Berlin eintreffen würde, wozu seine Zimmer in Bereitschaft gehalten werden möchten._

Er kam aber nicht zurück, denn nach zehn Tagen bekam der Service, und ein Theil seiner Dienerschaft, welcher in Berlin zurückgeblieben war, den Befehl nachzukommen._

Mit diesem Befehl endigte sich auch mein Dienst, den ich vom 23ten October bis 5ten December mit der größten Anstrengung meiner Kräfte, Tag und Nacht gehabt hatte, ich ging darauf zum General Clarke, bat denselben um einen Paß zu meiner Sicherheit und Rückreise nach Potsdam, und gelangte am 6ten December, in den Zirkel meiner Familie an.__

»DEM SIEGER GEHÖRT DIE KUNST«

Medaillen machten Propaganda für Napoleon I., der 1806 durch das Brandenburger Tor einzog und neben vielen Kunstwerken auch Schadows Quadriga entführen ließ

von Helmut Caspar

Als sich der Erste Konsul Napoleon Bonaparte am 2. Dezember 1804 in der Pariser Kirche Notre Dame feierlich zum Kaiser der Franzosen krönte, muss das für den neuen starken Mann Europas ein unbeschreibliches Gefühl gewesen sein. Aus dem Nichts war der 1769 auf der Insel Korsika geborene ehemalige General der französischen Revolutionsarmee in schwindelnde Höhe aufgestiegen. Die Nation lag ihm begeistert zu Füßen, während der Krönungsakt im Beisein des Papstes Pius VII. und alles, was danach kam, vom übrigen Europa mit unguten Ahnungen beobachtet wurde. Die alteingesessenen Dynastien wollten mit dem »Korsen« nichts zu tun haben und blickten verächtlich auf den Emporkömmling herab. Doch als Napoleon sein Schwert quer über Europa legte, drängten sich manche gekrönten Häupter, mit ihm in freundschaftliche, gar verwandtschaftliche Beziehungen zu treten. Man versprach sich davon Vorteile und wusste sich unter dem Protektorat des anscheinend unbesiegbaren Kaisers sicher. Süddeutsche Fürsten traten vor 200 Jahren dem von Napoleon I. protegierten Rheinbund bei und versetzten damit dem morschen Heiligen Römischen Reich deutscher Nation den Todesstoß. Dessen Oberhaupt Kaiser Franz II. legte kurz darauf die Reichskrone nieder und nannte sich von nun an Franz I. Kaiser von Österreich. Nur zehn Jahre nach der spektakulären Selbstkrönung zum Kaiser war der Aufsteiger am Ende. Er musste nach verheerenden Niederlagen zweimal abdanken und wurde 1815 auf die ferne Insel Sankt Helena verbannt, wo er 1821 mit nur 52 Jahren starb. Niemand hat gezählt, wie viele Millionen Tote und Verwundete den Weg des zunächst von Sieg zu Sieg eilenden, gegen Ende seiner Herrschaft aber von Niederlagen und Rückzügen geplagten Feldherrn säumten, und trotzdem gilt er, wenigstens in Frankreich, als Held. 1840, nur 19 Jahre nach seinem Tod auf der fernen Insel Sankt Helena, wurde dem ehemaligen Kaiser im Pariser Invalidendom eine prächtige Grabstätte bereitet, die seither Pilgerziel unzähliger Verehrer und Touristen ist.

Wie kein anderer Monarch seiner Zeit spielte das »korsische Ungeheuer«, wie Napoleon von seinen Feinden genannt wurde, die Klaviatur der Propaganda. Zu seinem Ruhm als Kaiser, Heerführer und Politiker, Bauherr, Mäzen, zärtlicher Liebhaber und treusorgender Vater trugen nicht nur zahllose gedruckte und gemalte Legenden bei, die ihn unerschrockenen in der Pose eines militärischen Alleskönners und weisen Staatenlenkers verherrlichten. Auch auf Medaillen wusste sich Napoleon Bonaparte blendend darzustellen, und die Anziehungskraft dieser Prägungen hat bis heute nichts eingebüßt. Frankreichs erster Mann wurde schon vor seiner Kaiserkrönung auf Münzen und Medaillen verewigt. Nahezu jedes Ereignis von einiger Bedeutung war die Prägung von Medaillen wert. Auf ihnen ist er mit seinem glatten, klassizistisch-makellosen Profil wie ein überirdischer, nie alternder Halbgott aufgefasst. Der Lorbeerkranz im Haar erinnert an Darstellungen der römischen Kaiserzeit. Einige Motive sind direkt antiken Skulpturen, darunter auch solchen, die französische Truppen aus besetzten Ländern als »Beutekunst« entführt hatten, sowie römischen Münzen nachempfunden und signalisieren damit historische Kontinuität und Traditionslinien in weit entfernte, vermeintlich heroische Zeiten.

Historie métallique

Der General, Erste Konsul und Kaiser war wie schon einer seiner Vorgänger auf dem französischen Thron, Sonnenkönig Ludwig XIV., von Medaillen fasziniert. Er kannte ihre Wirkung und förderte nach Kräften die »Histoire métallique«, also die auf geprägtem Metall dargestellte Geschichte, für die er die besten Künstler Frankreichs arbeiten ließ.

Schon vor seiner Krönung nahm Napoleon Bonaparte auf
Medaillenbilder und Inschriften Einfluss und verwarf Vorlagen,
die nicht seinen Vorstellungen entsprachen. Als sich Napoleon I.
und seine Gemahlin Josephine im Dezember 1804 krönte, auf-
setzte, ließ er große und kleine Medaillen aus Edelmetall und
Bronze anfertigen und sie an Teilnehmer der Zeremonie, aber
auch an das wartende Volk verteilen. »Sein Platz ist für immer an
oberster Stelle« lautet die Inschrift auf einer solchen Medaille mit
dem Doppelbildnis des Kaiserpaars und einem Adler, der auf
einem Felsen sein Nest beschützt. Eine andere Medaille zeigt, wie
der als römischer Imperator gekleidete Monarch von einem Ver-
treter des Senats und einem Mann aus dem Volk in antiker Manier auf den Schild gehoben wird. Die Medaille muss dem Kaiser
so gut gefallen haben, dass er mehrfach Nachprägungen bestellte. Mit solchen Arbeiten war die Médaille de la monnaie in Paris,
also die Pariser Medaillenmünze, bestens ausgelastet.

Dem Kaiser stand als Ratgeber in Kunst- und Medaillenfragen
Baron Dominique-Vivant Denon (1747-1825) zur Seite, ein Mann,
der sich unrühmlich auch einen Namen als Organisator eines groß-
angelegten Kunstraubs machte. Der ehemalige königliche Kammerherr, Diplomat, Archäologe, Museumsdirektor und Schriftsteller war davon überzeugt, dass Medaillen »die einzigen Zeug-

^ *Friedrich Wilhelm III. auf einem Reichstaler, der im Schicksals-*
jahr 1806 in der Berliner Münze, kenntlich am Buchstaben A,
geprägt wurde.

nisse des Ruhms (sind), die alle Jahrhunderte überdauern«. Die
auf zahlreichen Medaillen angebrachte Signatur DENON DIR.
(Denon direxit) unterstreicht, dass er der führende Kopf und
Inspirator der Medaillensuite war, während die ausführenden
Stempelschneider wie Bertrand Andrieu, Henri François Brandt,
Nicolas Brenet, Jean Pierre Droz, André Galle, Raymons Gayrard,
Louis Jaley, Vincent Jeuffroy und viele andere mit ihrem Namen
und dem Zusatz F. (fecit) als ausführende Künstler ausgewiesen
sind. Sie erhielten pro Stempel mehrere tausend Francs Lohn,
während die Zeichner der Entwürfe mit weniger als hundert
Francs abgespeist wurden.

Als Propaganda-Erzeugnisse nahmen es die napoleonischen
Medaillen mit der Wahrheit nicht genau, was man natürlich auch
an vielen anderen numismatischen Hinterlassenschaften vor und
nach Napoleon Bonaparte beobachten kann. Brutale Völkerrechts-
verletzungen wurden als Befreiungstaten, das Diktat schmach-
voller und bedrückender Friedensverträge als Gnadenerweis, die
Absetzung alteingesessener Dynastien und die Thronbesteigung
von Mitgliedern des Bonaparte-Clans als Sieg der Vernunft verherrlicht. Da Napoleon den Standpunkt »Dem Sieger gehört die
Kunst« vertrat, ließ er auf Medaillen die Aufstellung der aus Italien entführten antiken Kunstwerke in eigens eingerichteten Aus-

stellungssälen im Louvre als große Kulturleistung und Rettungstat feiern.

Viele Medaillen illustrieren den Ausspruch von Julius Cäsar »Ich kam, ich sah, ich siegte«, wenn auf ihnen Napoleon hoch zu Ross über den um Gnade winselnden Feind hinweg reitet, wenn er auf einem Adler sitzend herbei fliegt und seine Gegner in Angst und Schrecken versetzt und oder wenn er in gnädiger Pose deren Unterwerfung entgegen nimmt. Volkserhebungen gegen das napoleonische Regime waren selbstverständlich keine Medaille wert, ebensowenig die Ermordung von politischen Gegnern oder Zerwürfnisse innerhalb der herrschenden Eliten sowie Differenzen zwischen Vertragspartnern. Der Kaiser verglich sich mit Karl dem Großen und ließ sich auf einer Medaille gemeinsam mit dem Schöpfer des karolingischen Reiches darstellen.

Wenn es Niederlagen gab, und die musste Napoleon I. natürlich auch einstecken, je länger er an der Macht war, waren sie kein Thema. Kleine Siege hingegen, die heute keiner mehr kennt, wurden durch Medaillen propagandistisch aufgewertet. Der spektakuläre Rückzug der nach dem Brand von Moskau 1812 von ihrem Kaiser im Stich gelassenen Grande Armée aus dem eisigen Russland wurde auf das Wirken unkalkulierbarer Naturgewalten zurückgeführt, und das traurige Schicksal der Soldaten, die im grimmigen russischen Winter 1812/13 unter schrecklichen Bedingungen ihr Leben ließen, wurde selbstverständlich auf keiner Medaille vermerkt.

Jetzt ist Ruhe erste Bürgerpflicht

Als Napoleon I. nach der verheerenden Niederlage der preußischen und sächsischen Armee in der Schlacht von Jena und Auerstedt am 27. Oktober 1806 durch das Brandenburger Tor nach Berlin einzog, wurde dieses Schauspiel von den entsetzten Bürgern mit bangen Erwartungen beobachtet. Von Potsdam über Charlottenburg kommend, war der Sieger mit glänzendem Gefolge durch das Brandenburger Tor in die preußische Haupt- und Residenzstadt eingeritten. Zuvor hatte man ihm in ehrerbietiger Form die Stadtschlüssel übergeben und die Hoffnung ausgesprochen, Berlin möge von Plünderung verschont werden. Die Bewohner der Haupt- und Residenzstadt ballten nur die Fäuste, wenn die Besatzer nicht hinschauten, und sie hielten sich an den berühmten Befehl ihres Kommandanten, General Friedrich Wilhelm Graf von der Schulenburg-Kehnert, der schon am 17. Oktober 1806 gleich nach Bekanntwerden des preußischen Desasters von Jena und Auerstedt verkündet hatte: »Der König hat eine Bataille verlohren. Jetzt ist Ruhe die erste Bürgerpflicht. Ich fordere hierzu alle Einwohner Berlins auf. Der König und seine Brüder leben!«.

Bevor sich der Kommandant aus dem Staub machte, rief er die Berliner auf, die zu erwartenden Franzosen ruhig und besonnen zu empfangen, weil sonst größtes Ungemach der Stadt und ihren Einwohnern drohen würde. Daran hielten sich die Untertanen des preußischen Königs Friedrich Wilhelm III., und Berlin wurde weder niedergebrannt noch ausgeraubt, von Kunstschätzen in den königlichen Schlössern abgesehen.

Indes, von Beruhigung konnte bei jenem triumphalen Einmarsch nicht die Rede sein, auch nicht angesichts der Paraden, die der Kaiser im Lustgarten abhielt. »Kein Preuße konnte diese Dinge mit ansehen, ohne sich schmerzlich bewegt zu fühlen«, schrieb der Geograph und Historiker Karl Friedrich von Klöden in seinen Jugenderinnerungen. Der altpreußische Staat, der so stolz auf seine scheinbar unbesiegbare, noch unter Friedrich dem Großen ausgebildete Armee und sein ruhmreiches Königshaus war, lag in Trümmern, und Friedrich Wilhelm III. musste damit rechnen, dass er Krone und Land verliert. Beispiele dafür, dass Monarchien von der Landkarte gestrichen und deren Oberhäupter gefangen genommen oder degradiert werden, gab es bereits.

In zeitgenössischen Berichten heißt es, dass bei den Staatsbeamten und in der Armee heillose Verwirrung herrschte und die Menschen auf der Straße heiße Tränen vergossen und in Wehklagen ausbrachen. Viele Berliner fügten sich in ihr Schicksal, manche fühlten Erleichterung angesichts der aufgehenden »französischen Sonne« und setzten große Erwartungen in die angekündigten Umwälzungen. Angeblich soll Napoleon gesagt haben, er wolle »diese preußischen Junker« so klein machen, »dass sie ihr Brot auf den Straßen erbetteln müssen«, und das kam vielen entge-

^ *Napoleon I. und Karl der Große sowie der mythische Sachsenkönig Widukind und König Friedrich August I. von Sachsen, der 1806 dem Rheinbund beitrat und einer der treuesten Vasallen des Franzosenkaisers war, auf einer Medaille anlässlich der französisch-sächsischem Allianz (von Bertrand Andrieu, 1806)*

gen, die unter der noch von Friedrich dem Großen geprägten Adelsherrschaft litten und sich ihretwegen nicht entfalten konnten. Es gab natürlich auch Wendehälse, Opportunisten, Kollaborateure und Konjunkturritter, die sich in Erwartung handfester Vorteile den Franzosen andienten und mit ihnen von der Bildfläche verschwanden, als die Franzosenherrschaft ins Wanken geriet.

In zwölf Kisten verpackt

Selbstverständlich ist von alledem auf den Medaillen nichts zu spüren, die der siegreiche Kaiser anlässlich der Schlacht von Jena und Auerstedt, ferner zu seinem Einzug durch die »Porte de Brandebourg«, also das Brandenburger Tor, und zu anderen Gelegenheiten prägen ließ. Wie alle Medaillen zur Erinnerung an siegreiche Schlachten und wichtige Staatsakte des Kaisers zeigt auch die von Bertrand Andrieu (Vorderseite) und Louis Jaley (Rückseite) geschaffenen Medaille auf die Übergabe Berlins an die Franzosen den in antiker Manier mit dem Siegeslorbeer geschmückten Kopf des Kaisers beziehungsweise das Brandenburger Tor mit der übersetzten Inschrift »Der Kaiser zieht in Berlin ein am 27. Oktober 1806«.

247

^ *Medaille auf den Einzug Napoleons I. am 27. Oktober 1806 durch das Brandenburger Tor (von Bertrand Andrieu und Louis Jaley, 1806)*

Schadows Proteste nutzten nicht

Wenn man die Medaille, die erste überhaupt mit der Ansicht des Brandenburger Tors, genau anschaut, sieht man, dass die Wagenlenkerin ursprünglich einen Zweig, vielleicht Lorbeer, in der rechten Hand hielt. Der in allen Einzelheiten mit den Wächterhäuschen zu beiden Seiten dargestellte Säulenbau wurde in der Regierungszeit König Friedrich Wilhelms II. von 1789 bis 1791 nach Plänen von Carl Gotthard Langhans errichtet und bekam erst 1794 seinen bekrönenden Schmuck, die vom Hofbildhauer Johann Gottfried Schadow geschaffene überlebensgroße geflügelte Friedensgöttin Eirene, die ein mit vier prächtigen Rössern gezogenen Wagen stadteinwärts lenkt. Langhans hatte das den Athener Propyläen nachempfundene klassizistische Tor mit seinen fünf Durchfahrten an Stelle eines barocken Vorgängerbaues als Abschluss der Prachtstraße Unter den Linden entworfen. Die Quadriga konnte wegen des hohen Gewichts nicht in Bronze gegossen werden, sondern wurde in Potsdam vom Kupferschmied Jury als Kupfertreibarbeit ausgeführt. Die zunächst geplante Vergoldung unterblieb aus Kostengründen. Ursprünglich war die Wagenlenkerin nackt, doch weil man das als anstößig empfand, erhielt sie ein kupfernes Hemd übergestülpt.

Die Quadriga muss es dem französischen Kaiser besonders angetan haben, denn er befahl kurz nach der Besetzung Berlins, sie vom Brandenburger Tor zu nehmen und nach Paris zu schaffen. Schadow und viele andere Berliner mussten ohnmächtig zusehen, wie die Wagengruppe abgebaut und zerlegt wurde. In seinem Erinnerungsbuch von 1850 »Kunstwerke und Kunstansichten« berichtet der greise Bildhauer lediglich, dass die Abnahme von Denon angeordnet wurde, weshalb der Kupferschmied Jury aus Potsdam herbeigerufen worden sei und Baurat Becherer die Kosten für die Gruppe »aus den Akten« herbei schaffen musste.

Aus anderen Berichten geht hervor, dass sich Schadow vergeblich bemühte, die Maßnahme mit dem Hinweis zu verhindern, dass die Figurengruppe Abnahme und Abtransport »schwerlich aushalten« würde. Ihm wurde bedeutet, dass der Kaiser geneigt sei, die Skulptur stehen zu lassen, doch sei es nun zu spät, »denn die Armee habe es verlangt«. Die Proteste halfen nichts, Schadows Quadriga wurde Anfang Dezember 1806 in zwölf Kisten verpackt und über Hamburg nach Paris gebracht, wo sie im Mai 1807 eintraf. Ursprünglich hatte der Kaiser mit dem Beutestück einen Triumphbogen in seiner Hauptstadt schmücken wollen, doch wurde die Quadriga mit anderen requirierten Kunstwerken nur ausgestellt. Bis zur Heimholung des Pferdegespanns stand den Berlinern das kahle Brandenburger Tor als eine ständige Aufforderung vor Augen, das Unrecht nicht hinzunehmen. Napoleon wurde insgeheim Pferdedieb genannt, und es kursierten Spottzeichnungen, auf denen der französische Kaiser seinen Rücken unter der Last der Quadriga beugen muss.

Am 7. April 1814, als Preußens König Friedrich Wilhelm III. nach erfolgreichem Krieg gegen Frankreich durch das Brandenburger Tor in seine Hauptstadt einzog, prangte das im Triumphzug heimgeholte Bildwerk zur Freude der Berliner wieder am alten Ort. Seine Rückkehr wurde am Sockel des von Christan Daniel Rauch geschaffene Blücherdenkmals im Prinzessinnengarten an der Straße Unter den Linden dargestellt. Eine ähnliche Szene zeigt die um das Rote Rathaus umlaufende »Steinerne Chronik« auf einer Terrakottatafel.

Nach den Befreiungskriegen von 1813 bis 1815 wurde die Friedensgöttin Eirene in die Siegesgöttin Viktoria verwandelt, indem in den von ihr gehaltenen Stab das am 10. März 1813 von Friedrich Wilhelm III. gestiftete Eiserne Kreuz eingefügt wurde. Im Frühjahr 1945 bei den letzten Kämpfen in der Reichshauptstadt fast vollständig zerstört, wurde Schadows Meisterwerk erst in den fünfziger Jahren wiederhergestellt. Von dem Schrotthaufen blieb nur ein originaler Pferdekopf übrig, der im Märkischen Museum ausgestellt ist. Ende 1949 beschloss der Ostberliner Magistrat, das Tor restaurieren zu lassen sowie die beschädigte Quadriga durch eine Nachbildung zu ersetzen. Der Magistrat übernahm die Arbeiten am Säulenbau, während der Senat von West-Berlin die Quadriga von der Steglitzer Bildgießerei Hermann Noack als Kupfertreibarbeit nach Gipsabformungen fertigen ließ, die 1943 abgenommen worden waren.

Politische Debatten gab es im Ostteil der Stadt über das Eiserne Kreuz, das 1814 in den Eichenkranz eingefügt wurde. Unmittelbar vor der Aufstellung der Quadriga wurde die Auszeichnung auf Anweisung Ost-Berliner Genossen klammheimlich entfernt, und auch den gekrönten Preußenadler hat man abgesägt. Wer das von DDR-Grenzern nach dem Mauerbau am 13. August 1961 streng bewachte Tor betrachtete, blickte in einen leeren Kranz. Das Eiserne Kreuz und der Preußenadler wurden 1990 im Zusammenhang mit Restaurierungsarbeiten wieder eingesetzt. DDR-Münzen zu fünf Mark, die mit Unterbrechungen von 1971 bis 1990 geprägt wurden, zeigen das für die Bewohner des zweiten deutschen Staates unerreichbare Brandenburger Tor, ein silbernes Zehnmarkstück aus dem Jahr des Mauerfalls 1989 präsentiert die Quadriga mit »Loch« im Kranz und ohne Preußenadler darauf, und außerdem kam zur Zweihundertjahrfeier des Brandenburger Tors 1991 eine bundesdeutsche Zehnmarkmünze mit der kompletten Toransicht heraus.

Festungen kampflos übergeben

Mit der Medaille zum Einzug in Berlin ließ es 1806 Napoleon I. nicht bewenden. Weitere Prägungen aus dieser Zeit feiern den Fall von vier preußischen Festungen, die Schlacht von Preußisch-Eylau,

^ *Medaille auf die kampflose Übergabe der preußischen Festun-*
gen Spandau, Stettin, Magdeburg und Küstrin an die Franzosen
(von Bertrand Andrieu und Romain Vincent Jeuffroy, 1806)

die Besetzung von Berlin, Warschau und Königsberg, die Allianz
zwischen dem Kaiser der Franzosen und dem Kurfürsten Friedrich
August III. von Sachsen, der sich nach Jena und Auerstedt auf die
Seite des Siegers geschlagen hatte und dafür mit milden Friedensbedingungen und dem Titel eines Königs von Sachsen belohnt
wurde. Dieser Friedrich August I., wie er sich jetzt nannte, war
einer der treuesten Verbündeten des französischen Kaisers. Er geriet nach der Völkerschlacht bei Leipzig 1813 in preußische Gefangenschaft und verbrachte sie im Schloss Friedrichsfelde auf
dem Gelände des heutigen Tierparks gleichen Namens.

Interesse verdient die Medaille von 1806 anlässlich der Kapitulation der preußischen Festungen Spandau, Stettin, Magdeburg
und Küstrin. Entgegen königlichen Befehlen hatten sich die
jeweiligen Festungskommandanten, die alle ihre Meriten in der
Armee Friedrichs des Großen erworben hatten, nun aber alt,
gebrechlich und ängstlich waren, den nahenden Franzosen ergeben. Angesichts des heran fliegenden kaiserlichen Adlers fährt
auf der Medaille den vier Frauen, welche die genannten Fe-
stungsstädte symbolisieren, der Schreck in die Glieder. Ihnen fallen die Stadtschlüssel aus den Händen, und sie ergeben sich
kniend und gesenkten Hauptes in ihr Schicksal, Gnade vom
Sieger erwartend. Ohne dass ein Schuss gefallen war, zogen die

^ *Medaille auf die Gründung des unter dem Protektorat*
Napoleons I. stehenden Rheinbundes (von Bertrand Andrieu
und Nicolas Brenet, 1806)

Franzosen in die auch als Staatsgefängnis gefürchtete Spandauer
Zitadelle ein. Ebenso ergab sich die als uneinnehmbar geltende
Festung Stettin kampflos, das gleiche geschah in Küstrin, nachdem vor den Toren der Festung drei französische Kompanien auf-
gezogen waren. Den Vogel aber schoss die militärisch hochgerü-
stete und personell bestens ausgestatte Festung Magdeburg ab,
deren 73 Jahre alter Kommandant die Schlüssel den Franzosen
freiwillig übergab. Während die Besatzung in Kriegsgefangenschaft geführt wurde, soll Napoleon gesagt haben, er wisse nicht,
ob er sich solcher Erfolge freuen oder schämen soll.

Wie der Kaiser eine preußische Festung nach der anderen
erobert, zeigt eine Medaille von 1807, auf deren Rückseite die
Mauerkronen von sieben schlesischen Festungen, die von französischen Truppen erobert worden waren, eine Art Siegesturm bilden. Davor erkennt man, wie Clio, die Personifikation der Geschichte, die Ruhmestaten des französischen Kaisers mit einer
Säbelspitze auf einen Schild schreiben, wobei ihr die Inschrift von
der geflügelten Pax, der Personifikation des Friedens, diktiert wird.

Hochpolitisch ist die Medaille auf den Diktatfrieden von Tilsit
am 7. Juli 1807, durch den die preußische Monarchie halbiert
wurde und sich Friedrich Wilhelm III. zu Kontributionszahlungen
in Höhe von 140 Millionen Francs verpflichten musste. Die Tilsit-

Medaille kombiniert die Köpfe der an den Verhandlungen beteiligten Monarchen Napoleon I., Alexander I. und Friedrich Wilhelm III. mit dem Bild eines lässig liegenden Bärtigen, der den Grenzfluss Njemen symbolisieren soll. Die Medaille und auch zeitgenössische Bilder suggerieren herzliche Eintracht, doch täuscht das Bild.

In Tilsit war das königliche Paar von Napoleon demütigender Behandlung ausgesetzt, musste stundenlang auf Gesprächstermine warten. Vergeblich versuchte der König von Preußen, unterstützt von seiner Gemahlin Luise, die harten Friedensbedingungen, die den Bestand der Monarchie gefährdeten und das Ehrgefühl der Preußen zutiefst verletzten, zu mildern. Friedrich Wilhelm III. nutzte es nicht, dass er mit kriecherischen Briefen die Gunst des Siegers erbat und ihm seine Schlösser als Residenzen anbot. Und auch die Königin hatte keinen Erfolg, als sie den Sieger um die Rückgabe der so wichtigen Festung Magdeburg und das Herzogtum Halberstadt bat. Auf Napoleon machte es keinen Eindruck, dass die schöne Königin politische Fehler eingestand und sagte, der Ruhm Friedrichs des Großen habe die Preußen irregeführt »über unsere eigene Macht«. Der nach außen sich konziliant gebende Kaiser blieb hart, und es war wohl nur der Fürsprache von Zar Alexander I. war es zu verdanken, dass Preußen nicht ganz von der Landkarte getilgt und auf andere Monarchien aufgeteilt wurde.

Organisierter Kunstraub

Mit einer verheerenden Niederlage hatten die führenden Kreise in Preußen vor 200 Jahren nicht gerechnet, als sie sich im Spätsommer 1806 in einen Krieg mit Frankreich einließen, und sie hatten auch keine Vorkehrungen getroffen, wertvolle Besitztümer vor Verlust und Vernichtung zu bewahren. Die Bestürzung war unbeschreiblich, und die königliche Familie verließ fluchtartig bei Herannahen des Siegers die Haupt- und Residenzstadt Berlin, um sich nach Ostpreußen zu begeben. Preußische Beamte hatten Angst, von den Besatzern dafür bestraft zu werden, dass sie Kostbarkeiten verstecken. Dennoch wurden Bestände der Silberkammer in die Festung Spandau gebracht. Der Stadtkommandant von Berlin ließ die kostbaren Tabakdosen Friedrichs des Großen einpacken und auch wichtige Staatspapiere sicherstellen.

Schwierigkeiten gab es mit der reichen Gemäldesammlung der Hohenzollern. Lediglich 68 Bilder aus dem Berliner Schloss und weitere aus der Potsdamer Gemäldegalerie im Park von Sanssouci sowie dem Marmorpalais im Neuen Garten wurden »transportable« gemacht und in die östlichen Regionen der Monarchie geschafft. Neben dem kostbarsten Kunstbesitz der Hohenzollern wurde auch deren Weißzeug, also Wäsche, auf die weite Reise an die preußisch-russische Grenze geschickt.

Napoleon I. besichtigte im Spätherbst 1806 die Schlösser der Hohenzollern in Potsdam, Charlottenburg und Berlin. Ihm auf den Fuß folgte sein Museumsdirektor Denon, der in seinem Auftrag für den Pariser Louvre Gemälde, antike und moderne Plastiken, Münzen und andere Kunstgüter auswählte und auch Teile eines in Küstrin liegen gebliebenen Transports in die französische Hauptstadt schickte. Sein Ziel war es, durch solche Beutestücke das im Aufbau befindliche Musée Napoléon auszustatten und Lücken zu schließen. Nebenbei gesagt, ließ nicht nur Napoleon I. königlichen Besitz requirieren, um damit auch seine Rolle als Sieger zu unterstreichen, auch Untergebene bedienten sich nach Kräften. Vor allem der General Vandamme stahl ungeniert, was ihm unter die Finger kam. Das war Napoleon unangenehm, und so befahl er, dass der General das Raubgut wieder zurückbrachte. Wenn sich einer etwas unter den Nagel riss, dann durfte es nur er, der Kaiser, tun.

Denon ließ nicht nur Gemälde der damals beliebten Franzosen, Italiener und Holländer einpacken, sondern auch die zu Beginn des 19. Jahrhunderts noch »unmodischen« altdeutschen Meister. Dazu kamen Gemälde, auf sein Herr wegen ihres geschichtlichen Inhalts Wert legte. Der Kaiser sei an Darstellungen aus dem Leben Friedrichs des Großen interessiert gewesen und habe nach ihnen fahnden lassen, berichtet der über diese Vorgänge erzürnte Bildhauer Schadow.

Schon 1807, am ersten Jahrestag der durch Medaillen gefeierten »Bataille d`Jena«, wurde eine Auswahl der auf zwei Schiffen nach Paris gebrachten Kunstwerke im Louvre ausgestellt. Ein Beobachter beschrieb, die kolossale Bronzebüste Napoleons I. sei zwischen zwei aus dem Park von Sanssouci stammenden Victo-

^ *Napoleon I., Alexander I. von Russland und Friedrich*
Wilhelm III. von Preußen auf einer Medaille zum Frieden
von Tilsit (von Bertrand Andrieu und Jean Pierre Droz, 1807)

rien aufgestellt worden. Gleich dabei habe man ein ebenfalls ge-
raubtes Gemälde von Rubens und andere Beutestücke ausgestellt. Währenddessen ließ der im fernen Ostpreußen weilende
König Friedrich Wilhelm III. durch seine Vertrauten ermitteln,
wer durch Nachlässigkeit und Pflichtverletzung den Räubereien
Vorschub geleistet haben könnte. Offensichtlich war aber niemand zu finden, im Gegenteil erklärten die Betroffenen, alles
getan zu haben, um königliches Eigentum zu retten. Man habe
immer nur »das Beste des Königl. Interesses beabsichtigt«. Die
Untersuchungen verliefen im Sande.

Die von preußischen Beamten angefertigten Verlustlisten sollten Jahre später, als Napoleon I. geschlagen und ins Exil vertrie-
ben war, noch nützliche Dienste tun, als man nach den Befreiungskriegen und dem Einzug der Verbündeten in Paris mit dem
neuen Regime in Frankreich über die Rückgabe der Beutekunst
verhandelte. Die wieder auf den Thron gelangten Bourbonen zeigten jedoch geringes Interesse, die Gegenstände so einfach zurück-
zuschicken, und wenn sie es täten, dann nur als »Geschenk« des
Königs von Frankreich an den König von Preußen. Tatsache ist,
dass manches Beutestück in Frankreich geblieben war.

Als 1815 ein Teil der zurückgeführten Kunstwerke in Berlin
ausgestellt wurde, war die Freude groß. Bei der Gelegenheit wur-

^ *König Friedrich Wilhelm III. und sein russischer Waffenbruder, Zar Alexander I. von Russland, auf einer Medaille von 1819 zur Grundsteinlegung des von Schinkel entworfenen Berliner Kreuzbergdenkmals, das 1821 eingeweiht wurde (von Henri Francois Brandt)*

de die schon länger diskutierte Idee neu erörtert, die in königlichem Besitz befindlichen Gemälde, Skulpturen und anderen Preziosen künftig in einem großen Museum zu vereinen. Ausgehend von dem Wirbel um die entführten und heimgeholten Schätze schlug Jahre später die Geburtsstunde der Königlichen und heutigen Staatlichen Museen zu Berlin, die 1830 in ein eigenes, nach Plänen von Karl Friedrich Schinkel gebautes Haus, das Alte Museum am Lustgarten, einziehen konnten.

Bliebe zu sagen, dass Baron Denon nach der Entmachtung des Kaisers und seiner Verbannung zunächst nach Elba (1814) und nach einem kriegerischen Zwischenspiel und der Entscheidungsschlacht von Waterloo (1815) nach Sankt Helena, einen Karriereknick erlebte. Er organisierte zwar noch die Rückgabe geraubter Kunstgüter, darunter auch die Heimkehr der kupfernen Quadriga vom Brandenburger Tor in Berlin. Von den wieder in ihre alten Rechte eingesetzten Bourbonen nicht mehr gebraucht, reichte der Chef der ehemaligen kaiserlichen Kunstsammlungen und der Pariser Medaillenmünze seinen Rücktritt ein, widmete sich seinen privaten Sammlungen und pflegte die Erinnerung an frühere, für ihn bessere Zeiten.

DAS
HOHENZOLLERN-JAHRBUCH
und sein Herausgeber Paul Seidel

von Wieland Giebel

Auf Hermann Granier, den Autor des Hauptbeitrags »Die Franzosen in Berlin« stößt man immer wieder, wenn man über die Franzosenzeit liest. In einem aktuellen Hauptwerk zur »Geschichte Berlins«, herausgegeben von Wolfgang Ribbe, schreibt im ersten Band Ilja Mieck, daß Granier die bisher beste, weitgehend aus den Quellen geschriebene Darstellung zur Franzosenzeit verfaßte. Trostlos sei die Lage der Stadt gewesen, hoffnungslos, Familien seien ins Elend gestoßen worden. Dr. Hermann Granier war Archivar am Königlichen Geheimen Staatsarchiv in Berlin. Er forschte für diese Veröffentlichung aber auch im Pariser Kriegsarchiv. Als Granier zu diesem Thema arbeitete, vor 1905, war noch nichts oder kaum etwas weggekommen oder zerstört. Später arbeitete Granier an der Herausgabe der Prinzenbriefe (1922 bei Cotta), des Briefwechsels zwischen Kronprinz Friedrich Wilhelm (IV.) und seinem Bruder Prinz Wilhelm (Kaiser Wilhelm I.) während der Freiheitskriege 1813 bis 1815. Von Friedrich Wilhelm findet sich ja in diesem Buch die äußerst anschaulich Schilderung der Flucht der Königskinder nach Königsberg mit der anrührenden Szene, wie der kleine Wilhelm zur uralten Gräfin Voß in die Kutsche mußte und deshalb weinte.

Weil Granier nach unseren eigen Erkundungen wirklich am ausführlichsten geforscht hat und gleichzeitig einfühlsam schreibt, haben wir das Hohenzollernjahrbuch besorgt, und zwar den neunten Jahrgang aus dem Jahr 1905. Das Buch ist 27 Zentimeter breit, 35 Zentimeter hoch und wiegt mehrere Kilogramm. Es sieht im Bücherschrank prächtig aus – und so sollte es im bürgerlichen Haushalt, in Amtsstuben und Bibliotheken auch wirken.

Prof. Dr. Ernst Berner, der die Einleitung zum Kriegstagebuch von Louis-Ferdinand schrieb, betrieb wie der Herausgeber des Hohenzollern-Jahrbuchs, Paul Seidel, Geschichtsforschung. Er wirkte schon bei den Planungsarbeiten als Begründer und enger Freund Seidels mit, trug zu fast jeder Ausgabe des Hohenzollern-Jahrbuchs etwas bei, verstarb aber früh, nämlich im Oktober 1905. Im Jahrbuch, aus dem wir hier so viel übernommen haben, befindet sich ein Nachruf auf ihn.

Paul Seidel (1858 - 5. Dezember 1929) war Beamter des Hauses Hohenzollern, Direktor des Hohenzollern-Museums und Herausgeber des Hohenzollern-Jahrbuchs. Sein Vater, Pfarrer an der St. Nicolaikirche in Schwerin, starb, als Paul drei Jahre alt war. Paul war der Jüngste und hatte vier Brüder und zwei Schwestern. Er sollte etwas Vernünftiges studieren, Jura. Er promovierte auch, studierte aber gleichzeitig Kunstgeschichte, forschte unter schwierigen finanziellen Verhältnissen in London und wurde dann schon ins Berliner Kupferstichkabinett berufen. Er heiratete 1889 Elsbeth Pfaff, hatte mit ihr zwei Söhne und drei Töchter, führte ein glückliches, lebhaftes und doch gelassenes Familienleben. Seine Frau starb 1945 während der Kämpfe um Berlin auf der Straße, wohin man die Schwerkranke aus dem in Brand geschossenen Haus hatte bringen müssen.

Paul hatte seit 1871 Berlin fest im Auge. Im Alter von 13 Jahren las er von der Gründung des Hohenzollern-Museums, und es setzte sich bei ihm der Gedanke fest, daß er dessen Direktor werden wollte. Einmal im Kupferstichkabinett in Berlin (1885), stieg er schnell auf, war 1886 Hilfsarbeiter an den Königlichen Museen, im April 1888 Direktorialassistent, im Juni 1888 Kustos der Kunstsammlung unter Robert Dohme, wurde 1894 Dohmes Nachfolger erst als Dirigent der Kunstsammlung der Königlichen Schlösser, ab Januar 1896 auch als Leiter des Hohenzollern-Mu-

^ *Paul Seidel, Direktor des Hohenzollern-Museums,
in seinem Arbeitszimmer, Aufnahme 1902*

seums. Wenig später wurde er Senator der Akademie und Mit-
glied der Ankaufkommission der königlichen Museen.

Seidel war der erste Kunsthistoriker, der sich wissenschaftlich
mit der Geschichte der höfischen Kunst Bandenburg-Preußen vom
17. bis 19. Jahrhundert beschäftigte. Seine Publikationen gelten
bis heute als Standardwerk für die Forschung und genügen höchsten wissenschaftlichen Ansprüchen. In seinen vielen Funktionen
stand er Kaiser Wilhelm II. sehr nahe und beriet als vertrauter die
Kaiserin, wenn es darum ging, künstlerisch hochwertige Weih-
nachtsgeschenke für ihre nähere Umgebung auszuwählen.

Seidels Kompetenz war unangefochten, so daß er auch nach
den politischen Umwälzungen und dem Ende der Monarchie Di-

rektor des Museums blieb. Aus Altersgründen schied er 1923 aus dem Dienst und widmete sich einer Publikation über »Friedrich den Großen und die Bildende Kunst«.

Das Hohenzollern-Jahrbuch erschien seit 1897 zwanzig Mal und wurde im Kriegsjahr 1916 eingestellt. Das Jahrbuch gilt der Forschung bis heute als unschätzbare und unentbehrliche Quelle in Text und Bild zur brandenburgisch-preußischen Kunst- und Kulturgeschichte sowie zum Bestand des Hohenzollern-Museums. Obwohl Seidel viele bedeutende Wissenschaftler und Gelehrte als Autoren gewinnen konnte, war Zielgruppe des Jahrbuchs kein Fachpublikum, sondern eine breite Leserschaft mit Interesse für die Hohenzollern-Dynastie und für Brandenburg-Preußen. Die Bände erschienen im Leipziger Verlagshaus Giesecke & Devrient, aufwendig ausgestattet und zu einem gehobenen Preis. Sie verkauften sich nur schleppend und entsprachen nicht den hohen Erwartungen des Verlags, der das Jahrbuch ohne jeglichen Zuschuß produzierte. Auf Intervention des Kultusministeriums wurde allerdings zur Unterstützung der erste Band für die Bibliotheken aller höheren Lehranstalten angeschafft.

Abbildungsnachweis

Hohenzollern-Museum: S. 259.
Die meisten Abbildungsvorlagen stammen aus dem Hohenzollern-Jahrbuch, den Archiven der Autoren und des Verlags. Sollten trotz intensiver Recherche Reproduktionsrechte verletzt worden sein, erfüllen wir berechtigte Honorarforderungen selbstverständlich sofort gemäß der MFM-Empfehlung.

BERLIN STORY VERLAG
Unter den Linden 40, 10117 Berlin

Frank Bauer

NAPOLEON IN BERLIN
PREUSSENS HAUPTSTADT
UNTER
FRANZÖSISCHER BESATZUNG

192 Seiten, 17 x 24 cm, 19,80 €

ca. 150, meist farbige Abbildungen

ISBN 3-929829-36-3

27. Oktober 1806: Ein denkwürdiges und einschneidendes Datum für Berlin. Der französische Kaiser Napoleon betritt mit großem militärischen Gefolge durch das Brandenburger Tor die Hauptstadt Preußens. Bis zum 24. November 1806 hält sich Napoleon in Berlin auf. Er erläßt das für die weitere historische Entwicklung bedeutende Dekret über die Kontinentalsperre und Anordnungen für die Behandlung des besiegten Preußen. Erst am 3. Dezember 1808 endet die französische Besetzung der preußischen Hauptstadt. Diese dramatische Zeit wird komplex in Wort und Bild vorgestellt.

Der Autor Dr. Frank Bauer ist Historiker und Publizist mit dem Schwerpunkt preußische Geschichte des 18. und 19. Jahrhunderts. Er studierte Germanistik, Geschichte und Militärgeschichte. Schwerpunkt seiner Arbeit ist die napoleonische Zeit.

WWW.NAPOLEON-IN-BERLIN.DE

BERLIN STORY VERLAG

Unter den Linden 40, 10117 Berlin

NEUNUNDSECHZIG JAHRE AM PREUSSISCHEN HOFE

AUS DEN ERINNERUNGEN DER

OBERHOFMEISTERIN

SOPHIE MARIE GRÄFIN VON VOSS

348 Seiten, 12 x 19 cm, 24,80 €

ISBN 3-929829-26-6

Sophie Marie Gräfin von Voss (1729–1814) lebte Jahrzehnte am preußischen Hof und begleitete als Oberhofmeisterin Königin Luise von deren Hochzeit bis zur Stunde ihres Todes. Sie erlebte ganze Epochen preußischer Geschichte – vom Soldatenkönig über Friedrich den Großen, Friedrich Wilhelm II. bis zu Friedrich Wilhelm III. In ihren privaten Aufzeichnungen nimmt sie kein Blatt vor den Mund. Offen beschreibt sie Stärken und Schwächen der Mitglieder der königlichen Familie, der europäischen Kaiser und Zaren.

WWW.GRAEFIN-VON-VOSS.DE

FRIEDRICH DER GROSSE UND SEIN HOF

PERSÖNLICHE ERINNERUNGEN AN

EINEN 20JÄHRIGEN AUFENTHALT VON

DIEUDONNÉ THIÉBAULT

494 Seiten, 12 x 19 cm, 29,80 €

ISBN 3-929829-31-2

Dieudonné Thiébault (1733 – 1807) wurde im Jahr 1765 als Professor für französische Grammatik nach Berlin berufen, um die Schriften Friedrichs des Großen zu korrigieren. Zwanzig Jahre blieb er am Hof und veröffentlichte 1804 in Paris seine Erinnerungen, hier vollständig und kommentiert nachgedruckt. Als Wissenschaftler analysierte Thiébault den Aufbau von Staat, Verwaltung, Auswärtigem, von Post, Transport und Polizei. Und als Literat charakterisierte er treffend, einfühlsam, aber auch keine Frivolität auslassend die höfische Gesellschaft in Berlin und Europa.

WWW.FRIEDRICH-DER-GROSSE-BUCH.DE

BERLIN STORY VERLAG
Unter den Linden 40, 10117 Berlin

Helmut Caspar

VOM TALER ZUM EURO
DIE BERLINER,
IHR GELD UND IHRE MÜNZE
240 Seiten, 12,5 x 20,5 cm, 14,95 €
ISBN 3-929829-30-4

Berlin hat eine eigene Geldfabrik. Seit Friedrich dem Großen ist die Geldherstellung straff organisiert, immer mit einem A auf der Münze, bis jetzt zum Euro. Warum die Stadt heute trotzdem pleite ist, kann dieses Buch nicht erklären. Welches goldstrahlende Palais in Berlin wurde mit Falschgeld finanziert? Gab es eigentlich Münzen mit Hitler drauf? Warum gab es in der DDR so viele Gedenkmünzen? Hat die DM die Wiedervereinigung beschleunigt? Wo wird der Euro heute hergestellt? Wenn Sie dieses Buch gelesen haben, werden Sie anders in Ihr Portemonnaie sehen.
Helmut Caspar ist als Historiker, Journalist und Sammler spezialisiert auf deutsche und preußische Münzgeschichte, schreibt aber auch über Denkmalpflege und Archäologie.
WWW.VOM-TALER-ZUM-EURO.DE

Michael Bienert (Hg.)

BERLIN 1806
DAS LEXICON VON
JOHANN CHRISTIAN GÄDICKE
280 Seiten, 12 x 19 cm, 19,80 €
ISBN 3-929829-32-0

Wer hat 1806 im Berliner Schloß gewohnt? Woher bekamen die Berliner das Holz zum Kochen? Wie wurden Kranke in der Charité versorgt? Berlin vor genau 200 Jahren, ein anschauliches Bild des Alltags, beschrieben von dem Buchhändler, Schriftsteller und Verleger Johann Christian Gädicke. Michael Bienert hat das »Lexicon von Berlin« wiederentdeckt und als Geschichts-Lesebuch mit zeitgenössischen Stadtansichten herausgegeben. Ein Essay ordnet Gädickes Stadtbeschreibung ins Epochenjahr 1806 ein, als Napoleons Truppen in Berlin einmarschierten. Eine unerschöpfliche Fundgrube für jeden, der sich mit Berlin befaßt, alphabetisch geordnet von A bis Z.
WWW.BERLIN-1806.DE